教育部哲学社会科学系列发展报告

本成果获国家自然科学基金项目（71172033）资助

Consumption Reports of Chinese Urban Households 2016

中国城镇家庭消费报告

2016

符国群 主编　彭泗清 副主编

北京大学出版社
PEKING UNIVERSITY PRESS

图书在版编目(CIP)数据

中国城镇家庭消费报告. 2016/符国群主编. —北京：北京大学出版社，2016.10
ISBN 978-7-301-27608-2

Ⅰ. ①中… Ⅱ. ①符… Ⅲ. ①城镇—家庭消费—研究报告—中国—2016
Ⅳ. ①D669.3

中国版本图书馆 CIP 数据核字(2016)第 231948 号

书　　　名	中国城镇家庭消费报告2016 ZHONGGUO CHENGZHEN JIATING XIAOFEI BAOGAO 2016
著作责任者	符国群　主编　彭泗清　副主编
责 任 编 辑	刘　京
标 准 书 号	ISBN 978-7-301-27608-2
出 版 发 行	北京大学出版社
地　　　址	北京市海淀区成府路205号　100871
网　　　址	http://www.pup.cn
电 子 信 箱	em@pup.cn　　　QQ:552063295
新 浪 微 博	@北京大学出版社　@北京大学出版社经管图书
电　　　话	邮购部 62752015　发行部 62750672　编辑部 62752926
印 刷 者	北京宏伟双华印刷有限公司
经 销 者	新华书店
	730 毫米×980 毫米　16 开本　17 印张　314 千字 2016 年 10 月第 1 版　2016 年 10 月第 1 次印刷
定　　　价	52.00 元

未经许可，不得以任何方式复制或抄袭本书之部分或全部内容。
版权所有，侵权必究
举报电话：010-62752024　电子信箱：fd@pup.pku.edu.cn
图书如有印装质量问题，请与出版部联系，电话：010-62756370

前　言

《中国城镇家庭消费报告》属于"教育部哲学社会科学系列发展报告"资助成果，今年是连续出版的第三年。与前两年的报告相比，2016年的报告在结构和内容上均做了大幅度调整，相对淡化了报告的资料性和介绍性，突出了成果的学术性和原创性。今年的报告聚焦于家庭购买行为与购买决策，由14篇独立论文构成。为体现结构上的内在逻辑，我们将这些论文分成三部分，分别冠名为"家庭消费行为""家庭购买决策"和"家庭金融决策"。

第一部分"家庭消费行为"收录了六篇论文。第一篇论文由北京大学光华管理学院彭泗清教授和他指导的博士生撰写，主要讨论了共享经济与家庭消费的问题。该文针对近年来兴起的"共享经济"现象，探讨"共享商业模式"如何融入到中国传统家庭文化中。文章在梳理"共享经济"在中国的发展状况的基础上，基于多家机构的研究报告和调查数据，讨论了"共享经济"模式与中国家庭消费文化之间的相互影响，提出了一系列值得深入探讨的重要课题。第二篇论文由北京大学光华管理学院博士生苏诺雅撰写，该文利用北京大学中国健康与养老追踪调查（CHARLS）数据，分析中国中老年人的养老居住安排意愿，发现在家庭养老、社区养老和机构养老三种养老方式中，社区养老意愿远远高于政府规划部门的预测；机构养老与政府权威部门预测一致，但当前实际床位数和服务人员数与实际需求存在较大缺口。该文的结论对政府合理制定相关养老政策具有重要的借鉴与启示意义。第三篇论文由中央财经大学商学院的孙鲁平和湖南大学工商管理学院的彭璐珞撰写，她们运用中部某省份一家大型零售商的销售数据，分析了婴儿纸尿裤市场品牌转换行为，发现纸尿裤规格、促销、购买频率和单次购买数量是促使顾客产生品牌转换的主要因素，这些因素在不同消费人群中影响力度存在差别。该篇论文同时通过二手文献和二手数据对我国婴儿纸尿裤市场的基本情况、消费者行为特点等做了概括和总结，是一篇宏观描述与微观分析结合得较好的论文。第四篇论文由北京大学光华管理学院博士后李杨撰写，主要探讨我国城镇家庭绿色出行行为的影响因素。这是一项探索性的研究成果，作者运用扎根理论归纳出影响家庭绿色出行行为的直接与间接因素，并构造出分析家庭绿色出行行为的概念框架。虽然访问的家庭只有30个,概念框架也有改进和完善的空间,但其中从"理性—现实"视角对机动车拥有者的分类,以及在此基础上对不同类型消费者的绿色出行行为的剖析很有新意。第五篇论文由华东师范大学工商管理学院的薛海波和赵鹏撰写,他们运用网络志研究方法,探讨了中国宠物饲养者与宠物的关系,由此为宠物消费研究拓展了新的主题和领域。该研究提炼出之前文献没有提到的两个新的主题,即"缘分"和"媒介"。前者是在中国情境下的一个独特概念,指人和"他者或他物"必然存在某种联系的机会。当某人觉得与他人或他物有"缘分"时,其行为和情感会随之改变。宠物主人与宠物之间的这种"缘分"不仅被很多被访者提到,而且这种"缘分感"被他们赋予很多神奇的意义。"媒介"主题则是指一方面宠物将主人与其他宠物拥有者联系起来,充当人际互动的媒介,另一方面则是将个体的过去、现在和未来相连接,充当时间角度的"自我"连接;甚至将宠物作为"人"的类属与"生物"类属的媒介,使人感到一种"天人合一"的存在。这些新的主题的提出,必将深化我们对人与宠物关系的认识和理解。第六篇论文由陕西师范大学旅游与环境学院的张娇和白凯撰写,主要探讨家庭环境对家庭旅游分享行为的影响。该文将家庭环境分解为家庭结构、家庭资源和家庭互动三个层面,运用问卷数据在一个总体框架下探讨上述三个方面如何影响分享动机和分享行为。该文的主要贡献是提出了一个新的研究家庭环境如何影响家庭旅游分享的概念性框架,为后续的研究提供借鉴和指导。

第二部分"家庭购买决策"收录了六篇论文。第一篇论文由重庆交通大学副教授、北京大学光华管理学院博士后姚琦撰写,该篇论文采用扎根理论,探讨了家庭文化消费决策的影响因素及机制。该文通过对30个家庭成员的深度访谈,搜集家庭文化消费决策数据,在此基础上提出家庭文化消费决策的"目标—情境—行为整合模型"。该研究的主要贡献是识别出影响家庭文化消费决策的各种情境因素,包括快乐目标、行为实施成本、家庭关系导向、文化产品供给、社会文化氛围。对情境因素如何影响决策行为,提出了较为独特的思路。第二篇论文由桂林电子科技大学商学院的袁胜军和张新阳撰写,该文从家庭、父母、子女、培训企业和需求决策五个方面较系统地阐释了这些因素如何影响儿童培训消费决策,并运用APH层次分析法,分析了儿童所处不同阶段其本身因素对培训决策产生的影响及影响程度。第三篇论文由武汉大学经济与管理学院的朱华伟撰写,该文探讨了AA制家庭的消费决策问题。同时访问了AA制和非AA制家庭,结果发现,在某些特定类别的产品上实行AA制的家庭,女性决策影响力得到更大程度的彰显。同时发现,在AA制家庭,消费支出并不是在夫妻间平均分配,而是男性支付更多。由于样本量有限,本文得到的结论不一定具有普遍推广性。然而,AA制家庭与非AA制家庭在购买决策上到底存在哪些差异,这些差异将产生哪些后果,则是一个值得引起关注的重要研究领域。第四篇论文由首都经贸大学工商管理学院的赵冰和曹晓芳撰写,主要探讨了家庭耐用品处置的主要方式,以及采用这些处置方式的背后动因。作者采用深度访谈与问卷调查相结合的方式,在不同档次的多个社区搜集数据,识别出家庭耐用品处置的八种方式,以及消费者对这些方式的采用程度和态度。该文的一个亮点是试图同时从行为和态度角度探讨家庭耐用品处置问题,并且对不同层次的小区为何在耐用品处置上存在差异作了初步解释。第五篇论文由中南财经政法大学工商管理学院的费显政和吴清清撰写,该文从代际比较视角,探讨了儿童在家庭购买决策中的影响力来源和大小。该文的一个主要亮点是同时从母亲和小孩角度调查感知的儿童影响力,发现在购买决策的不同阶段所存在的代际感知差异,儿童往往高估自己的影响力,而父母则认为小孩主要是通过权力资源和专家资源影响购买决策。第六篇论文是在我所指导的学生康靖林的硕士论文基础上,经修改而成。该文运用深度访谈调查家庭在外用餐过程中孩子所起的作用及作用的方式。该文的主要贡献是提出了购买决策过程中的"关系价值"的概念。我们认为,在家庭购买决策中,产品满足家庭成员需要的程度只是影响购买决定的一个方面的因素,另一个重要影响因素是"关系价值",即家庭成员为了维持、强化成员之间的既有关系而从产品之外寻求"价值"支持,在某些条件下,后一方面的影响有可能超越产品本身功能效应的影响。该研究是初步性和探索性的,未来需要更多的证据和研究来深化对"关系价值"及其作用方式的理解。

第三部分"家庭金融决策"收录了两篇论文,这两篇论文是由我指导的博士和硕士生根据北京大学家庭动态跟踪调查(CFPS)数据撰写的。第一篇论文探讨家庭风险金融资产,主要是指股票、债券等在家庭生命周期的不同阶段在总资产中的配置比例是否存在不同。过往研究以户主"年龄"来替代或置换"家庭生命周期"概念,并以此考察家庭资产配置尤其是风险性资产配置中是否存在"生命周期效应"。针对之前并不一致的研究结果,该文同时考察"户主年龄"和显性的家庭生命周期对家庭风险资产配置的影响。结果发现,当以"户主年龄"替代家庭生命周期变量时,家庭风险资产配置与家庭生命周期确实存在"钟形"或"倒U形"关系。但是,当将家庭发展分为单身、结婚无小孩、结婚有未成年小孩(满巢Ⅰ)、结婚有成年小孩同住(满巢Ⅱ)、空巢5个阶段时,我们发现,家庭风险资产配置与家庭生命周期呈"U形"关系,在满巢Ⅰ达到峰值,在满巢Ⅱ达到低谷。第二篇论文探讨家庭社会资本和人力资本对家庭借贷的影响,发现强的社会资本不仅帮助家庭获得借款,而且获得的借款额度更高;强的人力资本会降低家庭借款需求,但一旦需要借款则可以获得更高的借款额度。另外,社会资本和人力资本两者对家庭借款渠道也会产生不同的影响。

本报告中收集的成果,很多是处于探索阶段,不一定成熟。但这些成果均涉及家庭消费行为或家庭购买决策,且研究的主题具有多样性和丰富性。在某种意义上,这是我们组建的"家庭消费与购买决策"团队部分最新成果的集中展现。在更深入地理解家庭消费行为与购买决策时,我们的一个基本想法是,需要深入到不同的消费与购买领域,去观察、去感受、去调查,以此了解中国家庭到底是如何做出各种决策的,在此基础上在不同的领域去构建家庭消费与购买决策模型,而不是试图从一开始就构建一个宏大的关于家庭购买决策的分析框架。因为,后一种思路很可能限制我们对现实的理解,从而遗漏某些对于构建理论具有重要意义的"元素",同时也可能忽视消费行为与购买决策在不同决策领域可能存在的"差异性"。

　　由于家庭消费与购买决策是一个相对被忽视的领域,我们的研究也刚刚起步。本书的成果,如果以严苛的眼光看,可能还没有达到理想的标准。正如一个牙牙学语的孩子,虽然发音不准,甚至词不达意,但正是那份稚气、童贞和好奇,以及与此相伴随的执著模仿和尝试,给成人世界不断带来惊喜。我也是以这样的心态来看待呈现在读者面前的这些成果的。我相信,随着研究的逐步深入,我们在家庭消费与家庭购买领域的研究成果会越来越有深度和影响力。

符国群
2016年7月于北京大学

目　录

第一部分　家庭消费行为

从"小家"到"大家"？
　　——中国情境下的共享经济与家庭消费 ………………………… 3
养老安排与中老年人的消费 ………………………………………… 12
家庭婴幼儿用品消费行为研究 ……………………………………… 31
中国城市家庭绿色出行行为研究 …………………………………… 51
基于中国情境的消费者与宠物关系探索研究 ……………………… 72
家庭环境对家庭旅游分享动机与行为的影响研究 ………………… 92

第二部分　家庭购买决策

中国城镇家庭文化消费决策行为的影响因素
　　——一项探索性研究 …………………………………………… 111
家庭儿童培训消费决策影响因素研究 ……………………………… 125
AA制家庭购买决策研究初探 ……………………………………… 155
家庭耐用品的处置问题研究 ………………………………………… 163
儿童在购买决策中的影响力研究
　　——代际比较视角 ……………………………………………… 190
家庭在外就餐决策中孩子的影响
　　——兼论关系价值的作用 ……………………………………… 211

第三部分　家庭金融决策

家庭生命周期与家庭风险金融资产选择
　　——基于CFPS家庭调查 ······················· 227
社会资本、人力资本与家庭借贷
　　——来自中国家庭动态跟踪调查 ······················· 247

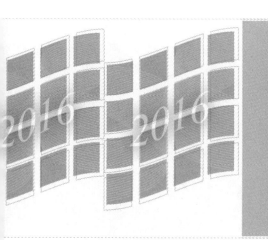

第一部分
家庭消费行为

从"小家"到"大家"？
——中国情境下的共享经济与家庭消费

彭泗清　阮晨晗　李可诣[*]

摘要：本文从"回家吃饭"说起，介绍其从一个日常词汇，变成网络热词，再成为美食共享平台的过程，由此引出"新兴的共享经济商业模式如何影响中国传统家庭消费文化"的问题。基于多家机构的研究报告和调查数据，该文梳理了共享经济在中国的发展状况，讨论了共享经济模式与中国家庭消费文化之间的相互影响，提出了一系列值得深入探讨的课题。

关键词：共享经济，家庭消费，中国文化

一、"回家吃饭"：从网络热词到共享平台

"回家吃饭"，是老百姓生活中最平常不过的一句话。不过，在互联网时代，这句话却被赋予了不少新的内涵，数次成为网络上走红的词语。

- 2009年7月17日，在百度"魔兽世界"贴吧里，一个名为"贾君鹏你妈妈喊你回家吃饭"的帖子在短短五六个小时内被39万多名网友浏览，并有1.7万多名网友跟帖回复。截至7月18日上午，该贴浏览次数超过800万次，回帖次数超过30万次。对此，网络上有这样的评论："这样一句充满温情的呼喊，勾起了人们对儿时温情的美好回忆，也引爆了网民的共鸣心理。在获得了海量的回帖以及转载后，话题得到了升级，产生了巨大的影响力和传播效应。"[①]

- 2010年，歌手庞龙在辽宁卫视春晚演唱的歌曲《回家吃饭》备受关注，歌中唱道："回家吃饭回家吃饭，这是妈妈真挚的呼唤，回家吃饭回家吃饭，一年又一年，为了家团圆。"

---

[*] 彭泗清，北京大学光华管理学院；阮晨晗，北京大学光华管理学院博士研究生；李可诣，北京大学光华管理学院博士研究生。通信作者及地址：彭泗清，北京市海淀区颐和园路5号北京大学光华管理学院，100871；E-mail：pengsq@gsm.pku.edu.cn。

① http://media.people.com.cn/GB/137648/10380116.html。

"回家吃饭"能够引起人们如此强烈的心理共鸣,在一定程度上反映了中国人家庭文化和家庭消费的特点。在家里吃饭,不只是就餐地点的选择,更是一种生活方式和情感方式的体现。然而,对于工作生活在大城市,加班成为"家常便饭"的白领人群,"回家吃饭"可能已成为一种奢望。2015年,中智外企服务分公司联合本来生活网进行了"白领回家吃饭调查",结果表明,超半数白领无法每天回家吃饭,同时,有超过90%的白领表示"鼓励员工回家吃饭的企业值得尊敬"。2015年7月,中智外企服务分公司发起"回家吃饭"活动,倡议将7月17日定为"回家吃饭日",提倡当天"不加班、不应酬、回家吃饭"。30多家中智服务的企业参与了此次活动,与百余家企业和媒体共同组建了"回家吃饭日联盟"。中智公司负责人表示"回家吃饭"活动的目的是引导员工回归简单幸福的生活状态,注重健康,关爱家人,找到工作和生活的有效平衡。①

有趣的是,从"回家吃饭"的需求中,一些创业者看到了商机。2014年9月,"回家吃饭"公司成立,并获得全球知名投资机构的巨额投资。2014年10月,"回家吃饭"APP用户端、家厨端上线。其官网(http://www.jiashuangkuaizi.com/)介绍:"回家吃饭"是一个基于地理定位、共享身边美食的O2O平台,本着"安心饭菜,邻里共享"的理念,致力于挖掘小区里的民间美食达人,以外卖配送、上门自取、提供食堂等多种方式,为忙碌的上班族提供安心可口的家常菜,解决对健康饮食的需求与富余生产力的对接问题。"回家吃饭"已经在北京、上海、广州、深圳、杭州5个城市开放。与之类似的App还有"邻厨""蹭饭""妈妈的菜"等。

如果说中智公司发起的"回家吃饭"活动是对中国传统家庭消费文化的回归,那么,"回家吃饭"共享平台则是对传统家庭消费文化的超越:这里的回家,不是回自己的"小家",而是进入邻里互助的"大家"。这种做法,看起来与中国传统中"远亲不如近邻"的观念颇为契合。当然,"回家吃饭"这类共享平台的出现,其初衷并非是要发扬光大中国的传统文化,而是要追随移动互联网时代的"共享经济"潮流。

"共享经济"(sharing economy,又译作分享经济,本文对此不加区分)或"协同消费"(collaborative consumption)的概念几十年前就已经提出,但是,作为一种普遍的消费现象却是最近几年的事情。有人称其为在互联网上兴起的一种全新的商业模式,美国《时代周刊》将共享经济评为"改变世界的十大创意"之一。共享经济是指基于互联网、云计算、大数据等手段,将社会中海量的、分散的闲置资源通过平台化、协同化的方式进行集聚、复用与供需匹配,从而实现经济与社会价值创新的新形态。简单地说,共享经济就是消费者可以通过合作的方式来和他人共同

---

① 参见 http://news.xinhuanet.com/local/2015-07/29/c_128070531.htm。

享用产品和服务,而无须持有产品与服务的所有权。使用但不拥有,分享替代私有,即"我的就是你的"①。

共享经济对中国城市家庭消费已经带来影响,而且可能会带来巨大的改变。2016年的《政府工作报告》中两次提到了"分享经济",体现了政府对于这种新商业模式的重视。同时,大量的资金已经投入各类共享平台。市场上出现了一批以"滴滴"为代表的分享经济的先行者。②

不过,共享经济在中国市场的发展也遇到了很多困难与挑战。本文特别关注的是:新兴的共享经济商业模式与中国传统家庭消费文化之间如何相互影响?新模式对于传统的家庭消费文化(如回家吃饭)会带来哪些冲击与改变?传统的家庭消费文化与社会心理又会对新模式构成什么样的促进或障碍?在互动之中,是否会形成适应中国情境、具有中国特色的共享经济模式?

基于多家机构的研究报告和调查数据,本文梳理了共享经济在中国的发展状况,讨论了共享经济模式与中国家庭消费文化之间的相互影响,提出了一系列值得深入探讨的课题。

二、共享经济在中国的发展状况

对于共享经济在中国的发展,已经有不少理论分析和调查研究。③

1. 共享经济在中国市场的机遇与潜力

共享经济在中国的发展,具有很多有利条件,机遇难得,潜力巨大。

一是政策基础。共享经济在中国的发展得到了国家政策强有力的支持。共享经济的兴起,正值中国经济转型时期。其宗旨和主张与中国"十三五"规划倡导的新的发展理念完全一致。2015年10月召开的中国共产党十八届五中全会,审议通过了《中共中央关于制定国民经济和社会发展第十三个五年规划的建议》,提出了全面建成小康社会的新目标,首次提出"创新、协调、绿色、开放、共享"五大发展理念,"共享"成为中国经济转型和创新的题中应有之义。

---

① 〔美〕雷切尔·博茨曼、路·罗杰斯著,唐朝文译,《共享经济时代——互联网思维下的协同消费商业模式》,上海交通大学出版社,2015。
② 程维、柳青等著,张晓峰主编,《滴滴:分享经济改变中国》,人民邮电出版社,2016。
③ 已有研究中,特别值得关注的研究报告、专题调查与实践总结有:国家信息中心信息化研究部、中国互联网协会分享经济工作委员会 2016 年 2 月发布的《中国分享经济发展报告 2016》;腾讯研究院 2016 年 3 月发布的《中国分享经济全景解读报告》;第一财经商业数据中心(CBNData)2016 年 3 月发布的《2016 分享经济发展报告》;兴业证券研究所 2015 年 10 月发布的共享经济深度报告《半中心化:共享经济中国版的生存与繁荣》(http://www.xyzq.com.cn/xyzq/yj/index.jsp? classid = 0002000200030002&pageNo = 1);国家信息中心信息化研究部主任张新红著,《分享经济:重构中国经济新生态》,北京联合出版公司,2016 年 5 月;共享经济在中国的先行实践者程维、柳青等著,张晓峰主编《滴滴:分享经济改变中国》,人民邮电出版社出版,2016 年 6 月(其中程维是"滴滴出行"创始人、董事长兼 CEO,柳青是"滴滴出行"总裁);腾讯科技旗下"企鹅智酷"(http://re.qq.com/)的系列调查。

二是客户基础。中国是网民大国,截至2015年12月,全国网民人数已达6.88亿,互联网普及率为50.3%,全国手机用户数超过13亿,手机移动端上网比例高达90%。庞大的网民和手机用户群体,使得中国分享经济的发展拥有庞大的客户基础。[1] 其中,年轻人群思想更加开放,乐于尝试各种新生事物,往往成为各类共享经济企业的首要目标客户。

三是经济与金融基础。中国经济经过三十多年的高速发展,积累了大量的财富,也吸引了巨大的海内外投资,很多秉承共享经济理念的创业企业都能够获得投资人的大力支持。

四是企业示范。国外有Airbnb(空中食宿)、Uber(优步)等企业的商业模式可以模仿,国内有"滴滴出行"、猪八戒网等企业的成功实践可以借鉴。一些领域在短短数年间就涌现出几十家甚至数百家分享型企业,在竞争中,一批企业快速成长,逐渐形成自己的特色,如在交通出行领域有"滴滴出行""易到用车""PP租车"等;在房屋住宿领域出现了"蚂蚁短租""小猪短租"等;在共享金融领域出现了"红岭创投""陆金所""人人贷"等;在众包领域有做到网、"京东到家""人人快递""E快送"等。此外,在众创、生产能力、科研设备分享等领域也出现了一批代表性平台,如人人设计网、"淘工厂""易科学"等。[2]

基于诸多有利条件,不少研究机构非常看好共享经济在中国的前景,虽然对于该市场规模的估计存在相当大的差异。例如,国家信息中心等机构的报告认为,"2015年中国分享经济市场规模约为19 560亿元。分享经济领域参与提供服务者约5 000万人,约占劳动人口总数的5.5%。参与分享经济活动总人数已经超过5亿人。预计未来五年分享经济年均增长速度在40%左右,到2020年分享经济规模占GDP比重将达到10%以上。未来十年中国分享经济领域有望出现5—10家巨无霸平台型企业。"[3] 而腾讯研究院发布的《中国分享经济全景解读报告》中,认为2015年中国分享经济规模约为1 644亿美元(约合人民币10 850亿元,明显低于国家信息中心的估计),占GDP的1.59%。该报告指出分享经济企业已经覆盖10大主流行业,超过30个子领域,对原有的商业形态带来了颠覆性的创新。此外,第一财经商业数据中心(CBNData)发布的《2016分享经济发展报告》显示,2016年中国闲置市场规模保守预计已达4 000亿元,远远超过汽车出行分享市场,正在成为分享经济的下一个爆发点。

---

[1] 参见国家信息中心信息化研究部、中国互联网协会分享经济工作委员会,《中国分享经济发展报告2016》,2016。

[2][3] 同上。

2. 共享经济在中国市场的挑战与前景

虽然共享经济在中国市场潜力巨大,而且不乏成功企业,但是,不少以打造共享平台为使命的创业企业却遇到重大挫折,一些企业不幸夭折。在欧美市场发展迅速的一些知名共享经济企业也在中国出现水土不服的现象,Airbnb 就是一例。作为世界短租行业的领军企业,Airbnb 成立于 2008 年,目前已经成长为业务覆盖全球 191 个国家、34 000 多个城市、拥有超过 150 万的共享屋资源、年复合增长率高达 700% 的在线房屋租赁巨头,其市值超过了 Hyatt(凯悦酒店集团)、Starwood(喜达屋集团)等老牌国际酒店管理公司。2015 年 8 月 18 日,Airbnb 宣布正式进入中国市场,凭借其丰富的经验和强大的资金支持,Airbnb 进入中国后很快在市场找到了自己的一席之地。然而,与巨大的资金投入相比,Airbnb 在中国地区的业绩却相当一般。速途研究院的数据表明,截至 2016 年第二季度,在垂直类短租 APP 下载量排行中,Airbnb 以 328 万的总下载量排在第三位,只是排名第一的"途家"的 1/6("途家"APP 下载量为 1 884 万次)。从房源来看,Airbnb 在中国的房源仅有 3 万套,远远落后于"途家"的 42 万套。① 在一些分析师看来,Airbnb 在中国的发展需要解决两个本土化难题:一是如何适应中国客户的需求(例如,设计更加符合中国人使用习惯的页面,提供更加符合中国人沟通习惯的工具,另外,在用户出境游过程中,不可避免地会因为文化差异而发生一些矛盾和摩擦,需要 Airbnb 设计有效的解决方案);二是如何适应中国的法制环境,尤其是涉及中国客户的住房短租时。

国家信息中心等机构发布的《中国分享经济发展报告 2016》梳理了中国分享经济发展面临的四大挑战。第一,法规制度落后于企业发展。基于网络的分享型企业的实践发展很快,而当前占主导地位的经济社会管理制度是以工业经济和工业化大生产为基础,强调集权、层级管理、区域与条块分割等管理方式,注重事前审批和准入,无法适应分享经济的网络化、跨区域、跨行业的需要。第二,分享型企业的创新实践引发利益调整,新旧企业如何统筹兼顾、协调发展,成为一个难题。例如,在不少城市,网络约车对原有的出租车体系构成冲击,导致了两类司机之间的对立情绪和冲突行为。第三,产业发展尚不成熟,许多问题有待解决。当前诸多领域的分享经济企业都处于探索阶段和发展初期,其服务和产品在安全性、标准化、质量保障体系、用户数据保护等方面仍存在不足和隐患。多数企业并未找到有效的商业模式,同质化竞争普遍。第四,观念认识不到位,原有法规不适应。虽然国家政策鼓励共享经济的发展,但是不少管理部门还没有充分认识到其

---

① 速途研究院,"在线短租行业兴起,Airbnb 却在中国低头",http://www.sootoo.com/content/664996.shtml。

重要性,没有将政策落实到位。

上述四大挑战反映了管理与法规方面的难题,除此之外,还有一个信任难题,表现在两个方面,其一是陌生人之间的信任如何建立,其二是全社会的信用保障体系如何强化。Botsman 和 Rogers 认为共享经济有四个条件:陌生人之间的信任、社会闲置生产力、对民间力量的相信、群聚效应。① 大部分的协同消费都要求我们去相信未曾谋面的陌生人,这一点对于大多数中国人来说可能很为难。

中国社会科学院社会学研究所发布的社会心态蓝皮书《中国社会心态研究报告 2012—2013》中,公布了一个全国性社会调查的发现,引起了社会各界的强烈反响。在此次调查中,社科院"社会心态蓝皮书"课题组对北京、上海、郑州、武汉、广州等 7 个城市的 1 900 多名居民进行了详细访问。结果显示,社会总体信任程度的平均得分为 59.7 分,处于"不信任"水平。具体表现为人与人之间的信任度下降,超过七成人不敢相信陌生人。② 中国社会科学院社会学研究所于 2015 年下半年开展的"中国社会状况综合调查"(以下简称"CSS2015")显示,公众对亲人的信任度接近 100%,但对其他群体的信任度较之低了至少 10 个百分点。有 86.5%的公众愿意信任朋友,80.1% 的公众愿意信任邻居。陌生人排在最末,获得的信任度仅为 5.6%,比对亲人的信任度低了 90 多个百分点。与 CSS2013 数据相比,CSS2015 中对朋友的信任度减少了 3.1 个百分点,而本就不高的陌生人信任度也少了近 1 个百分点。③

要重建人际信任,一个有效的途径是强化"制度信任",包括基于社会信用体系的信任。在这个方面,中国社会同样是任重道远。相比于国外,中国个人信用体系建设还处于起步阶段,征信体系很不完整,政府和社会所掌握的个人信用信息都是一个个的"孤岛",信息不能通畅和共享。在个人征信体系不健全的情况下,违约成本会很低,人们就会冒险去踩红线,道德风险就很难防范,社会运行成本会很高。这种状况无疑不利于共享经济的发展。④

当然,上述各种难题并非无法破解的死结,随着各个领域改革的推进,很多方面都在改善之中。例如,2015 年《政府工作报告》中,提出推进社会信用体系建设,建立全国统一的社会信用代码制度和信用信息共享交换平台。同时,由于移动互联网时代信息透明度和对称性的增加,人们对陌生人的了解越来越方便,陌

---

① 〔美〕雷切尔·博茨曼、路·罗杰斯著,唐朝文译,《共享经济时代——互联网思维下的协同消费商业模式》,上海交通大学出版社,2015。
② 王俊秀、杨宜音主编,《中国社会心态研究报告(2012—2013)》,社会科学文献出版社,2013。
③ 邹宇春、周晓春,《当前中国社会信任度调查》,http://ex.cssn.cn/dybg/gqdy_sh/201606/t20160613_3066703_1.shtml。
④ 兴业证券研究所,《中国版共享经济如何生存与繁荣》,2015。

生人之间建立信任有了更好的基础。

对于共享经济在中国的发展前景,兴业证券研究所提出的"弱共享经济"的观点值得关注。他们认为,当前中国实现完全的共享经济存在很多障碍,弱共享经济是当前更为可行的模式,而弱共享经济正是中国未来实现完全的共享经济的最有效的过渡方式。[①] 其要点总结如下:

第一,传统经济的中心化体系无法完全满足消费者的需求。在互联网出现以前,以及互联网发展的初期,商业模式是一种中心化体系,所有的用户都围绕一个主体(生产方)进行,强调集中化、规模效应,这样做的好处是可以大规模生产与销售,满足人们的基本需求,保障产品的质量,且摊薄研发和生产成本,但是,传统经济的中心化结构存在很大的缺陷,即不能满足消费者多样化的需求,同时容易造成资源浪费和效率损失。

第二,共享经济的去中心化结构会改善效率,但不够稳定。完全去中心化后的共享平台是一个没有中心的网状结构,整个网状结构由庞大的"节点"共同维护,任何一个"节点"都是平等独立的,千万个"节点"直接实现对接,"节点"之间有充分的联系和交互。典型的例子就是各类共享经济模式,例如 Airbnb、Waze 等。尽管完全去中心化的共享经济具有很多传统经济所不具备的优点,可以满足各类以前传统经济无法满足的需求,改善经济运行效率,但是它并不是完美的,它同样有很多问题,主要表现在:系统不够稳定,一个坏节点的进入会破坏信任机制,最坏的结果是引发连锁反应形成恶性循环,进而导致平台崩溃。

第三,在中国当前的条件下,弱共享经济是更加适合的发展途径。弱共享经济模式和共享经济略有不同的是,供给端的部分从业余的单个个人变成了中小公司和全职人员,或是没有牌照与执业资格的专业人员,或是兼职的专业人员。弱共享经济模式可以看成是一种半去中心化结构,这种商业模式是一种介于中心化和去中心化之间的模式,有中心但不再是只有一个中心,而是有很多个小型中心,这种半中心化结构既具备了共享经济的优点,同时又避免了它的缺陷,可以使得系统更加稳定和安全,有更好、更快的群聚效应,能够吸引更多的优质用户,形成良性循环。

国家信息中心等机构发布的《中国分享经济发展报告 2016》对于共享经济在中国的发展前景充满信心。该报告指出:从未来发展趋势看,支持和鼓励创新将成为政府监管与各项制度设计的基本原则,有利于新事物成长的"试错空间"将越来越大,分享经济充分发展的红利将惠及每一位社会成员,推动人类走向更加开

---

① 兴业证券研究所,《中国版共享经济如何生存与繁荣》,2015。

放、包容、和谐的信息社会。①

三、共享经济与中国家庭消费文化之间的相互影响

共享经济的口号之一就是"我的就是你的"。博茨曼和罗杰斯合著的共享经济的经典著作也以这个口号为标题：*What's Mine is Yours: The Rise of Collaborative Consumption*（中译本为《共享经济时代——互联网思维下的协同消费商业模式》）。2016年的博鳌亚洲论坛开设了一个关于共享经济的分论坛，题目也是"共享经济：我的就是你的"。不过，对于传统的中国人来说，"我的就是你的"仅限于对"自己人"说，虽然"自己人"的范围伸缩性很大，中国人一般不会对陌生人（外人）说"我的就是你的"。在陌生人之间倡导"我的就是你的"的共享经济，与中国传统文化心态显然是不吻合的。不过，当代中国人的心态越来越开放，观念越来越开明，个人的观念与行为、家庭的消费方式都会与时俱进。在这样的背景下，可以预期："共享经济"的理念和模式与中国家庭消费文化会在碰撞的过程中，相互影响，相互适应，双方都发生改变。在这里，我们提出一些设想和值得探讨的课题。

其一，中国传统家庭消费文化对共享经济模式的可能影响：
- 勤俭持家的理念有助于对分享经济的接纳，因为不少分享经济行为可以节省费用。
- "自己人"的范围的伸缩性有利于提升对分享经济的接纳程度。中国人的"自己人"的范围不是固定不变的，通过交往，一回生二回熟，陌生人可以成为"自己人"。
- 差序格局下区分亲疏远近的习惯可能会增加消费者对共享对象的选择性：从客户信息中寻找共同点，增加"缘分"感。由此可以预测，中国共享平台上的信息内容可能与西方不同，人们可能会对不认识的"老乡""校友"产生亲近感。
- 亲朋好友之间的口碑传播可能会成为中国消费者选择共享消费提供者的重要因素。朋友推荐可能是影响共享消费选择的重要因素。
- 成功的分享消费经验可能会增进陌生人之间的了解，甚至发展出友谊。
- 家庭成员之间的代际差异可能会导致对分享消费的不对称行为：家里的年轻人乐意去尝试共享别人的东西，例如通过Airbnb租住别人家的房间，却因为父母的谨慎态度而难以出租自己家的房间。
- 对陌生人的不信任可能使一部分人对分享经济的消费方式"敬而远之"。

---

① 参见国家信息中心信息化研究部、中国互联网协会分享经济工作委员会，《中国分享经济发展报告2016》，2016。

- 年轻人群的网络社交行为有利于对分享经济的接纳。例如,有过 Airbnb 短租经验的年轻人,可能在微信朋友圈分享自己的感受,促进其朋友圈中的好友对 Airbnb 的接纳。

其二,共享经济的发展对家庭消费文化的可能影响:
- 共享经济提供的便利有助于家庭消费的新尝试,例如不少家庭在计划海外旅游时可能会尝试 Airbnb。
- 以"近邻"为条件的社区共享(如"回家吃饭"APP)有可能促进"泛家庭消费",并扩大消费范围。例如,吃饭的共享可能引起"拼车"行为。
- 通过共享平台,可能不仅搭建了个人与个人的连接,而且会产生一些家庭与家庭之间的连接,以广义的"门当户对"或"志趣相投"为基础,出现"友好家庭对子"。
- 共享经济的根本还是一种权利对等、规则明确的交换关系,而"一家人"的共享往往有比较浓厚的情感成分,当权利与交情交织在一起时,可能引发一些交往方式上的混淆,其社会结果如何,值得关注。

以上都是一些很初步的设想,需要结合相关理论和初步实证研究,来发展更加细致的研究课题和研究假设。罗列出来,期待抛砖引玉。

参考文献

〔美〕埃尔文·E. 罗斯著,傅帅雄译,《共享经济:市场设计及其应用》,机械工业出版社,2015。

程维、柳青等著,张晓峰主编,《滴滴:分享经济改变中国》,人民邮电出版社,2016。

第一财经商业数据中心 CBNData,《2016 分享经济发展报告》,2016。

国家信息中心信息化研究部、中国互联网协会分享经济工作委员会,《中国分享经济发展报告 2016》,2016。

〔美〕雷切尔·波茨曼,路·罗杰斯著,唐朝文译,《共享经济时代——互联网思维下的协同消费商业模式》,上海交通大学出版社,2016。

〔美〕罗宾·蔡斯著,王芮译,《共享经济:重构未来商业新模式》,浙江人民出版社,2015。

腾讯研究院,《中国分享经济全景解读报告》,2016。

兴业证券研究所,《半中心化:共享经济中国版的生存与繁荣》,http://www.xyzq.com.cn/xyzq/yj/index.jsp? classid = 0002000200030002&pageNo = 1,2015。

张新红著,《分享经济:重构中国经济新生态》,北京联合出版公司,2016。

养老安排与中老年人的消费

苏诺雅[*]

摘要：人口老龄化已成为我国需要面对的重要社会现实之一，中老年消费者数量在不断增长，为了更好地服务于这一群体，需要对他们的消费能力、消费行为特征进行了解和分析。与中老年人的消费行为密切相关的是他们的居住安排，居住方式、地点以及照料者的选择将影响中老年人未来消费的产品、服务类型，以及消费渠道。利用中国健康与养老追踪调查（CHARLS）的数据，我们分析了当前中老年人的养老居住安排意愿，并从财富水平、健康与医疗消费、休闲娱乐消费等角度对中老年人的消费特征进行总结。本文发现，当前政府政策在三种养老方式（居家—社区—机构）的比例规划上，对社区养老服务的估计远低于中老年人的需求，机构养老的规划比例与需求基本保持一致，但实际床位数和服务人员数存在较大缺口。在消费能力和实际消费行为上，我国中老年人具有较高的房地产拥有比例，能够在一定程度上保障他们未来的生活和消费水平。在旅游、电子产品消费等方面，未来的老年人将表现出更高的消费兴趣和更旺盛的需求。

关键词：老龄化，中老年人消费，养老居住安排

随着经济的快速发展和医疗卫生水平的提高，人们的预期寿命不断延长，加上过去二十多年中生育率一直在低水平徘徊，人口老龄化已经成为我国面临的一个重要的社会现实。

随着中老年群体日益壮大，他们的需求是什么，他们的消费能力和消费观又有什么特点，成了值得关注和分析的问题。与上一辈相比，当前的中老年人拥有更少的子女数目，更充足的财产积累，对新科技、新事物的接受能力有所提升，这都可能使得他们的消费观与之前的中老年人群有所不同。

在中老年群体的消费当中，非常重要的一块是他们的养老安排，尤其是居住安排。因为前期生育政策的影响，当前（以及今后 10—15 年）会有许多"4-2-1"或"4-2-2"型家庭存在，即 4 位老人，2 名青年加 1—2 名小孩的家庭结构。在这

---

[*] 北京大学光华管理学院在读博士生。通信地址：北京市海淀区颐和园路 5 号北京大学光华管理学院，100871；E-mail：sunuoya@pku.edu.cn。

样的家庭结构下,部分"夹心层"的青年不仅无法为需要照料的父母提供帮助,有时甚至需要求助于自己的父母帮助照料子女。随着4位老人的年龄增长,需要陪护和照料的可能性不断提升。在上述的家庭结构下,老人的养老居住安排就成为难题。随着非家户成员照料需求的增长,在养老安排中购买社会化服务,包括社区养老服务和专业化养老机构,得到了越来越多的关注。

针对上述问题,我们首先简要介绍我国面临的人口老龄化现状,探索老年人的养老居住安排意愿,然后介绍相关社会服务机构的现状,并参照老年人的养老居住安排意愿分析当前社会养老服务机构的发展中存在的问题。最后从总体消费能力、医疗消费、休闲娱乐消费等角度对老年人群体的消费特征进行初步的概括和分析。

一、我国人口老龄化的基本情况

根据联合国人口老龄化标准规定,一个国家60岁及以上的老年人口占人口总数的比例超过10%,或65岁及以上的老年人口占总人口的比例高于7%,那么这个国家就进入了人口老龄化阶段。以此标准衡量,我国在2005年已经进入老龄化社会:2005年我国65岁及以上人口数为1.01亿,占总人口的7.7%,到2010年65岁及以上人口已增长到1.19亿,2014年的统计数字为1.38亿(见图1)。老年人口绝对数量上升的同时,劳动年龄人口却并没有保持相同的增长趋势。2005年15—64岁人口数为9.42亿,2010年增长到9.99亿,之后增速放缓,2014年数量为10.0亿。而0—14岁人口数在近10年中则呈现先下降后缓慢上升的趋势,2005年0—14岁人口数为2.65亿,2010年为2.23亿,之后开始缓慢增长,2014年为2.26亿。

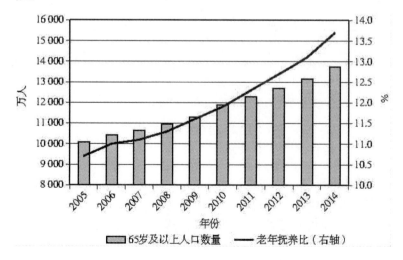

图1 老年抚养比和老年人口数量

资料来源:国家统计局。

我国人口结构变化的一个非常突出的表现是老年抚养比的快速上升。老年抚养比是指65岁及以上的人口数除以15—64岁人口数所得到的百分比。根据国家统计局的数字,2005年我国老年抚养比为10.7%,2010年为11.9%,2014年已经增长至13.7%,即每100名劳动年龄的人需要支撑13.7名65岁及以上的老人。

计划生育政策的持续性影响和生育意愿的下降使得在未来的10—20年中老年抚养比快速上升。根据联合国2012年发布的《世界人口展望》(见图2),到2020年,我国的老年人口抚养比将从2010年的11.35%上升到16.70%(即每100个15—64岁工作年龄的人需要支撑16.7位65岁及以上的老人),这一比例将在2025年达到19.52%,2030年达到23.80%。短期内我国的老年抚养比仍将低于日本和美国,但由于我们的养老服务机构及相关机制的完善程度远低于上述国家,老年人口的养老安排将面临诸多挑战。根据CHARLS调查数据统计,65—69岁的老年人平均(健在)子女数为3.2个,而45—49岁年龄组的平均子女数不到2个。随着"4-2-1"型代际结构家庭的增多,对于社会化养老服务的需求将大幅提升。

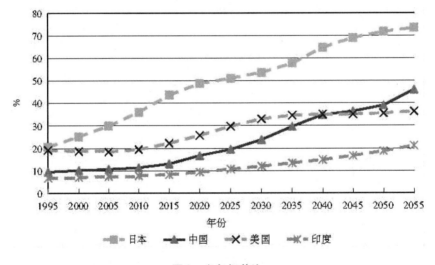

图2　老年抚养比

资料来源:联合国《世界人口展望》(2012)。

二、养老居住安排

1. 养老居住安排概述

结合国际经验和我国现实,主要的养老方式可分为三类:居家养老、社区养老和机构养老。

居家养老指老年人居住在自己或血缘亲属的家庭中,由其他同住的家庭成员提供养老服务。受传统文化的影响,包括中国在内,大部分东亚国家的主要养老方式是居家养老。

社区养老与居家养老在居住形态上类似,但老年人享受的照料方式有所不同:老年人居住在自己家中,但采用社会提供的基于社区的商业化养老服务,服务内容包括但不限于饮食提供、基本医疗护理、日常休闲娱乐活动的组织。在这一养老方式下,老年人既可以居住在相对熟悉和社会化的环境里,又可以得到适当的照顾,子女也可以随时探望。欧美国家对社区养老的接受度普遍较高,但在我国尚处于起步阶段。

机构养老指老年人集中居住在专门的养老机构中,接受养老机构提供的专业的医疗及养老服务。受到传统观念的影响,我国对机构养老的接受程度较低,不管是老人还是子女,都优先选择居家养老。除此之外,养老机构自身的不足导致人们选择机构养老的意愿不高。首先,地理位置不便利。很多养老机构位于交通不便利或距离市区较远的地方,不利于子女探望以及老年人与社会保持联结。其次,人员配备不到位、服务质量欠缺保障、设备不齐全。近年来,社会资本投入了大量资金,修建养老社区等养老设施,但由于相关人才培养没有配套发展,许多养老社区仅有空壳,而并无真正的服务。最后,养老机构构成不合理。当前我国的机构养老分化为高端的商业机构养老和保障性机构养老,但能够服务于中等收入人群的机构较少。

在相关的政府政策上,2007年上海率先宣布计划在"十一五"期间构建"9073"的养老格局:90%的老人由家庭照顾,7%的老人享受社区养老,3%的老人在机构养老。之后,北京也提出类似的"9064"养老发展规划,天津、重庆、四川、黑龙江等则采纳了"9073"的结构。考虑到国民的传统观念及对机构养老的抵触,上述指导性政策中关于机构养老的规划比例基本与目前实际水平保持一致,而加重了社区养老的比重,降低老人与子女同住的比例,将子女的照料负担转移给基于社区提供服务的相关社会组织和机构。

2. 中老年人的养老居住安排意愿

政策指导意见中提出的"9073"或"9064"的养老居住安排与中老年人的养老意愿是否相符?为此,我们结合中国健康与养老追踪调查(CHARLS)的数据进行对比分析。CHARLS数据中询问了受访者在配偶健在以及配偶离世两种情况下最理想的养老居住安排(两种情况都需回答,不符合实际状态的给予假想性回答)。图3中我们分别给出了城镇户口的受访者在这两种情况下的居住安排意愿。可以看到,无论是配偶健在还是配偶离世,中老年人认为最理想的养老居住安排是与子女同住或者与子女住在同一小区。两种方式加起来的比例近90%,与政策中90%居家养老规划相近,但这部分人并不完全是依赖于子女照料来养老。尤其是,在这近90%的人中,有超过一半的选择并不与子女住在同一居所内,但是需要在比较近的距离内,方便在有需要时子女来照顾,以及自己帮助子女照料孙子女。这部分人相比于与子女同住的情况,对于自身和子女独立空间的意识更强,经济水平相对更好,他们应当也需要一定程度的社区养老服务,而且对此的接受程度和消费负担能力更强。

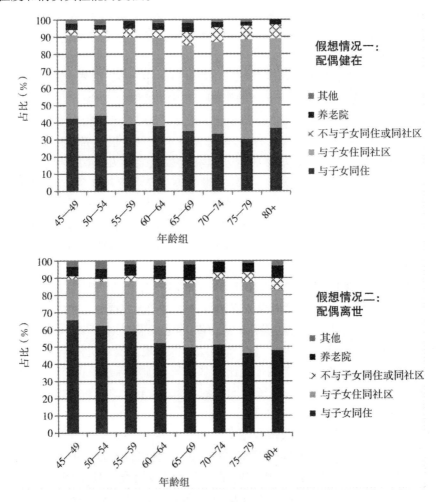

图3 城镇户口居民居住安排意愿

资料来源:CHARLS 2011。

除了与子女同住或住很近的选择,还有超过7%的65岁及以上的老人在配偶健在时选择与配偶一起生活,不依靠子女的照料。但是在更年轻的群组,这一比例下降到4%。在对养老院的态度上,虽然城镇地区的居民对于养老院等社会养老机构的接纳度高于农村地区,但愿意将其作为最优选择的比例仍较低,在45岁及以上群体,总体平均水平是3.8%。55—69岁群体认为养老院是最优选择的比例相较更年长和更年轻的群体更高,达到4.5%,因为这一群体比更年轻的群体对老年生活所需要的实际照料情况了解更为清晰,同时相比于更年长的群体他们的子女数量更少、对社会化养老的接受程度更高,因而这一群体选择养老院养老的比例相对较高。

对比配偶健在与配偶离世两种情况,更多的中老年人在配偶离世的情况下选择与子女同住,希望能够从后辈哪里得到更好的精神照顾,但加上与子女住同一社区的情况后,总的比例与配偶健在的情况类似,都在90%左右。但在配偶离世的假设下,更少的人选择离开子女单独居住,转而选择养老院,45岁以上中老年人总体的选择比重达到了6.7%,远高于配偶健在的情况;55—69岁群体优先选择养老院的比例甚至达到了7.7%。

根据2013年上海市老龄科学研究中心开展的第五次"上海市老年人口状况与意愿调查",50—59岁的"准老人"较老年人(60岁及以上)相比,对机构养老意愿要低,但对以房养老接受度高,对以房养老的知晓率也高于后者。该研究对入住养老机构的费用承担意愿调查表明,准老人似乎比老年人更倾向于接受较低的价格。此一现象的一个可能原因是准老人暂时还不用面对因身体水平下降而急需入住养老机构的选择,迫切性不强。

从上面的分析中可以看到,我国中老年人对于子女照料的依赖程度在一定时期内仍将保持较高的水平,约90%的中老年人优先选择与子女共同居住或与子女居住在同一社区内。中老年人对于机构养老的接纳度不高,不到4%的人在配偶健在的情况下会优先选择养老院,但是在配偶离世的情况下,有约7%的人愿意选择养老院。对比政策指导建议中提出的"9073""9064"概念,CHARLS调查数据指出社区养老的需求将远高于6%—7%的水平,这主要是因为中老年人已意识到子女的养老、育儿负担较重,无法完全负担父母的养老照料需求;同时,"准老人"对于自身和子女的空间独立的意识也更强,在保持一定的亲情联系之外,希望尽可能地保持居住空间的独立和生活的独立。而在机构养老的需求上,指导意见中3%—4%的水平可能也无法满足实际的需要,特别是考虑到配偶离世的情况,老人无法与配偶相互照料,会有约7%的老年人选择养老院。

3. 相关社会服务机构的基本情况和缺口分析

上文中利用调查数据描述了当前中老年人的养老居住安排意愿,这里拟对当前我国社会服务机构特别是养老服务机构的情况进行梳理。

从表1可以看到,社会服务机构中提供住宿机构总数量在近年波动不断,其中,针对老年人与残疾人的服务机构数量并没有呈现单调的变化趋势,2010年针对老年人与残疾人的服务机构单位数为39 904个,2013年为42 475个。不过城市地区养老服务机构的数量在近年不断增加,特别是在近三年保持了10%左右的增长速度。

表1 社会服务机构、床位及人员数量

	2009年	2010年	2011年	2012年	2013年	2014年
机构数量(个)						
提供住宿的社会服务机构单位数	43 944	44 482	45 973	48 078	45 977	36 810
老年人与残疾人服务机构单位数	39 671	39 904	42 828	44 304	42 475	33 043
城市养老服务机构单位数	5 291	5 413	5 616	6 464	7 077	-
农村养老服务机构单位数	31 286	31 472	32 140	32 787	30 247	-
床位数量(万张)						
提供住宿的社会服务床位数	326.5	349.6	396.4	449.3	526.7	613.5
老年及残疾人社会服务床位数	293.5	316.1	353.2	416.5	493.7	577.7
城市养老服务机构服务床位数	-	56.7	63.0	78.2	97.1	108.5
农村养老服务机构服务床位数	208.8	224.9	242.1	261.0	272.9	219.6
职工人数(万人)						
社会服务机构职工人数	1 038.0	1 138.4	1 120.8	1 144.7	1 197.8	-
提供住宿的社会服务机构职工人数	33.0	34.8	37.4	39.8	42.4	-
老年人与残疾人服务机构职工人数	25.8	27.4	31.2	33.1	35.6	-
城市养老服务机构职工人数	6.4	7.3	8.1	9.3	11.0	-
农村养老服务机构职工人数	13.6	14.2	15.2	15.9	16.4	-

资料来源:国家统计局。

从服务机构提供的床位数来看,不管是整体的提供住宿的床位数,还是针对老年人、残疾人的,以及分城乡看,都有所增加。特别是,服务机构提供的针对老年人、残疾人的床位数,在近三年保持了15%以上的增长速度;城市地区养老床位数在2012年、2013年增速甚至达到20%。以2014年年末的存量计算,65岁及以上的老年人口与社会服务机构提供的总床位数的比例是22.4:1,如果只考虑老年人与残疾人床位数,这一比例增长为23.8:1,即社会机构提供的床位数至多能服务于4.2%的65岁及以上的人口(国际标准为5%)。结合上面的调查数据,这一比例仍存在50%以上的缺口,特别是考虑到不止65岁及以上的人口可能需要机构养老床位。

更重要的是相关服务人员的数量,此方面增长速度并不乐观。2009年年末社会服务机构的职工总数为1 038万人,到2013年仅增长到1 197.8万人,平均年增长速度不到4%。城市地区养老服务机构的职工数增长速度明显快于农村地区,2013年较2012年增长了18.3%,达到11.0万人,但与床位数相比对,服务队伍的人员数量仍存在不足。以城市养老服务机构在2013年的床位人员配比为例,1名职员对应于8.8位老人,如果排除机构行政人员仅考虑护理人员,这一比例将更低。对应的国际标准是3个老年人需要一个护理员,以此标准,按2014年现存的1.37亿65岁及以上的老年,40%在城市地区养老(目前总人口中城镇户口比重为54%,此处考虑老年群体中比例会有所偏低,以及人口的流动,选择一个较低的水平计算下界值),4%入住养老院计算,仅城市养老机构就需要220万张床位,73万名护理人员。在服务人员的综合素质和专业性方面,我国还尚未建立相应的统计机制。

4. 小结

根据上面的分析,我们可以看到,在居家养老、社区养老、机构养老三大养老方式中,大部分的中老年人优先选择有子女身边陪伴度过老年生活,但其中一半以上的还是愿意为自己和子女保持一定的独立空间,希望与子女居住在同一社区/村内的不同居所内,超过4%的55—69岁中老年人选择完全独立于子女生活,综合考虑这两种情况,中老年人对于社区养老的需求将远超于大部分地区规划中的3%—4%的水平。同城(同区)房产的巨大需求也值得关注。另外,对机构养老的需求也高于现存的供应水平,特别是在配偶离世的假想情况下,机构养老的选择挤出了独立于子女单独居住的选择。以CHARLS对养老居住安排意愿的调查数据和国际标准计算,在养老床位和人员的配备上,仅城市地区的机构养老单位就分别存在100%、600%以上的缺口。因为相关理念未建立,养老设施的建设刚起步,社区养老相关人员、设备的补充空间更大。

三、中老年人消费特征

除了居住环境的安排,中老年人的消费习惯和消费模式也值得我们关注。一方面,与更年长的世代相比,当前老年人的储蓄水平和消费能力更高;另一方面,随着信息渠道的扩展,当前的老年人对于更健康、更丰富的生活方式的需求也更高,对技术、个性的追求更强烈。综合这两点,当前的老年人与他们的长辈相比会表现出不同的消费行为。而"准老年人"的消费特征与当前老年人的消费模式也可能存在差异。

从图4我们可以看到,在过去的10年中,老年学校的个数和在校人数都在快速增长,这在一定程度上可以反映中老年人对于丰富生活体验、提升生活质量的强烈需求,由此可以推及他们的生活态度和消费态度。因为生活体验的不同,现在的中老年人,以及即将步入中老年的人群,他们的消费观与生活观与上一辈相比都将有所不同。

1. 财富积累和消费能力

(1)财富和整体支出水平

根据CHARLS的数据,在图5中我们分年龄组给出了城镇户口的家庭人均消费支出。人均支出呈现随年龄增长先降后升的"U形"趋势,相对年轻的45—49岁年龄组,大部分还处在劳动力市场中,有大量与工作相关的通勤、社交等方面的支出。而步入50岁之后,随着人们逐渐退出劳动力市场,与工作相关的消费减少,整体支出水平下降。然而当年龄继续攀升,进入70岁之后,身体机能等方面出现的问题越来越多,医疗等方面的支出不断增加,整体支出水平又有所增加。

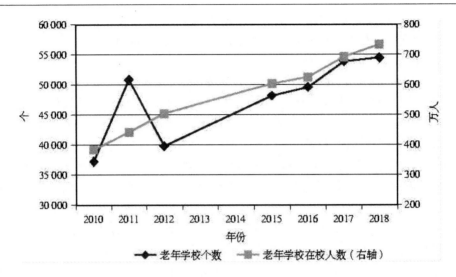

图 4　老年学校办学情况

资料来源:国家统计局。

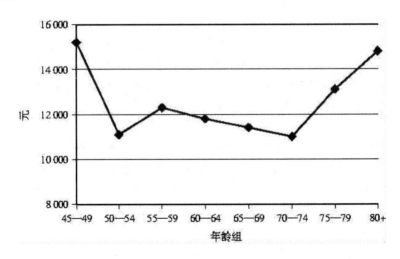

图 5　城镇户口家庭人均年消费支出

资料来源:CHARLS 2011。

在当前财产水平上,"准老人"(45—59 岁)比 60 岁及以上的老人持有更多的财产,表明今后 10—20 年的老人可负担的消费水平将高出现在的老年人(如表 2)。另外,虽然财产水平中位数的代际差异不大,但是 75% 分位数水平的人均财产水平差异较大,45—59 岁年龄组比 60 岁及以上年龄组的财产水平高出 34.9%。

表 2　城镇户口人均支出、收入和财产

分位数	45—59 岁			60 岁及以上		
	25%	50%	75%	25%	50%	75%
人均支出	5 868	9 930	16 603	5 467	8 690	13 493
人均收入	8 843	16 773	27 753	9 600	16 320	27 160
人均财产	34 407	82 500	211 350	26 050	70 760	156 650

资料来源:CHARLS 2011。

分解城镇中老年人的财产,最大的组成部分是房产,占到总财产的86.5%,其次分别是流动资产、耐用消费品和固定资产,占比分别为7.3%、4.3%和1.1%(如图6,财产计算不包括未来养老保险的折现)。相比于农村地区,土地在城镇老年人的财产构成中占的份额较少。考虑在自报财产上的隐私顾虑,流动资产、固定资产的占比可能偏低,但房产作为中老年人最重要的财产构成则是不容置疑的。

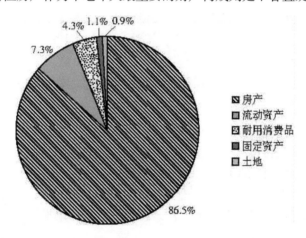

图 6　45 岁及以上城镇人口的财产构成

资料来源:CHARLS 2011。

分年龄组看,以家户为单位,按主要家户成员(household head)的年龄组来划分,45—69 岁各组的房产拥有率均在85%以上(如图7),此一统计不含家户的房屋属于单位或政府保障房的情况,仅含房屋产权属于家户成员的情况。如此高的住房拥有率,为中老年人的老年生活提供了基本的保障,加上家庭累积的其他财产,在较高的程度上保障了中老年人能够平稳度过老年生活,并负担其他休闲娱乐方面的支出。

(2)理财能力

我国是高储蓄国家,特别是当前的中老年人,积累了一定的财富。上文所呈现的高住房拥有率就反映了这一点。近年不断爆出的针对中老年人的投资理财诈骗案例,也凸显出中老年人拥有一定财富但理财能力较差、投资理财风险防范较弱的事实。老年人获取市场行情信息的渠道窄,加上部分老年人轻信他人,对电信诈骗、虚假广告等诈骗手段防范意识不高,很容易掉入陷阱,导致上当受骗事件频发。

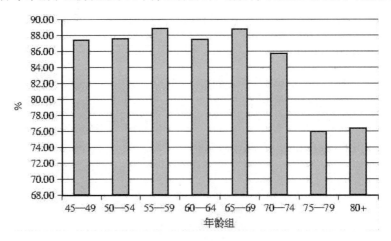

图7 房产拥有情况

资料来源:CHARLS 2011。

还有相当一部分中老年人积极投身股市,如何引导他们树立正确的投资观念和风险意识,谨慎进行投资决策,成为一个值得关注的问题。

当然也不乏具有投资眼光和良好风险意识的中老年人,他们妥善地对财产进行安排,如果相关机构能更好地为他们提供合适的理财产品,并将养老安排与投资安排通过适宜的方式相关联,将更好地吸引中老年投资者。

2.健康状况与医疗消费

医疗消费是中老年人消费的重要组成部分,下文中将结合CHARLS的调查数据,对当前中老年人的健康状况和医疗消费情况进行梳理。

(1)健康状况

随着医疗水平的提升,中老年人的健康状况有所提升,但医疗水平的提升与人们对医疗资源的需求情况的关系是不确定的。一方面,医疗水平提升会提高人们的总体健康水平,使人们去医院看病的需求降低,而另一方面,因为更多医疗手段和治疗方法的出现,很多以前无法医治或难以医治的疾病现在可以被治愈,人们对于医疗的需求相应提高。

在图8中,我们给出了分年龄组的城镇中老年人月度门诊看病概率和年度住院概率。总体上,更年轻的群组看病的比率更低,45—64岁年龄组在一个月内门诊看病的比率约15%,65—79岁门诊看病的比率约20%,而80岁以上的老人门诊看病的比率为24.7%。住院率则体现出更明显的年龄段差别,45—49岁群体在一年内的住院率为5.7%,50—54岁群体则上升到8.6%,60—64岁群体的住院率超过了10%,70岁及以上的老人住院率超过18%。

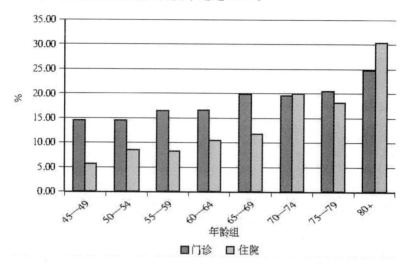

图8　月度门诊看病及年度住院率

资料来源:CHARLS 2011。

从住院的次数上来看,在所有有过住院经历的人群中,76.8%的中老年人在一年内住了1次院,另外还有15.1%的人住了两次院,有3.1%的中老年人在一年内甚至住院治疗4次以上(如图9)。

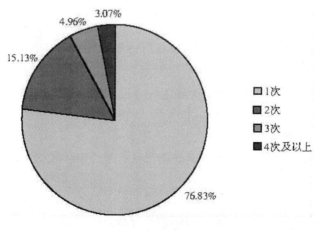

图9　年度住院次数

资料来源:CHARLS 2011。

除住院治疗外,慢性病是困扰中老年人的一大问题,此时患者需要持续性地进行治疗。表3给出了基于受访者自报的慢性病患病情况,高血压在65岁及以上群体中的患病率超过40%,但根据实际的体检数据,总体约40%的患者不知道自己有高血压,真实的患病率会高于表3所列。

表3 城镇中老年人慢性病患病情况(基于自报)　　　　(单位:%)

	45—49	50—54	55—59	60—64	65—69	70—74	75—79	80+
高血压	21.65	23.50	28.63	37.52	40.73	44.74	46.38	50.31
血脂异常	12.77	14.09	18.32	19.64	21.66	22.28	17.24	15.19
癌症	5.30	8.33	9.62	11.18	16.17	12.16	11.11	11.95
慢性肺部疾患	0.14	0.78	1.35	1.15	2.06	1.89	2.55	1.25
肝脏疾病	8.11	6.01	8.67	13.91	11.93	18.11	17.95	21.38
心脏病	3.28	4.27	3.80	5.09	5.96	4.61	2.55	5.63
中风	8.39	10.47	17.32	23.37	24.37	28.84	30.77	24.38
肾脏疾病	1.00	2.32	2.57	3.43	5.05	6.20	6.81	6.25
消化系统疾病	4.85	4.06	6.77	7.21	7.13	8.65	6.81	8.23
胃部疾病	18.07	19.19	17.57	18.30	16.97	18.11	12.77	18.13
记忆相关疾病	0.57	0.39	1.22	2.12	2.75	4.59	5.11	11.88

资料来源:CHARLS 2011。

除了上面提及的疾病情况,根据CHARLS数据的统计,有38.1%的老人日常活动有困难,23.8%的老人在基本日常活动中需要帮助。根据这一数字,老年人对医疗服务和提供日常活动帮助存在巨大需求。

(2)健康消费

下面我们从住院费用和日常保健品消费的角度对中老年人的医疗消费情况进行梳理。

图10中给出了人均住院费用,图中是以所有人为基数计算的人均住院费用。如上面提到的,随着年龄的增长,住院比率提升,总体的住院费用也在增长。60岁之前,人均住院花费不到200元,60岁之后增长了150%以上,人均花费超过500元,70岁之后更是进一步提升到1 000元。而如果以有过住院经历的人为基数计算(见下图),60—64岁群体的平均住院花费最高,超过20 000元,50—59岁群体人均花费约7 500元,65岁以上群体的花费也超过了10 000元(45—49岁群体的住院花费较高,可能是因为相对收入水平较高,并且这一群体工作强度较大,非重大疾病不会请假住院治疗。)。

在保健品的消费上,60—69岁群体的保健品消费率较高,达到了12%以上,在60岁以上群体中,有5%以上的中老年人年度保健品消费超过1 000元(见表4)。

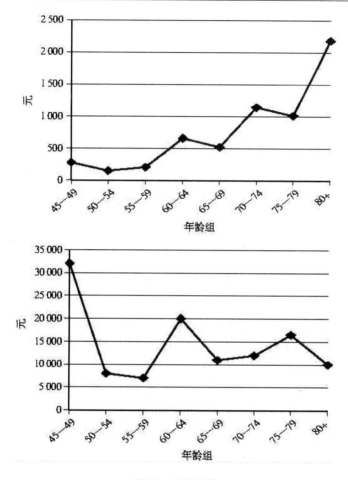

图 10　住院花费

表 4　城镇中老年人年度保健品消费　　　　　　　　　　（单位:%）

	无保健品消费	1—499 元	500—599 元	1 000—1 999 元	2 000 + 元	合计
45—49	92.33	2.56	1.53	1.79	1.79	100
50—54	90.41	2.74	2.05	2.05	2.74	100
55—59	91.48	3.06	0.87	2.84	1.75	100
60—64	85.46	3.26	2.76	3.01	5.51	100
65—69	87.25	3.36	3.02	2.68	3.69	100
70—74	89.51	3.75	1.12	1.12	4.49	100
75—79	87.86	3.47	1.73	2.31	4.62	100
80 +	87.50	0.74	2.94	2.21	6.62	100

资料来源:CHARLS 2011。

以全部人为基数,45—59 岁人群的年均保健品消费不到 150 元,但 60 岁以上群组(除65—69岁之外)的人均消费超过250元(见图11)。

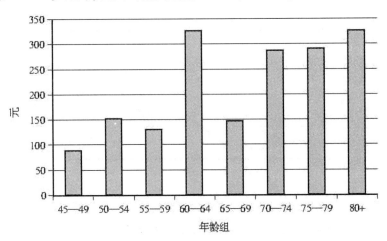

图11 年均保健品支出

资料来源:CHARLS 2011。

日常维生素的使用率低于保健品的使用。如图12所示,65岁以下中老年人日常维生素的使用率低于6%,80岁以上人群的维生素使用率接近14%。

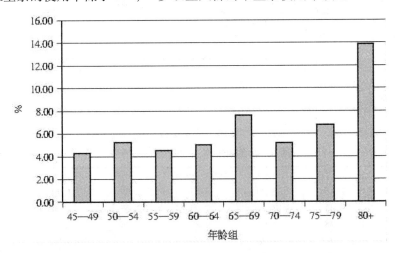

图12 城镇中老年人维生素使用率

资料来源:CHARLS 2011。

随着人们生活水平的提高,更多的健康产品进入日常生活,按摩椅、理疗仪等保健器材也越来越多地成为中老年人家中拥有的物品。图13中给出了城镇中老年人保健器材的使用情况,可以看到,45—54岁群体使用保健器材的比例不到

0.6%,55岁以上群体的使用比例超过了1%。

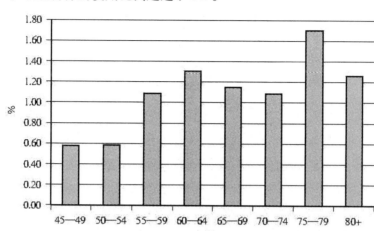

图 13　城镇中老年人保健器材的使用

资料来源：CHARLS 2011。

在医疗保险的购买上,根据 CHARLS 调查数据统计,城镇居民购买商业医疗保险的比例约 1%。虽然大部分城镇中老年人已被城镇职工医疗保险、城镇居民医疗保险所覆盖,但补充医疗保险的参与率并不高,医疗保险的给付受到诸多限制,成为调查中受访者反映的主要问题。

3. 休闲娱乐消费

（1）旅游消费

拥有一定积蓄、健康状况良好、闲暇时间充裕的中老年群体可以选择丰富的休闲娱乐活动,其中之一就是旅行。近几年,国内老年游客的出游人次占比明显上升。全国老龄工作委员会一项调查显示,目前我国每年老年人旅游人数已占到全国旅游总人数的 20% 以上。①

根据 CHARLS 调查数据,表 5 中给出了城镇中老年人旅游消费的情况。从表中可以看到,约 20% 的中老年人在年内进行过旅行,55—65 岁年龄组的出游率最高,超过了 20%,这一群组的健康状况相对年长的老人群体更好,同时闲暇时间较多,因而出行比例更高。有近 2% 的 55—59 岁中老年人年度旅游消费超过了 1 万元,更高龄的群体年度旅游消费超过 1 万元的比例也有接近 1%。考虑到数据中的花费仅涉及受访者自付的部分,子女负担的金额并未计入,实际的中老年人旅游消费水平会更高。

---

① http://china.huanqiu.com/hot/2015-09/7494301.html。

表5　城镇中老年人年度旅游消费　　　　　　　　　　（单位:%）

年龄组	未旅游	1—499元	500—1 999元	2 000—10 000元	10 000+元	合计
45—49	81.79	3.33	5.9	8.21	0.77	100
50—54	83.16	2.75	4.47	9.28	0.34	100
55—59	79.57	1.74	5.22	11.52	1.96	100
60—64	80.96	2.28	4.82	11.17	0.76	100
65—69	82.09	3.04	6.42	7.77	0.68	100
70—74	83.21	4.85	4.85	5.6	1.49	100
75—79	90.86	2.29	1.71	5.14	0	100
80+	89.78	0.73	2.92	4.38	2.19	100
所有年龄组	82.70	2.70	4.89	8.67	1.04	100

资料来源:CHARLS 2011。

根据途牛旅游网的监测分析数据,2015年近30%的老人年度出游次数超过3次,3天及3天以下行程最受老年用户欢迎,占比超过7成,同时选择4—6天行程的用户占比超过2成。在2015年出游的所有老年游客中,1人出游的比例为18%,2—4人共同出游的占比最高,为80%,5人以上共同出游的占比仅为2%。由于子女上班等客观原因,老年人外出旅游首选"老伴",其次是和朋友一起。这些朋友一般由小区内关系较好的邻居、同学或者工作后的老同事组成。85%的老年用户选择跟团游。

在出行的目的上,途牛网的调查显示,30%的60岁以上的老年客户希望通过旅游体验异地风情和文化,有45%的老年客户选择了气候适宜、对身体健康有好处的旅游目的地。有15%的老年客户希望通过旅行结交一些志同道合的老年朋友,另外有10%的老年客户希望通过旅行与儿女沟通亲情。在预订方面,2015年,通过途牛网出游的老年用户有21%是自己预订,其余为子女代为预订。在客户地理分布上,上海、北京、南京、天津、武汉、成都、广州、重庆、杭州、深圳等十个城市的老年用户最爱通过互联网预订出游。

在网络预订出游的出行目的地选择上,50%的老年游客选择国内游,12%选择出境游,38%选择周边游。十大国内热门目的地城市分别是三亚、北京、杭州、苏州、嘉兴、桂林、厦门、丽江、南京和宁波。十大国外热门目的地是泰国、日本、韩国、法国、意大利、瑞士、德国、美国、俄罗斯和越南。综合排序的话,出行前五的目的地是泰国、日本、海南、广西和北京。2015年,在途牛网进行预订出行的老年游,出境游同比增长217%,增速高于国内游(95%)。此外,老年客户选择游轮出行的人数也在不断增加,因为游轮旅行提倡慢节奏、享受型旅行的理念,与老年游客的健康状况、旅行需求相契合。

(2)电子产品消费

除了旅游消费,中老年人也越来越多地表现出对电子产品的兴趣。表6分年龄组给出了城镇中老年人电子产品的消费情况。可以看到,在相对年轻的45—59岁群体中,有近8%的人在一年中新购置了电子产品(包含子女赠送),而60—74岁群体中有新电子产品消费的比例不到6%,75岁以上群体的消费比例更低,不到4%。

在消费数额上,年轻的群体也显示出了对电子产品更高的接纳度和消费热情,对45—49岁、50—54岁、55—59岁三个年龄组,平均有超过6.5%的45—59岁中老年人在一年中在电子产品消费上超过2 000元,有约2%的消费超过5 000元。

表6 城镇中老年人年度电子产品消费 (单位:%)

年龄组	未新购置电子产品	1—1 999元	2 000—4 999元	5 000+元	合计
45—49	92.33	0.51	4.86	2.30	100.00
50—54	92.81	0.68	4.45	2.05	100.00
55—59	92.17	1.30	4.57	1.96	100.00
60—64	94.24	1.50	2.76	1.50	100.00
65—69	94.97	1.68	2.35	1.01	100.00
70—74	94.40	2.61	1.49	1.49	100.00
75—79	96.57	0.57	2.86	0.00	100.00
80+	96.35	0.73	0.73	2.19	100.00

资料来源:CHARLS 2011。

四、总结

中老年人口数量作为我国人口结构中日益增长的一部分,在未来的消费人群中将扮演越来越重要的角色。首先,随着人口老龄化,中老人年的数量在增长。其次,相比于更年长的一辈,现在以及未来的中老年人具有更高的财富积累水平,可以支撑更高的消费水平。最后,现在的中老年人对新事物和新技术的接纳程度更高,消费观念相比他们的前辈也更加开放。

对中老年人消费的研究不能离开对他们养老居住安排的关注,老年人的居住安排是他们之后所有消费行为的出发点,决定了他们今后会需要和购买哪些服务和产品。通过对比中老年人居住安排意愿和相关政策指导意见,我们发现,当前政府规划中对社区养老服务的估计远低于中老年人的需求,机构养老的规划量与需求量基本保持一致,但实际床位数和服务人员数存在较大缺口。

通过分析中老年人的消费能力和实际消费行为,可以发现,总体而言,我国中老年人具有以房产为主体的财富积累,能够在一定程度上保障他们安稳度过老年生活。在旅游、电子产品消费等方面,未来的老年人将表现出更高的消费兴趣和更旺盛的需求。

参考文献

Strauss, J, X. Lei, and A. Park, *et al.*, "Health Outcomes and Socio-economic Status Among the Elderly in Gansu and Zhejiang Provinces, China: Evidence from the CHARLS Pilot", *Journal of Population Ageing*, 2010, 3(3-4):111-142.

家庭婴幼儿用品消费行为研究

孙鲁平　彭璐珞*

摘要：随着"二孩"政策的全面放开,我国家庭在婴幼儿用品上的消费规模迅速增长,婴幼儿用品产业已成为我国21世纪的朝阳产业。婴幼儿作为家庭的核心成员,其年龄幼小、身心娇弱的生理特点,使得年轻父母们在婴幼儿用品的购买行为上呈现出注重安全和质量、价格敏感性小、偏好国外品牌、品牌忠诚度高等特点。并且,目前的年轻父母多为第二代婴儿潮时期出生的"80后""90后",他们更容易受亲朋好友推荐的影响,便利性诉求强,对促销的反应程度较高,还注重体验、知识与服务。本文采用某知名母婴用品零售商提供的真实销售数据研究了家庭对婴儿纸尿裤的品牌转换行为,实证研究发现,家庭更容易在更换纸尿裤尺寸、促销等时机为婴幼儿更换纸尿裤品牌；家庭的购买次数越多、平均每次购买的数量越少,转换品牌的可能性越大。另外,购买不同尺寸纸尿裤的家庭转换品牌的可能性也有显著差异,并且这种效应在工作日和节假日有所不同。

关键词：婴幼儿用品,购买行为,品牌转换

婴幼儿是年轻家庭中的重要成员,婴幼儿用品消费在家庭总消费中占有非常重要的地位。由于婴幼儿独特的身心特点和需求,婴幼儿用品的家庭消费行为具有独到的特色。本文根据来自国家统计局、行业内调研机构以及婴幼儿用品零售商的数据分析了我国家庭在婴幼儿用品上的消费行为。首先,我们分析了家庭婴幼儿用品市场的发展现状、市场潜力以及家庭婴幼儿用品的消费行为特点。然后,我们采用家庭婴幼儿纸尿裤产品的真实销售数据对该产品的消费行为进行了建模分析。最后,我们进行了简单的总结和讨论。

一、家庭婴幼儿用品市场的发展现状和潜力

中国人口众多,家庭数量居世界之首,根据国家卫生和计划生育委员会发布的《中国家庭发展报告(2014)》,我国共有家庭4.3亿户,占世界家庭总数的1/5左右。自1983年实施计划生育政策以来,我国的家庭规模呈现日益小型化的趋势,截至2014年,我国平均家庭户规模为3.02人。婴幼儿作为年轻家庭中非常重要的成员之一,正对家庭的消费模式产生日益重要的影响,也受到了众多商家的关注。

---

* 孙鲁平,中央财经大学商学院；彭璐珞,湖南大学工商管理学院。通信作者及地址：彭璐珞,湖南省长沙市麓山南路麓山门湖南大学工商管理学院,410082；E-mail：pengluluo@139.com。

1. 家庭婴幼儿用品消费概况

我国婴幼儿人口规模大,目前0—3岁的婴幼儿数量稳定在7 000万左右。如图1所示,根据国家统计局发布的最新数据,2014年我国人口出生率为12.4‰,新生儿数量达到1 687万人;2015年新生儿数量为1 655万人,比2014年略有减少,但专家分析2016年我国新生儿数量将有大幅度的增长(黄文政和梁建章,2016)。这是因为,2015年10月29日召开的十八届五中全会决定全面放开二胎,并于2016年1月1日正式实施。调查显示,符合条件的居民生育二胎的意愿普遍较为强烈,占比超过6成。此外,根据第六次人口普查的数据,全国女性平均生育年龄为29岁。处于该年龄前后的年轻父母,正好是我国在1986—1990年间出生的"婴儿潮"一代,随着他们进入婚育年龄,未来几年或将出现新一轮的婴儿潮。这意味着我国婴幼儿数量将面临一次大幅度的增长,预计每年新生儿数量将增至1 800万。新一轮人口增长必将带动我国家庭对婴幼儿用品需求的快速增长,使得婴幼儿用品产业成为21世纪的朝阳产业。

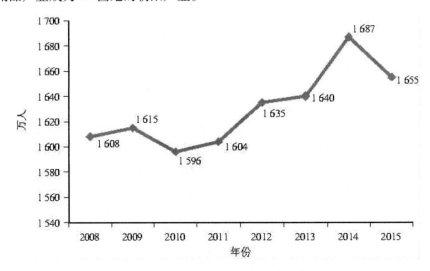

图1 我国2008—2015年新生儿数量

资料来源:国家统计局。

除了婴幼儿用品需求绝对值的增长,中国家庭用于婴幼儿用品的消费占比也有望得到进一步提升。为了婴幼儿的健康成长,中国的大部分家庭不惜将相当比例的可支配收入用于购买婴幼儿食品、日用品、教育等产品或服务。CBME中国孕婴童展、童装展(简称"CBME中国")发布的《2014 CBME中国孕婴童消费市场调查报告》显示,2014年我国0—3岁新生儿家庭月均育儿支出达1 000元以上,而且不同城市的家庭在婴幼儿用品上的月均消费额有所不同。一般来说,上海、北京等一线城市家庭的月均育儿消费额分别高达1 298元和1 164元,而二线城市家庭在婴幼儿产品上的消费额略低一些(见图2)。总体上来看,目前在婴幼儿用品上的消费占家庭总消费额的11%—13%,随着我国经济进一步发展和居民收入的进一步增长,该比例将有较大的上升潜力和空间。

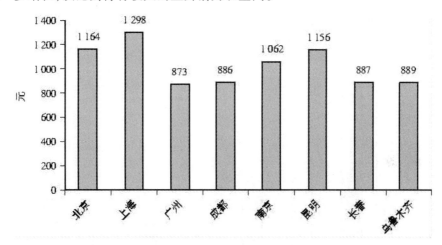

图2　2014年不同城市家庭的婴幼儿用品月均消费额

资料来源:《2014CBME中国孕婴童消费市场调查报告》。

由于我国庞大的婴幼儿人口规模和家庭在婴幼儿用品上逐渐增长的消费支出,2014年我国婴幼儿快速消费品已经达到1 009亿元的市场规模,并且销售额增长率(即17%)远远高于整体快速消费品的销售额增幅(AC尼尔森,《中国婴幼儿行业蓝皮书(2015)》)。同时,根据阿里巴巴集团发布的《中国年货大数据报告》,2016年母婴用品占中国居民年货购买的比重不断上升,奶粉等进口婴幼儿产品成为中国居民主要购买的三大"洋年货"之一。在未来的几年内,我国婴幼儿用品的市场规模有望进一步扩大。21世纪经济研究院与京东网联合发布的《2016中国母婴产品消费趋势报告》显示,受益于"全面二孩"政策,我国预计每年可新增超300亿元的母婴消费,至少带动行业13%左右的增长空间。

2. 不同类型婴幼儿消费品的家庭消费现状

一般来说,婴幼儿用品被定义为以0—3岁婴幼儿为目标顾客群体的产品与服务,其产品范围包括6大类,包括孕婴童食品、穿戴用品、养护用品、寝居用品、出行用品、玩教用品等,产品品类丰富,涵盖婴幼儿的"吃、穿、用、玩"等多个方面。

相较于其他婴幼儿用品,0—3岁婴幼儿的食品和纸尿裤消费在家庭总消费中占比最高。根据2009年4月AC尼尔森开展的"我的宝贝——母婴用品店购物者研究",家庭对0—3岁婴幼儿的月均支出比3岁以上婴幼儿多200元左右。中国家庭对 0—3 岁婴幼儿的支出主要在奶粉、辅食、纸尿裤等类别的产品上。如图 3 所示,婴幼儿奶粉的家庭月均支出为 281.7 元,占婴幼儿用品总支出的 39%,辅食支出为 124.2 元,占 17%,其次占比较高的是纸尿裤和婴幼儿服装,分别占 14% 和 13%。AC 尼尔森的数据表明,截至 2015 年,通过商业超市渠道销售的婴幼儿奶粉和纸尿裤在家庭婴幼儿用品消费中的占比最高,分别达到 50% 和 30% 左右(AC 尼尔森,《中国婴幼儿行业蓝皮书(2015)》)。

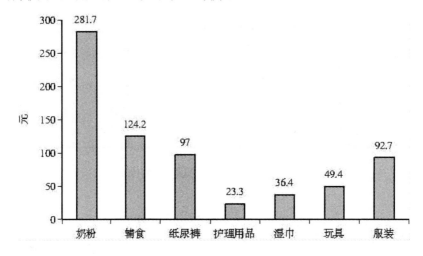

图 3　2009 年 0—3 岁婴幼儿在不同类型用品上的家庭月均消费

资料来源:AC 尼尔森 2009 年 4 月开展的"我的宝贝——母婴用品店购物者研究"。

3. 不同城市家庭的婴幼儿用品消费现状

近些年来,我国家庭在婴幼儿奶粉上的消费增长迅速,其中地级市和县级市的贡献不容小觑。根据 AC 尼尔森零售市场研究的数据,2014 年我国不同级别城市家庭在 0—6 岁婴幼儿奶粉上的消费额如图 4 所示(AC 尼尔森,《中国婴幼儿行业蓝皮书(2015)》)。2014 年地级市的家庭在婴幼儿奶粉上的消费额高达 48.86 亿元,县级市家庭的婴幼儿奶粉消费额也达到 28.96 亿元,并且保持了较高的增长速度,而重点城市(北京、上海、广州和成都)和省会城市家庭的奶粉消费额分别为 22.19 亿元和 41.23 亿元。

我国家庭婴幼儿奶粉消费的一个重要特点是品牌高端化,无论是在大卖场/超市还是母婴店,超过 70% 的婴幼儿奶粉购物者会选择国外品牌(例如,多美滋、惠氏、美赞臣和雅培)。这可能是因为中国消费者对国内婴幼儿奶粉品牌安全性不够信任,尤其是出现了毒奶粉事件、三鹿三聚氰胺事件等之后,为了婴幼儿的安全,中国家庭更多地选择国外奶粉品牌。

纸尿裤、婴幼儿服装和玩具是我国家庭婴幼儿消费支出的重要部分,图 5 呈现了2009年我国不同城市家庭0—6岁婴幼儿在纸尿裤、服装和玩具上的月均消费。上海的家庭在这三类婴幼儿用品上的月均消费支出都是最高的,北京和广州虽同样为一线城市,但其家庭在婴幼儿纸尿裤、服装和玩具上的月均消费支出更为保守,在这些方面的消费支出远不及上海家庭高。

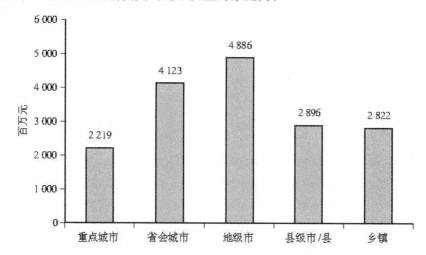

图4　不同级别城市2014年0—6岁婴幼儿奶粉消费额

资料来源:AC尼尔森,《中国婴幼儿行业蓝皮书(2015)》。

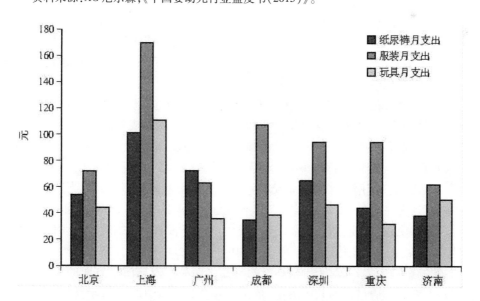

图5　2009年不同城市0—6岁婴幼儿的纸尿裤、服装和玩具月均支出

资料来源:AC尼尔森2009年4月开展的"我的宝贝——母婴用品店购物者研究"。

对于婴幼儿纸尿裤,上海和广州的家庭在纸尿裤上的月均消费支出最高,其次是深圳和北京,经济发展水平相对落后的成都、重庆和济南均较低。根据AC尼尔森的调查结果,0—3岁婴幼儿在纸尿裤上的月均消费高于3岁以上的婴幼儿,而他们在玩具和服装上的月均消费低于3岁以上的婴幼儿。据此推测,不同城市0—3岁婴幼儿在纸尿裤上的月均消费会略高于图5中所呈现的水平。

婴幼儿服装是家庭婴幼儿用品消费的另一个重要组成部分。如图5所示,上海、成都、深圳及重庆的家庭在婴幼儿服装上的月均消费相对较高,而北京、广州和济南的家庭在婴幼儿服装上的月均消费均相对较低。对于婴幼儿玩具,上海家庭对于0—6岁婴幼儿玩具的月均消费居于首位,高达每个月110.9元,而其他城市家庭在婴幼儿玩具上的消费支出都比较低,大多集中在30—50元。根据AC尼尔森的调查结果,0—3岁婴幼儿的服装和玩具消费支出低于3岁以上的婴幼儿。同时,CBME中国孕婴童展、童装展发布的《2015 CBME中国孕婴童消费市场调查报告》也发现,婴儿奶粉和纸尿裤位列0—2岁宝宝家庭育儿消费的前两位,而针对稍大一些的宝宝,中国家庭在婴幼儿服装和玩具上的消费和频次明显上升。因此,不同城市家庭0—3岁婴幼儿在服装和玩具上的月均消费可能会略低于图5所显示的水平。

二、婴幼儿用品的家庭购买决策及其特点

家庭购买决策是指由两个或两个以上家庭成员直接或间接做出购买决定的过程。与个体消费者的购买决策相比,家庭购买决策是一个群体决策,其制定过程更为复杂,在这个决策制定过程中,不同家庭成员扮演不同的角色并对购买决策产生相应的影响(Lavin,1993)。根据一些现有的家庭决策理论,家庭成员在购买决策制定过程中一般扮演着五种不同类型的角色:

(1)提议者:在家庭中首先提出购买某商品并促使其他成员对商品产生兴趣的人。

(2)影响者:提供商品信息和购买建议、影响挑选商品或服务的人。

(3)决策者:有权单独或与家庭其他成员一起做出购买决定的人。

(4)购买者:负责执行购买决策的人。

(5)使用者:使用所购买商品或服务的人。至于家庭中多少人充当这些角色,什么人充当哪些角色,则要根据家庭的不同和他们所购买商品的不同而变化。

一般来说,家庭成员在购买不同品类的产品时发挥的作用不同。例如,对于婴幼儿用品、食品、家庭日用品等,家庭中女性的影响更大;对于家用电器、家具等,男性的影响更大;而对于价格高昂的家庭耐用品以及旅游等方面的大额支出,往往是夫妻双方通过协商共同决定(范小草和李长春,2012)。对于婴幼儿用品这一特殊品类,家庭购买决策的角色分布有如下特点:

第一,购买者与使用者相分离。婴幼儿作为产品的使用者,却不具备决策和购买能力,因此购买决策必然由家长做出。由于大多数中国家庭具有望子成龙、望女成凤的心理,因此,作为婴幼儿用品的决策者和购买者,很多父母都希望给子女最好的,愿意在婴幼儿用品上支付更多。

第二,年轻妈妈与年轻爸爸分任决策者与购买者的角色。作为婴儿的主要生养哺育者,年轻妈妈在母婴消费上担任决定性的角色。《2014年新浪母婴消费白皮书》显示,对于92.5%的家庭,新一代年轻妈妈在对婴幼儿用品的消费方面拥有决定权。同时,在65.0%的家庭中,婴幼儿用品的决策方式通常为"妈妈提需求,爸爸去执行",即年轻妈妈为主要的决策者,而年轻爸爸担任购买者的角色。此外,父母越年轻,家庭大项支出的决策方式越民主。

第三,育婴群体日趋年轻化、高知化。前文中提到,1986—1990年间出生的"婴儿潮"一代已成为育龄父母的主体,而"90后"的年轻父母也正日益增多。同时,《2015年新浪母婴消费白皮书》显示,高知女性成了育儿人群的主力军,85%以上的年轻妈妈拥有大学以上的学历。这使得他们在购买婴幼儿产品时较之过往的父母群体更为理性与专业化,也更看重育儿知识的积累与个人成长。

结合消费者行为学理论和婴幼儿用品市场的一些调查研究结论,我们将家庭在婴幼儿用品消费上的主要特点总结如下。

1. **价格敏感性低,首重安全与品质**

家庭中的妈妈们是购买婴幼儿用品的主力军,她们是主要的购买决策者。目前0—3岁婴幼儿的父母大多为"80后"和"90后",她们中的大部分人都接受过良好的教育,文化素质和收入水平也较高,对于婴幼儿用品的价格并不是十分敏感。由于婴幼儿群体年龄幼小、身体娇弱的生理特点,这些年轻父母在选购婴幼儿用品时最为关注的是品牌和产品的质量(Prendergast and Wong, 2003; Yee and Chin, 2007)。尤其是在中国毒奶粉、毒玩具等产品质量问题频频被曝光后,年轻妈妈们在选择婴幼儿用品时更加谨慎,对产品质量和安全性能的要求更为苛刻。此外,由于20世纪70年代以来国家开始全面推行计划生育政策,使得如今婴幼儿父母大多为独生子女,从而大部分婴幼儿家庭结构为核心家庭或"4-2-1"形式的联合家庭(即4个老人、1对夫妻、1个孩子)。在这种"倒金字塔"的家庭结构中,孩子成为关注的核心,父母与祖父母两代人对第三代的投入往往不惜成本,也导致了婴幼儿用品消费上较低的价格敏感度(江林和李志兰,2013)。《2015年新浪母婴消费白皮书》显示,绿色、健康和安全是71.6%的年轻妈妈在选择产品时的优先考虑要素;86%的消费者会因为更安全、更绿色、更健康而为宝宝花费额外的支出。此外,虽然网购日益流行,但母婴专卖店仍是妈妈们的第一选择,担心电商假货是她们放弃网购的主要原因;由于消费者非常注重母婴产品的安全、健康、舒适、质量等因素,所以在选购过程中往往需要多渠道信息的辅助,不会简单通过价格、外观等因素就轻易决定购买。

2. 品牌意识较强,偏好国外知名品牌

"80后"和"90后"的年轻妈妈们缺乏婴幼儿用品的实际购买与使用经验,但品牌意识较强,更偏好知名品牌,尤其是国外知名品牌。以婴幼儿服饰为例,内着服饰和家居棉品是主要的构成部分,受限于婴幼儿的生理特点,在质量上有更高的要求。这种情况下,许多父母在选购婴幼儿服饰时,更倾向于选择中高端品牌,这使得中高端品牌的市场不断扩大,并逐渐成为主流(黄硕旻,2016)。即便一些家庭选择国内品牌,他们也会选择一些知名品牌。这种较强的品牌意识可能源自年轻父母们的攀比心,邻居间、同事间、亲友间会有意无意地在婴幼儿用品上产生一定的攀比(Prendergast and Wong, 2003)。另外,中国人的面子消费观也使父母们认为给宝宝用的产品要比别人更好才有面子,这种动机促使他们更多地寻求国外品牌。

然而,年轻父母们品牌意识较强的另一个非常重要的原因是他们认为国外品牌更加安全可靠,为了孩子的健康成长,他们愿意支付更高的价格不远万里地进行海外代购。对于偏私人产品(private product)性质的婴幼儿纸尿裤,父母们互相攀比的可能性相对较小,但即使对于这类产品,AC 尼尔森的调查研究数据发现,绝大多数家庭依然选择帮宝适、妈咪宝贝、好奇等国外品牌。京东大数据平台的资料也表明,国际大牌基本垄断中国婴幼儿用品市场,好奇、帮宝适、惠氏、花王是最受用户钟爱的母婴类品牌。尤其是奶粉、纸尿裤和湿巾,前 5 大品牌全部是国际大牌,其中奶粉的前 5 大品牌中 3 种为美国品牌,纸尿裤湿巾的前 5 大品牌中 3 种是日本品牌。这表明,年轻父母们品牌意识强、偏好国外品牌的原因不仅在于攀比和追求名牌,更在于他们认为国外品牌的质量和安全性更高。

3. 品牌忠诚度较高

一般来说,家庭对婴幼儿品牌具有较高的黏性和忠诚度。婴幼儿产品具有购买者和使用者相分离的特点,年轻妈妈们在决定是否重复购买某个婴幼儿品牌时,会更多地考虑孩子使用产品的情况,一旦接受了某一品牌的婴幼儿产品,她们一般不会随意为宝宝更换品牌。尤其是奶粉、米糊、保健品、纸尿裤等产品,婴幼儿适应一个新品牌的产品需要一定的时间并伴随一定的风险。因此,对于这些类别的婴幼儿产品,妈妈们一旦选用某个品牌,一般黏性都相对较高,会在一定时期内继续购买同一品牌的产品。2009 年 AC 尼尔森开展的母婴用品店购物者研究发现,86% 的消费者在购买婴幼儿纸尿裤产品前都有明确的购买计划,其中 99% 的消费者已经有打算购买的品牌,而其中绝大多数消费者在购买时不会因为价格促销或者店内宣传而改变其品牌购买计划。《2015 年新浪母婴消费白皮书》也显示,93% 的母婴消费者会选择固定品牌,62.7% 的消费者会选择固定两三个品牌;不固定品牌用户只占 5.4%,其中以"90后"比重较大。

4. 容易受口碑的影响,乐于分享与吐槽

消费者在购买前会搜集多方面来源的相关信息来辅助决策,例如,来自亲友的推荐,商家的产品展示、促销、电视广告等,都可以在这个过程中影响消费者的购买决策和品牌选择,这在婴幼儿用品行业尤为明显。初为人母的年轻妈妈们在婴幼儿产品方面的知识相对缺乏,也缺乏育儿经验,不清楚哪些产品和品牌更加适合自己的宝宝。为此,在自己未曾购买过相关产品又十分关注产品质量的情况下,年轻父母们经常从自己的亲戚和朋友那里寻求建议,以降低感知风险(Daniels,2009)。当然,不同来源的推荐对婴幼儿用品购买决策的影响大小不同。相关调查显示,亲戚、朋友、妈妈群的口碑宣传影响力度最大,而超市、母婴专营店等店员推荐的影响力相对来说较低。

在婴幼儿用品行业,年轻妈妈们既是信息接收者,同时也是信息的生产者,乐于分享自身对相关产品的使用体验。在移动互联网快速发展的今天,网络口碑对婴幼儿用品购买的影响不容小觑。随着互联网和移动互联网以及社交媒体的普及,很多新生儿父母为获取信息通常会加入各种育儿论坛、QQ 群、微信群等,经常与其他父母们交流育儿心得,相互之间的消费行为也会在很大程度上受彼此影响(杨珩,2015)。《2014 年新浪母婴消费白皮书》的调查发现,85% 的被调查者表示会主动将自己使用后感觉比较好的母婴产品推荐给朋友。《2016 年中国母婴产品消费趋势报告》也显示,对于网络平台上的婴幼儿产品购买,评论是影响用户购买前行为的主要因素。绝大部分消费者都会关注已购买用户的评论和口碑,全国各地对评价不关注的用户占比均为个位数。在遇到与实际情况不符的产品或服务时,大部分年轻妈妈都会选择吐槽。《2015 年新浪母婴消费白皮书》调查发现,99% 的用户都会分享自认为较好的母婴咨讯、服务或者产品,且 73% 的用户乐于分享;对于不好的产品,99% 的用户会选择吐槽,并且有 40% 的用户会在微博、微信、论坛等社交平台吐槽。

5. 便利性诉求强

除了价格不敏感、品牌意识强、品牌忠诚度高以及易受口碑的影响,"80 后"和"90 后"的年轻妈妈们还特别看重购物的便利性。目前 0—3 岁婴幼儿的妈妈们一般都有自己的事业,她们将大量时间投入到工作和照顾孩子上,相比之下购物的时间非常有限,因此购买的便利性就显得十分重要。为此,这些年轻妈妈们在购买婴幼儿产品时一般选择方便的购物方式,如网上购物、在母婴连锁店购买、进行海外代购等。出于便利性的考虑,目前电商已经成为年轻妈妈们经常采用的婴幼儿用品购买渠道。而在电商中,移动端购买以其便捷性迅速吸引了大量母婴消费者;特别是在商业发达程度相对较低、线下购买不便的西部地区(如贵州、西藏、宁夏等地),移动电商渗透率更高,表明渠道便捷性对于婴幼儿用品购买的重要性。不仅如此,婴幼儿用品在设计上也需要体现便利性,例如婴幼儿用品在携带、使用、维修和更换上更简便易行,才能获得这些年轻妈妈们的青睐。

6. 促销敏感度高

对于婴幼儿家庭而言,相对于其他类型的消费,婴幼儿产品是"刚需"。因此,年轻父母们对于促销信息十分关注,在有促销的时间内会大量购买纸尿裤、奶粉等婴幼儿用品,出现普遍的"囤货"现象。根据《2016年中国母婴产品消费趋势报告》,全国只有不到7%的用户对促销不敏感,其中浙江、辽宁、山东、福建、上海、安徽、江苏的用户对促销最敏感,其"对大力促销敏感"的用户占比都在81%以上。从销售情况看,在有促销的时间节点消费额增长往往比较突出,比如在6月、11月(京东的"618母婴大促",淘宝的"双11购物节")。

7. 更看重消费体验、知识获取与服务升级

如前文所述,婴幼儿产品的主要消费决策者为在第二代婴儿潮时期出生的"80后""90后"年轻父母们。作为在数字化、全球化时代下成长起来的新一代,他们思维开放,理念前卫,崇尚自由,育婴对他们来说不仅是一项责任和义务,更多的是一种未知、有趣、富有意义且充满挑战的生命体验。孩子的成长中灌注了更多的年轻父母的认同和个性,他们会将自己理想的生活方式、生活态度融入其中。为此,他们不仅遵循和学习前辈代代相传的育儿知识,还会广泛吸收国内外的先进育儿理念,带动了各类婴幼儿图书、绘本、影视节目消费的大幅增长,也表现为他们对网络育儿社群的高度依赖,透过同辈群体之间的交流形成圈子,互相分享育儿知识,彼此提供精神和信息支持。2015年的《新浪母婴消费白皮书》显示,83.5%的"80后""90后"的母婴人群会通过育儿网站、论坛及手机APP获取孕育知识。对他们而言,育儿的过程也是自我成长和蜕变的过程,在关爱宝宝的过程中,也开始学会关爱自己;年轻妈妈们诞下宝宝后更加自信,期望自己成为工作与生活两不误的时尚"辣妈";在宝宝成长的刚性需求之余,年轻妈妈们对宝宝形象的打理更加重视,会把孩子打扮得很潮,以彰显自己的个性与品位。此外,在全国各地,胎教工作坊、母婴课堂、亲子沙龙等服务与体验式营销日趋火爆,这表明随着消费需求的升级,婴幼儿产品用户在产品需求之外的服务需求也在逐渐提升。他们不再仅仅希望获得安全高质的产品,也希望获得更为全面、人性化和智能化的服务。因此,强调趣味性与成长性的体验营销、具有文化深度的内容营销、基于互联网和大数据的服务升级,将成为该领域未来的发展趋势。

三、婴儿纸尿裤的家庭消费行为

如前文所述,纸尿裤是除奶粉之外婴幼儿消费支出最高的产品类别,尤其是年龄较小的婴幼儿(即0—2岁)。我们采用某知名母婴用品零售商提供的真实销售数据研究了家庭对婴儿纸尿裤的购买行为模式和特点。该知名母婴用品零售

商在全国拥有200余家零售店,目前这些零售店主要分布于湖南、湖北和江苏等几个省份。该零售商提供了2015年12月15日至2016年1月14日所有家庭购买纸尿裤的记录,为了便于研究,该数据只保留了销售额最高的7个品牌的购买记录,这7个品牌分别为帮宝适、好奇、花王、大王、倍康、爽然和舒比奇,这7个品牌的销售额在该零售商纸尿裤销售总额中占90%左右的份额。

该母婴用品零售商提供的数据包括以下几个字段:家庭ID、订单编号、购买品牌、产品名称及产品描述、购买数量、购买价格,以及每次购买的具体日期。消费者在同一个订单内可能会购买多个纸尿裤产品,因此,同一个订单在数据里可能对应多个观测。我们对以上数据进行了一些数据清洗和初步处理,以方便后续的分析。第一,我们从产品名称和描述中提取了购买纸尿裤的尺寸(即size,包括NB、S、M、L、XL和XXL),购买产品所包含的纸尿裤数量,以及所购买产品是否正在促销等变量,其中产品描述中所揭示的促销形式主要包括"买赠"和"打折"两种形式。第二,我们以订单为单位计算了一些订单层面的变量,例如,同一个订单中促销产品所占比例、同一个订单所包含的纸尿裤总数量、同一个订单包含的纸尿裤尺寸的个数、同一个订单中购买最多的纸尿裤尺寸、每个订单距离上一次购买的时间间隔(以天为单位),即购买时间间隔(inter-purchase time)等。第三,我们计算了一些家庭层面的变量,例如,在2015年12月15日至2016年1月14日每个家庭的订单总数量、购买总金额、平均的购买时间间隔等。

我们将首先对数据进行总体层面的描述性分析,主要包括该零售商纸尿裤品类的销售额随时间变化的趋势,每个品牌所占的市场份额等;然后,我们对家庭层面的购买行为进行描述性分析,包括家庭的订单数量、销费额、平均的购买时间间隔等;最后,我们保留具有两个及两个以上订单的家庭,识别其在不同订单中是否有转换纸尿裤品牌的行为,并研究促销、每次购买的纸尿裤数量、是否处于更换纸尿裤尺寸的时机等对家庭纸尿裤品牌转换行为的影响。

1. 总体层面的描述性分析

在2015年12月15日至2016年1月14日,该零售商的销售额达到12 830 467元,平均每日销售额为413 886元。图6展示了2015年12月15日至2016年1月14日该零售商纸尿裤品类的销售额变化,从图中可以看出一些时间趋势:一般来说,节假日(包括周末和元旦等法定节假日)的销售额比工作日更高,2016年元旦当天销售额达到831 728.8元,是这一个月内的最高单日销售额。

如图7所示,每日订单量随时间变化的趋势与销售额类似,周末和节假日的订单量明显多于工作日,2016年元旦一天内就产生了4 509个订单。很多家庭倾向于在节假日购买婴幼儿纸尿裤产品,一方面是因为节假日的时间宽裕,另一方面也可能是因为节假日各个纸尿裤品牌更可能会有一些促销活动。

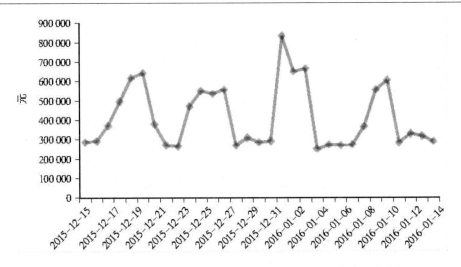

图6　2015年12月15日至2016年1月14日纸尿裤品类的日销售额

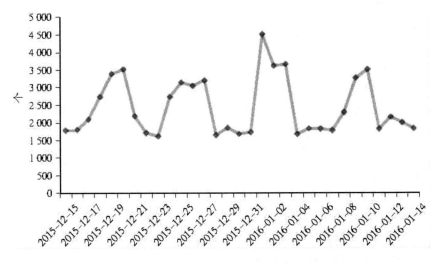

图7　2015年12月15日至2016年1月14日纸尿裤品类的每日订单量

在该零售商销售渠道所覆盖的地区,消费者普遍更加偏好国外品牌(见图8)。日本品牌好奇所占份额最高,达到36%;其次是花王和大王,分别占18%和12%;国内品牌倍康、舒比奇、爽然分别占11%、10%和9%;而国外知名品牌帮宝适在纸尿裤销售额中所占份额较小,仅为4%。这与AC尼尔森的调查结果有所出入,主要原因在于给我们提供销售数据的零售商主要服务于湖南、湖北和江苏的居民家庭,这些地区的居民消费水平和品牌选择行为与AC尼尔森调查的一线城市会有所不同。例如,湖南的居民家庭相对更偏好地方品牌倍康,因此该品牌的市场份额相对较大,而在一线城市比较受欢迎且价格较贵的帮宝适在湖南、湖北和江苏等市场所占份额较少。

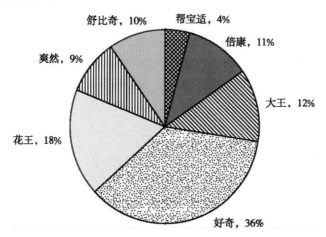

图8　2015年12月15日至2016年1月14日各品牌销售额所占份额

在2015年12月15日至2016年1月14日期间销售的所有纸尿裤中,L号销售数量最多,达到1 266 848片,其次分别为XL号和M号,分别销售了894 490片和635 096片,而S号和新生儿(NB)尺寸的纸尿裤销售量相对较少(见图9),XXL号的纸尿裤销售量最小。这说明在零售商所服务的地区,M、L、XL号的纸尿裤需求量相对更大。

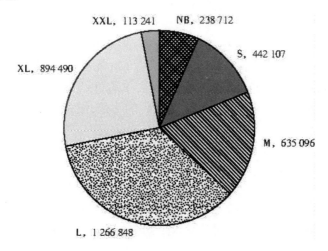

图9　2015年12月15日至2016年1月14日各尺寸纸尿裤销售量(单位:片)

2. 家庭层面的购买行为分析

零售商提供的销售数据中共包括 48 247 个家庭的纸尿裤购买记录,但其中 38 525 个家庭仅有一次购买记录,7 703 个家庭有 2 次购买记录,2 019 个家庭具有 2 次以上购买记录(见图 10)。

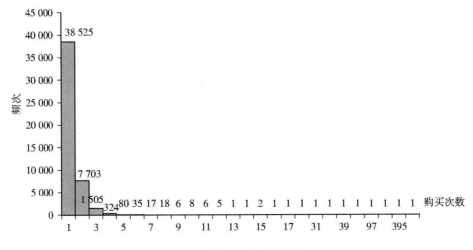

图 10　家庭购买次数的直方图

这些家庭平均每个订单的消费额为 249.9 元,每个订单消费额的中位数为 168 元。平均来说,这些家庭每个订单包含的纸尿裤数量为 55.14 个,大多数家庭在一个订单中购买的纸尿裤数量少于 100 个,基本上所有的家庭每个订单中购买的纸尿裤数量均少于 200 个(见图 11)。

为了开展更为细致的研究,我们保留了在 2015 年 12 月 15 日至 2016 年 1 月 14 日至少产生过 2 次购买的家庭,并删除了购买次数过多(即超过 18 次)的家庭,因为这些"家庭"极有可能是小型零售商或夫妻店,以转售为目的购买纸尿裤产品,而非用于家庭婴幼儿消费。经过这些条件的筛选,最后我们保留了 9 710 个家庭,这些家庭两次购买的平均时间间隔为 10.05 天,中位数为 9.5 天,家庭平均购买时间间隔的直方图如图 12 所示。①

3. 家庭的品牌转换行为研究

婴幼儿纸尿裤的显著特点在于购买者与使用者相分离,而且购买者在选择品牌时更多地考虑婴幼儿使用产品的体验,父母们都希望给自己的宝宝选择一个安全舒适、透气、亲肤、吸收性能好的纸尿裤品牌。而一旦父母们认为一个纸尿裤品牌适合自己的宝

---

① 在计算每个家庭的平均购买时间间隔时,我们仅包括了能准确观察到时间间隔的购买。例如,对于每个家庭在数据中的最后一次购买,由于我们没有观察到该次购买之后的购买,因而我们无法确定其确切的购买时间间隔,因此,最后一次交易的购买时间间隔未列入该家庭平均购买时间间隔的计算。

宝,则相对不太容易为宝宝更换纸尿裤品牌。这给纸尿裤企业争夺竞争品牌的客户创造了一种天然屏障。AC 尼尔森的调查研究发现,婴儿纸尿裤的购买在很大程度上由进店前的因素决定,店内营销手段相对较难影响消费者的纸尿裤品牌选择,其中能够产生一定影响的是促销和价格。在这里,我们进一步研究了影响家庭纸尿裤品牌转换行为的因素,识别家庭更容易更换纸尿裤品牌或尝试新可能的时机。

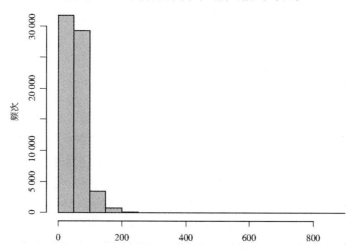

图 11　每个订单购买纸尿裤数量的直方图(单位:片)

资料来源:WIND 资讯。

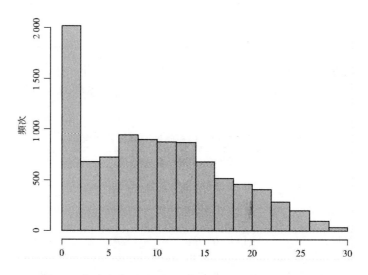

图 12　每个家庭平均购买时间间隔的直方图(单位:天)

资料来源:WIND 资讯。

在研究纸尿裤品牌转换行为时,我们只采用至少购买过2次的9 710个家庭的购买数据,这些家庭共产生了22 406次购买,其中4 296次购买中产生了品牌转换行为。在本文中,我们界定品牌转换为家庭在当前订单中购买了与上次购买不同的品牌。我们研究以下几个变量对家庭纸尿裤品牌转换行为的影响:家庭的总购买次数,家庭的平均每次购买时间间隔,家庭的平均购买量(以平均每次购买的纸尿裤片数计),家庭购买的促销产品所占比例,订单中包含的纸尿裤尺寸个数,订单中购买最多的纸尿裤尺寸。"订单中购买最多的纸尿裤尺寸"表明目前该家庭的宝宝所需要的纸尿裤尺寸,而"订单中包含的纸尿裤尺寸个数"则表明了目前该家庭是否正在考虑为宝宝更换更大号的纸尿裤,我们借此变量来识别更换纸尿裤尺寸是否是家庭为宝宝更换纸尿裤品牌的潜在时机。此外,如前文所述,我们发现纸尿裤的购买行为存在明显的节假日效应,即订单数和销售额在节假日显著比工作日高。因此,在本节的模型中,我们将节假日的哑变量作为控制变量放入模型中,并研究其与"订单中购买最多的纸尿裤尺寸"的交互作用,旨在揭示家庭消费者在购买哪些纸尿裤尺寸时容易转换品牌,并且这种效应在工作日和节假日有没有显著的差异。本研究中所涉及的数值型变量的描述性统计量如表1所示。

表1　数值型变量的描述性统计量

变量名	均值	标准差	最小值	最大值
购买次数	2.31	0.85	2	17
平均购买时间间隔	10.05	7.42	0	30
平均每次购买量	101.60	84.24	13	1 704
促销产品所占比例	0.02	0.13	0	1
纸尿裤尺寸个数	1.11	0.32	1	3

由于因变量"品牌转换"是哑变量(1 = 转换品牌,0 = 不转换品牌),因此,我们采用逻辑回归(logistic regression)模型进行数据分析,该模型的参数估计结果如表2所示。

表2　品牌转换行为的逻辑回归参数估计结果

	参数估计值	标准误	Z value	p value
截距项	-2.5004	0.0803	-31.123	<2e-16
购买次数	0.2312*	0.0106	21.780	<2e-16
平均购买时间间隔	-0.0014	0.0026	-0.556	0.579
平均每次购买量	-0.0005*	0.0002	-2.193	0.028
促销产品所占比例	0.2785*	0.1309	2.128	0.033
尺寸个数	0.4728	0.0528	8.950	<2e-16
节假日(1 = 节假日,0 = 工作日)	-0.1099*	0.0593	-1.852	0.064

(续表)

	参数估计值	标准误	Z value	p value
主要尺寸(baseline = L)				
NB	－0.1745	0.1275	－1.368	0.171
S	－0.1683*	0.0864	－1.947	0.052
M	－0.0785	0.0701	－1.120	0.263
XL	0.0346	0.0562	0.616	0.538
XXL	－0.1797*	0.0892	－2.014	0.044
主要尺寸与节假日的交互作用				
节假日 × NB	0.3993*	0.1957	2.040	0.041
节假日 × S	0.2935*	0.1350	2.174	0.030
节假日 × M	0.1218	0.1080	1.128	0.259
节假日 × XL	0.0869	0.0868	1.001	0.317
节假日 × XXL	0.1004	0.1440	0.697	0.486

注:*表示在10%的显著性水平下显著。

我们将主要的研究结论总结如下:

(1)更换纸尿裤尺寸是家庭转换品牌的时机。逻辑回归的结果显示,当前订单中的纸尿裤尺寸个数与消费者转换品牌的概率呈正相关关系,即若家庭消费者正在考虑为宝宝更换纸尿裤的尺寸,他们更可能考虑更换纸尿裤品牌。

(2)一般来说,相对于购买 L 号纸尿裤,购买 S 号和 XXL 号纸尿裤时消费者更不容易为宝宝更换纸尿裤品牌。这可能是因为穿 S 号纸尿裤的宝宝年龄较小,父母们不愿意随意为宝宝更换纸尿裤品牌,而穿 XXL 号纸尿裤的宝宝虽然年龄相对较大,但这些宝宝对纸尿裤的依赖性相对较小,因此,父母们也倾向于进行习惯性购买。然而,节假日哑变量与尺寸 NB 和 S 的交互作用显著为正,这说明:与购买 L 号纸尿裤的消费者相比,购买 NB 和 S 这两个尺寸纸尿裤的消费者在节假日(相对于工作日)更加可能会转换品牌,即存在显著的节假日效应。

(3)促销是促使家庭消费者转换纸尿裤品牌的重要营销手段之一。逻辑回归的结果表明,订单中促销产品所占比例越高,消费者产生品牌转换的可能性就越高。这在一定程度上说明,促销会显著提升消费者转换纸尿裤品牌的可能性。

(4)家庭的购买次数越多,发生品牌转换的可能性越大,而平均每次购买的量越大,发生品牌转换的可能性越小。购买次数越多,家庭考虑更换纸尿裤品牌的机会就越多,因此品牌转换的可能性就越大;而若消费者每次购买纸尿裤的量很大,说明该家庭的宝宝对某品牌纸尿裤的依赖程度较高,因此产生品牌转换的可能性较小。此外,我们还发现平均购买时间间隔与品牌转换的可能性并没有显著的相关关系。

除了以上发现,普遍来说家庭在节假日购买纸尿裤时更不容易转换品牌,这可能是因为节假日很多纸尿裤品牌会采取一些促销手段,此时消费者更倾向于购买促销的以往使用过的品牌,而非尝试购买新品牌。值得一提的是,由于数据的局限,以上模型并没有控制其他可能影响品牌转换行为的因素,例如产品的功能和特色,此外,亲朋好友的推荐等也是父母们选择纸尿裤品牌的重要影响因素。尽管如此,根据家庭真实购买数据的分析可以揭示一些家庭消费行为的规律,在很大程度上帮助我们了解家庭纸尿裤消费的一些行为特点。

四、总结和讨论

本文第一部分分析了家庭婴幼儿用品市场的发展现状和潜力,认为目前我国婴幼儿用品的消费规模可观并且具有较好的发展潜力。随着"二孩"政策的全面实施,我国婴幼儿人口规模预计在近几年内会有大幅提升,这必将推动我国婴幼儿用品的市场规模不断扩大。不仅如此,随着"4-2-1型"家庭的增多,婴幼儿逐渐成为现代家庭的核心,2014年北京、上海等一线城市居民家庭在婴幼儿用品上的月均消费额已高达1 200元左右。随着人们收入水平的提高,我国居民家庭用于婴幼儿用品的月均消费将有进一步的提升。目前,婴幼儿奶粉、纸尿裤、服装和玩具是我国家庭婴幼儿消费支出的重要部分,尤其是婴幼儿奶粉和纸尿裤是我国0—3岁婴幼儿消费支出占比最高的两类产品。同时,我国居民家庭在婴幼儿用品上的消费模式存在一定的城市差异,上海经济较为发达,因此其居民家庭在各类婴幼儿用品上的月均消费额均较高,除上海外,广州、深圳和北京居民家庭相较于其他城市家庭在婴幼儿纸尿裤上消费支出更高,成都、深圳和重庆居民家庭在婴幼儿服装上月均支出相对更高,而北京、济南和深圳则在婴幼儿玩具上的消费支出相对更高。

本文第二部分梳理了相关的调查研究发现和文献,从理论的角度分析了我国家庭婴幼儿用品消费行为的特点和趋势。婴幼儿用品的购买者是年轻父母,他们大多是在1986—1990年出生的"婴儿潮"一代,年轻、受教育水平高,而其使用者却是家庭中没有决策能力的婴幼儿,这种购买者与使用者相分离的特点以及婴幼儿特殊的生理特点,使得年轻父母在选购婴幼儿用品时呈现出注重安全和质量、价格敏感性小、偏好国外品牌、品牌忠诚度高的特点。而且,年轻父母易受亲朋好友口碑或推荐的影响,便利性诉求显著,对促销具有较高的反应程度。也是婴幼儿用品行业将来重要的发展方向。

在本文第三部分中,我们利用某知名母婴用品零售商提供的家庭纸尿裤真实购买数据详细分析了纸尿裤品类的消费行为特点和规律,并建立逻辑回归模型研究了影响家庭消费者更换纸尿裤品牌的因素。实证研究的结果识别了家庭容易产生品牌转换行为的时机,即更换纸尿裤尺寸、促销等,此外,购买次数越多的家庭、平均每次购买的纸尿裤数量越少的家庭,产生品牌转换的可能性越大。我们还发现,购买不同尺寸纸尿裤的家庭更换品牌的可能性有显著差异,一般而言,购买 S 号和 XXL 号纸尿裤的家庭更换纸尿裤品牌的可能性相对更小,但这个现象存在显著的节假日效应:相对于工作日购买纸尿裤,在节假日购买 NB 号和 S 号纸尿裤的家庭更换品牌的可能性更大一些。

本文的研究发现将为婴幼儿用品行业的企业提供一定的营销启示。在婴幼儿用品市场快速增长的背景下,企业想要获取更多客户,就必须了解我国家庭消费行为的特点和模式。鉴于家庭对婴幼儿品牌的忠诚度较高,因此培养一批忠诚客户就变得尤为重要,而识别出家庭更换品牌的时机,适时地争取竞争品牌的现有客户成为企业营销努力的重要方向。本文以婴幼儿纸尿裤产品为例,研究了影响家庭更换婴幼儿纸尿裤品牌的因素,将来的研究可以获取更为丰富和全面的数据,结合消费者用户调研和真实的购买记录数据,以更好地揭示家庭选购婴幼儿用品品牌时的重要影响因素。

参考文献

阿里巴巴集团,《中国年货大数据报告》,2016。

范小草、李长春,"家庭消费心理分析及其广告策划思考",《经济研究导刊》,2012,15:185 - 188。

黄硕旻,"'二孩'带来的经济新时代",《就业与保障》,2016,3。

黄文政、梁建章,"出生人口不升反降:国家统计局最新人口数据令人震惊",财新网,2016,http://opinion.caixin.com/2016 - 01 - 20/100901518.html。

江林、李志兰,"家庭结构对家庭消费意愿的影响研究",《消费经济》,2013,5:31 - 35。

新浪母婴频道,《新浪母婴消费白皮书》,2014。

新浪母婴频道,《新浪母婴消费白皮书》,2015。

杨珩,"浅论母婴用品购买者消费心理行为及其营销对策",《中国市场》,2015,14:10 - 11。

21 世纪经济研究院、京东网,《2016 中国母婴产品消费趋势报告》,2016。

AC 尼尔森,《"我的宝贝"全视角 360 度透析母婴用品专门店购物者研究报告》,2009。

AC 尼尔森,《中国婴幼儿行业蓝皮书》,2015。

CBME 中国孕婴童展、童装展,《2014 CBME 中国孕婴童消费市场调查报告》,2014。

Daniels, J., "Marketing Strategies Within the Baby Product Industry", Honors Thesis, Eastern Michigan University, 2009.

Lavin, M. , " Husband – dominant, Wife – dominant, Joint: A Shopping Typology for Baby Boom Couples", *Journal of Consumer Marketing*, 1993, 10 (3):33 –42.

Prendergast, G. , and C. Wong, "Parental Influence on the Purchase of Luxury Brands of Infant Apparel: An Exploratory Study in Hong Kong", *Journal of Consumer Marketing*, 2003, 20 (2):157 –169.

Yee, C. F. and R. Chin, "Parental Perception and Attitudes on Infant Feeding Practices and Baby Milk Formula in East Malaysia", *International Journal of Consumer Studies*, 2007, 31 (4): 363 –370.

中国城市家庭绿色出行行为研究

李 杨[*]

摘要：本研究通过半结构性访谈的形式采访了北京市30个已经购买了机动车的家庭，了解他们家庭的基本结构、汽车使用情况、出行方式、对现有政策的看法、健康意识以及环保意识，之后依据扎根理论的研究过程并借助 NVIVO 定性分析软件对整理的采访内容进行编码和分析，最终构建了拥有机动车的城市家庭出行者分类矩阵以及城市家庭绿色出行的影响因素分析框架，前者能够清晰展现和界定不同出行者的不同需求，后者能够从内在和外在影响因素来解释北京家庭的绿色出行意愿、绿色出行频率和绿色出行方式选择。研究结论不仅能够帮助绿色出行相关产业的企业管理者更有针对性地进行绿色产品营销，也为政府如何更好地引导北京家庭进行绿色出行提供了具有参考价值的建议。

关键词：北京家庭，绿色出行，扎根理论

《中共中央关于制定国民经济和社会发展第十三个五年规划的建议》（以下简称《建议》）提出"坚持绿色富国、绿色惠民，为人民提供更多优质生态产品，推动形成绿色发展方式和生活方式"。《建议》指出，要推进交通运输低碳发展，实行公共交通优先，加强轨道交通建设，鼓励自行车等绿色出行。在这个方针的指引下，不难推测，未来各地政府都将推进各种鼓励人们绿色出行的政策。那么到底什么样的政策才是最有效的，目前中国家庭绿色出行的现状如何，人们为何选择或者抵触绿色出行，不同的家庭在绿色出行方面存在哪些不同，如何才能更好地激励人们来选择绿色出行等，都是有待回答的问题。因此，本研究希望通过对中国城市家庭的绿色出行行为研究来逐一回答上述问题。

本研究首先对国内外有关绿色出行的研究现状进行了梳理和总结，并基于此找到了本研究的切入点：定性分析中国城市家庭的绿色出行行为。为了完成这个研究，本文以扎根理论为依据，通过一对一的半结构性访谈形式来获得初始数据，之后基于扎根理论的研究过程，利用 NVIVO 软件对数据进行定性研究，最终构建了拥有机动车的城市家庭出行者分类矩阵以及城市家庭绿色出行的影响因素分析

---

[*] 北京大学光华管理学院博士后。通信地址：北京市海淀区北京大学光华管理学院1号楼510，100871；E-mail：liyang616@pku.edu.cn。

框架。访谈结果一方面能够更加完整地呈现中国城市家庭绿色出行的现状,另一方面也能够探索导致这种现状的内外因素以及如何改善这种现状,为未来学者的研究提供更多的数据和理论支持,从而为政府政策制定提供依据,同时也为相关企业的市场营销提供有价值的启示。

一、家庭绿色出行的研究现状

1. 绿色出行的定义

"城市绿色出行"是指可代替小汽车出行,并能够有效缓解城市交通拥堵、降低交通空气污染的对不同社会阶层群体均具有吸引力的出行方式。本研究将"家庭绿色出行"界定为家庭中一人或多人出行时,选择其他交通方式来代替小汽车的出行方式,这其中包括步行、自行车/电动自行车、公共汽车、轨道交通等方式,但不包括坐出租车或专车出行。绿色出行不仅是个体行为,也会涉及家庭其他成员的选择和影响。因此,如果只研究个体的绿色出行行为,会忽略家庭在绿色出行中扮演的重要角色。基于此,我们重点研究家庭的出行方式,试图将家庭成员的影响因素也考虑进去。

2. 国外学者的研究综述

国外学者在进行绿色出行行为研究时,多将其归为环保行为。Stern(2000)指出,具有环境意义的行为(environmentally significant behavior)可以分成四类:第一类是激进的环保行为(environmental activism),指积极参与环境示威游行等行为;第二类是公共领域的非激进行为(non-activist behaviors in the public sphere),主要包括积极的环保公民行动,例如为环保议题请愿、加入环保组织或为环保组织捐款等;第三类是个人领域的环保行为(private-sphere environmentalism);第四类是组织领域的环保行为。Stern(2000)将个人领域的环保行为又做了细分,分成四种:第一种是购买或使用符合环境标准的家用产品和服务(例如,节能型汽车、环保型家用电器、公共交通出行等);第二种是持续使用和维护对环境有重要影响的产品(例如,家里的加热和制冷系统);第三种是家庭垃圾的处理;第四种是"绿色"消费(购买在生产过程中考虑到对环境影响的产品,例如购买可回收的产品和有机食物等)。由此可以看出,绿色出行主要属于个人领域的第一种。

基于这样的划分,环保行为研究中的理论被广泛应用于绿色出行研究中,例如 Stern(1999)提出的 VBN 理论。Victor Corral-Verdugo et al.(2009)基于 VBN 理论分析了市民绿色出行的原因,并在理论中引入了多样性偏好(affinity towards diversity)变量,认为个体越偏好多样性,越有可能选择绿色出行。Rhead et al.(2015)通过英国的民众环保意识调查数据,证实了 VBN 理论对于绿色出行行为的解释力度。此外,计划行为理论也成为绿色出行行为研究的主要理论支撑。Bergan and Schmidt(2001)以计划行为理论为基础,通过实地实验的方式探讨了政策干预对不同类型的学生的公共交通使用行为的影响。Heath and Gifford(2002)通过计划行为理论成功预测和分析了学生对于公共交通出行方式的选择；Loo et al. (2015)通过计划行为理论探讨心理和文化因素对于东南亚人出行的方式选择的影响。在研究方法方面，国外学者多数采用实地实验的方式进行研究，通过分析实验前后人们行为的变化来分析如何鼓励人们选择绿色出行的方式。从研究结果来看，出行的时间、成本、出行距离、城市规模和建筑环境等都会对人们出行方式的选择产生影响(Palma and Rochat,2000；Scheiner,2010；Loo et al.,2015)。此外，个人的年龄、家庭收入、家庭基本情况(例如工作人数等)也会发挥一定的最用(Palma and Rochat,2000)。除了这些客观的因素，出行者的环境意识(Elgaaied,2012)以及出行者内在的情感，如对于多样性的偏好、对于出行舒适度和可选方式的感知、预期的内疚感、对开车的渴望、自我认同和社会认同的感知、对出行目的地的感觉等(Line,2010；Elgaaied,2012；Deutsch et al.,2013；Loo et al.,2015)，均会对出行者最终的选择造成影响。可以看出，国外学者对于绿色出行方面的研究比较成熟，同时有一定的理论支撑，但是这些研究结果能否应用在中国特定的城市和出行环境中，还需要进一步的研究和探讨。

3. 国内学者的研究述评

国内学者关于绿色出行的研究起步相对较晚，主要的研究还是从消费者的环保行为入手，专门针对绿色出行的研究较少。在研究方法上，国内学者多采用问卷调查的方式来收集数据，缺少探索性的定性研究和实验研究。陈凯等(2014)基于计划行为理论，探究了绿色出行的影响因素，结果发现，"感知效率—态度—意愿—绿色出行"这一链条的影响力度最大。杨冉冉和龙如银(2014)通过定性研究，探讨城市居民的绿色出行行为的影响因素，构建了绿色出行影响因素模型，提出市民心理意识与绿色出行行为之间受到情境因素的调节。但是该模型主要针对的是个体消费者，缺少家庭因素的探究。曲英和潘静玉(2014)基于计划行为理论来设计问卷并收集数据，通过数据分析发现环境态度、环境知识、主观规范和公共宣传对北京和天津市民的绿色出行意愿的影响。但是，该研究仅是将计划行为理论直接运用到了绿色出行方面，缺少了一定的针对性，且问卷填写的数据无法弥补意愿到行为之间的距离。朱燕妮等(2014)通过对上海市民每日出行的碳排放量数据分析发现，男性群体是主要高碳排放群体，而接送孩子等家庭因素也对碳排放量具有潜在影响，高收入和高受教育水平是高碳排放群体的共同特征。

可以看出，国内学者对于绿色出行的研究还比较分散，主要的理论依据也多为计划行为理论。此外，对于家庭绿色出行这一行为来说，其背后的原因比较复杂，很难仅用环保行为来解释，而且每个家庭的情况都会有所不同。因此，单纯通过定量分析难以看出家庭选择绿色出行的真实原因。基于此，本文决定采用一对一半结构性访谈的方式,来研究城市家庭的绿色出行行为,通过定性研究来分析哪些因素将影响城市家庭绿色出行的选择,并最终探索可行性政策的影响路径和作用机制。

二、中国城市家庭绿色出行的定性研究

1. 访谈设计

本研究采用一对一半结构性访谈的形式来收集原始数据。半结构性访谈能够使访谈内容更具逻辑性和结构性,同时又能够给予受访者充足的空间来讲述自己的经验和看法。为了避免受访者对绿色出行持有不同的看法和认识,访谈的问题中没有特别提及绿色出行的问题,而是由其他问题引出绿色出行。访谈内容分成六个部分:受访者的家庭基本情况、机动车使用情况、其他出行方式、受访者对现有政策的看法、受访者的健康意识以及受访者的环保意识。在访谈的前一天,采访者会先联系受访者预约第二天访谈的时间,并告诉受访者这是一个有关城市家庭出行方式的调查。每位受访者的访谈时间约为 40 分钟,访谈形式主要是面对面访谈和电话访谈。在访谈开始之前,采访者会告知受访者,此次采访需要进行录音,在得到受访者同意后,采访者会进行录音,并在采访之后,对录音进行整理,完成访谈内容的记录和备忘录,最终得到近 10 万字的访谈内容。

为了使访谈的内容更加准确,同时也为了深入探索不同家庭成员对于绿色出行的态度以及在绿色出行中扮演的角色,在每个访谈结束后,采访者会询问是否方便邀请家里的一位成员也接受同样的采访。其中有超过半数的受访者伴侣也接受了采访,采访提纲与之前的提纲一致。在访谈结束后,我们将受访者和家庭成员的采访进行了对比,结果发现双方的回答基本一致,也就是说,受访者所提供的信息基本上也能够反映其他家庭成员的信息和态度。

2. 受访者的基本资料

本研究通过网上招募的方式招聘受访者,受访者的基本要求就是家庭居住在北京,且购买了机动车。每位受访者在接受采访后会得到 100 元的报酬。为了尽可能地扩大受访者与受访者之间的差异(Castano et al. ,2012),我们根据报名者的家庭结构、家庭月收入和家庭居住位置对报名者进行了筛选,并依据理论饱和原则来确认采访人数。理论饱和原则指出,当不再产生任何新的信息、范畴或属性时,当现有范畴能够概括所有参与者的经验时,当范畴之间的关系都能够被完整清晰地勾勒出来时,研究者就无须再收集新的数据(Fassinger,2005)。最终采访了 30 位参与者以及 16 位参与者的家人,总样本数为 46 人。

表1描述了每位受访者的情况。其中男性人数占总人数的 54%。超过 50% 的受访者年龄在 31—40 岁之间,还有 31% 的受访者年龄超过 41 岁。半数以上的受访者拥有硕士及以上学历。家庭学历包括独居、夫妻二人居住、夫妻和小孩居住以及夫妻、小孩和老人一起居住四种类型。其中 15% 的受访者为单身独居,50% 以上的

受访者已经拥有小孩。所有受访者都已经购买了机动车,其中50%的家庭拥有1辆机动车,41%的家庭拥有2辆机动车,另有4人拥有3辆机动车。在家庭所在位置方面,20%的受访者居住在市中心(三环以内区域),30%的受访者住在郊区(五环以外区域)。数据显示,本研究受访者样本符合定性研究的多样性要求,覆盖了不同家庭结构、教育背景、家庭收入水平、家庭居住位置以及上班距离的受访者。因此,下文通过样本分析得到的结论也能够代表北京大多数家庭的整体情况和特征。

表1 受访者资料一览

分类指标	具体类别	人数	所占比例
性别	男性	25	54%
	女性	21	46%
年龄	20—30岁	6	13%
	31—40岁	26	57%
	41—50岁	10	22%
	51岁以上	4	9%
教育背景	本科及以下	22	48%
	硕士	14	30%
	博士	10	22%
年收入	20万元及以下	18	39%
	21万—40万元	15	33%
	41万—100万元	9	20%
	101万元及以上	4	9%
家庭结构	单身独居	7	15%
	夫妻	9	20%
	夫妻和孩子	18	39%
	夫妻、孩子和老人	12	26%
家庭居住位置	市中心	9	20%
	市中心和郊区中间区域	23	50%
	郊区	14	30%
家距离单位的距离(公里)	5公里及以下	14	30%
	6—10公里	12	26%
	11—20公里	10	22%
	21公里及以上	6	13%
	居家工作	4	9%
家庭机动车数量(辆)	1	25	54%
	2	17	37%
	3	4	9%

3. 访谈资料的编码过程

(1)开放式编码

本研究通过NVIVO软件来完成整个编码和框架构建过程。在访谈结束后,将每一位受访者的访谈内容整理成文档形式,尽量使用访谈者的原话,并避免话语的删减和修改,以求真实呈现访谈者的态度和情况。随后,将每位受访者的文档导入 NVIVO 软件,并对每个短语、句子和段落进行编码。为了力求概念的客观和准确,这个阶段邀请了两位博士生和一位教授共同参与了添加概念标签的过程。最终得到 489 条原始语句、74 个初始概念和 26 个范畴。

(2) 主轴编码

在主轴编码阶段,本研究对第一阶段范畴之间的关系进行了分析和整理,进而提炼出了能够概括每个范畴的主范畴。表2 列举了主轴编码中所形成的每个主范畴以及相应包含的各个范畴和概念,为了节省篇幅,每个范畴内仅选取了 2 个提及次数最多的概念和对应的原始语句。

表2 主范畴的形成

类别	主范畴	范畴	原始语句(初始概念)
内在影响因素	个体客观属性	性别	男生通常比较喜欢开车,因为开车很酷。(性别因素) 女生一般喜欢穿高跟鞋出门,因此坐地铁很不方便。(性别因素)
		教育背景	一般学历高的人,环保意识会强烈一些。(教育背景) 一般学历高的人,责任意识也会高一点。(教育背景)
		收入水平	有钱的人当然不在意出行的成本。(收入水平) 开车的人可能都会有些希望炫耀的想法,但是相对低收入的人会更加明显一些。(收入水平)
		海外经历	出国之后发现那里的人都特别有环保意识,因此自己在国外待久了,环保意识也有所提高。(海外经历) 在国外耳濡目染的,现在回来也习惯了要节约用水,随手关灯。(海外经历)
	出行客观属性	出行目的	如果去见客户,通常都会开车。(商务目的) 周末见朋友,就经常坐地铁。(休闲目的)
		出行时间	早高峰出门时,比较赶时间,所以即使地铁很拥挤,也只能乘坐地铁。(出行时间) 小长假高速公路免费,所以会选择开车。(出行时间)
		出行距离	太太上班需要 20 公里,因此让她开车。(上班距离) 幼儿园距离家只有 1 公里,因此步行。(幼儿园距离)
		家和目的地位置	如果去二环办事,会很堵车,所以虽然我很不喜欢地铁的环境,但是也只能地铁出行。(目的地位置) 我家住在五环外,出行只能开车,别的方式都很不方便。(家的位置)
	个体心理意识	出行成本导向	我会去廉价的加油站加油,有时油价上涨就会考虑减少开车。(节约成本) 我觉得有些地方的停车费还是很高的,因此去那些地方我就会选择其他出行方式。(成本考虑)
		环境责任意识	我不觉得个人能够给环境带来什么改变。(责任意识) 目前没有什么数据能够证明,机动车尾气排放对雾霾的影响到底有多少。(环境归因)
		环境保护意识	地球上的资源是有限的。(环境态度) 保护环境是每个人都应该做的事情。(环保意识)

(续表)

类别	主范畴	范畴	原始语句(初始概念)
内在影响因素	个体心理意识	健康预防意识	我最近开始骑自行车了,因为也可以作为一种运动。(出行与运动结合) 有时走路上班,也是为了放松一下。(劳逸结合)
		舒适追求意识	就算不开车,我也会打车。(机动车依赖) 舒适度空间很重要,地铁里面人挤人,实在难以忍受。(空间舒适度)
		炫耀消费意识	做生意没有办法,为了门面也得开车。(追求面子) 很多人开车就是为了显示自己的地位。(彰显财富)
	家庭因素	机动车数量	那些家里有三辆车的人,只要出门就是开车的。(机动车数量) 我家只有一辆车,所以只能夫妻轮流开。(机动车数量)
		家庭成员结构	家里老人会比较注意资源的节约。(老人影响) 家里有了孩子才选择了买车。(孩子影响)
		家庭成员出行需求	太太上班较远,所以让太太开车,我选择地铁。(其他成员的用车需求) 小朋友需要坐车去幼儿园,所以车子只能留在家里,我和先生都坐公交车上班。(其他成员的用车需求)
		家庭成员环保意识	我先生很注意环保,他每天地铁上班,平时在家里总是提醒我们随时关灯,因此慢慢地我也开始注意这些小事。(其他成员环保意识) 在我们的影响下,孩子也开始注重节约能源。(其他成员的影响)
外在影响因素	社会规范	群体压力	朋友都买车了,所以我家也买车了。(参照群体) 听说公交车很拥挤,所以我从来不乘坐公交车。(信息压力)
		社会风气	现在越来越多的人都开始跑步了。(运动潮流) 现在地铁里不文明的现象在逐渐减少。(文明程度)
	机动车替代品便利性	替代品的便利性体验	公交车有自己的专用道,速度很快。(公交车体验) 在长安街上骑电动自行车很方便,又快速,完全不用担心堵车。(自行车体验)
		替代品的便利性感知	公交车很拥挤,所以我从来不坐公交车。(公交车感知) 听朋友说平衡电动车很方便,我最近也在考虑买一个试试。(平衡电动车感知)
	出行环境	天气状况	雾霾天就一定会开车出行的。(雾霾天影响) 如果天气好,我会走路去上班的。(天气因素)
		安全程度	如果骑自行车安全的话,我愿意骑自行车出行。(自行车安全问题) 公交车不安全,车上会有小偷。(公交车安全问题)
	政策因素	政策方式	限号的作用很小,很多人依然在限号日开车。(限制类政策) 征收拥堵费就可以让一部分人放弃开车,或者避免开车到拥堵的地方了。(征税政策)
		政策力度	警察就应该严厉惩罚那些在限号日还开车出行的人。(政策力度) 针对路上不文明开车的现象,也应该出台严厉的惩罚措施。(政策力度)

(3)选择性编码

在选择性编码阶段,本研究对前两个阶段所归纳的主范畴进行梳理,确定核心范畴,并最终构建能够表现核心与各个主范畴之间关系的框架。表3 梳理了本研究所涉及的各个主范畴以及主范畴之间的关系。

表3 主范畴的关系结构

典型关系结构	关系结构的诠释	受访者的代表性语句
个体心理意识 -绿色出行	计划行为理论指出,个人心理意识能够影响人们的行为意愿,进而影响最终的行为。也有研究发现,个人心理意识能够影响消费者的环保行为。	资源是有限的,因此每个人都应该节约资源。 每个人都要对环境负有责任。
机动车替代品便利性 -绿色出行	认知理论认为人们过去的经验将会影响到人们的行为;感知价值理论也指出,人们对产品的感知会影响到人们对产品的选择。因此,出行者对于机动车替代品便利性的体验和感知都将影响他们的出行方式选择和绿色出行频率。	我有一次穿高跟鞋坐地铁,结果到了公司脚累坏了,以后就再也不在上班时坐地铁了。 我没有坐过公交车,因为感觉公交车很慢,而且无法到达想去的地方,要不停地换乘。
个体客观因素 -个体心理意识	个体客观属性的不同会导致个体心理意识方面存在差异,例如不同的海外经历会导致出行者持有不同的环境责任意识和环境保护意识。	欧洲人都很注意资源的节约,因此我也习惯了,会随手关灯,节约用水。 如果出门是为了工作,比较赶时间,那就会开车;如果周末为了见朋友,不赶时间,就会地铁出行。
社会规范 -个体心理意识	群体压力理论指出,周围的人会给自己带来信息和规范的压力,其中规范压力会影响到个体的环境意识和责任意识。同时,社会风气也会影响到个体的炫耀消费意识。因此,本研究提出社会规范会影响个人心理意识。	现在很多人近距离也开车,宁可堵在路上也不坐地铁,因为他们觉得开车是一件值得炫耀的事情。 如果整个社会都提高对环保的重视,那么个人环保意识也会有所增强的。
社会规范 -机动车替代品便利性	群体压力中的信息压力会影响个体对于事物的感知。因此,本研究认为,出行者所面对的社会规范会影响其对于机动车替代品便利性的感知。	我同事每天乘坐公交车上班,但是他经常抱怨公交车太慢,公交专用道被机动车占道,因此我也不会选择公交车出行,太耽误时间。 北京地铁其实很方便的,速度很快,所以我现在基本都是地铁出行。
个体心理意识×家庭因素-绿色出行		虽然我十分在意出行的舒适感,但是我太太距离单位较远,需开车上班,因此我只能坐公交车上班。 虽然我不认为个人行为能够带来环境的改善,但是我先生很注意环保,他每天都地铁上班,平时在家里总是提醒我们随时关灯,因此慢慢地我也开始注意这些小事。
机动车替代品便利性×家庭因素-绿色出行	目前在消费者行为领域,有关家庭因素对行为影响的研究还较少,国外有学者发现,家庭的基本情况会在家庭出行方式选择方面发挥作用。	虽然我很喜欢骑自行车上班,也觉得骑自行车很方便,但是为了送小朋友上学,只能开车。 我觉得公交车不太方便,但是我太太很重视环保,她经常建议我乘坐公交车,因此我每周在限号那天都会公交车出行。

（续表）

典型关系结构	关系结构的诠释	受访者的代表性语句
个体心理意识×出行客观属性－绿色出行	出行客观属性包括出行时间、出行目的、家和目的地的距离，这些都是出行者无法改变的实际情况，根据这些情况的不同，出行者个体心理意识或机动车替代品便利性对于绿色出行的影响，会被相应地强化或弱化。	虽然我很喜欢开车，但是如果要去交通非常拥堵的地方，则只能选择地铁出行。 我觉得人们应该通过减少开车来达到环保的目的……但是如果周末去打高尔夫球，去的地方较远且要携带球杆等重的物品，只能开车。
机动车替代品便利性×出行客观属性－绿色出行		我觉得地铁很快，但我家距离地铁站的距离太远，每次都要走很久，只能开车。 周末如果要见朋友，我会地铁出行，如果送孩子去上英语课，我只能开车出行。
个体心理意识×政策因素－绿色出行	政策对于消费者行为影响的研究主要集中在经济领域的税收方面，在环保行为方面的研究中相对较少，但是之前曾有学者发现，政策因素能够调节个体意识对于绿色出行的影响。因此，本研究提出政策因素能够调节个体心理意识/机动车替代品便利性对绿色出行的影响。	我不支持雾霾天限号，因为无法证明雾霾就是由于机动车导致的，我在雾霾天还是会继续开车的。 环保本来就是未来的趋势，而政府又给予相应的补贴，所以我们在考虑购买电动车。
机动车替代品便利性×政策因素－绿色出行		电动车的续航里程较短，不太方便，但是如果政府出台单双号限号政策，我们只能买一辆电动车。 虽然公交车不太方便，但是如果政府出台征收拥堵费或燃油税的政策，我可能就要考虑公交车出行。
个体心理意识×出行环境－绿色出行	消费行为学中已有越来越多的学者研究环境因素对于消费者行为的影响，国外也有学者提到出行目的地环境对出行者出行方式的选择。本研究认为，出行环境因素中的天气因素和安全程度会对调节个体心理意识/机动车替代品便利性对绿色出行的影响起到调节作用。	我是很注重环保的，过去经常骑电动自行车上班，但是去年和在自行车道上逆行的快递车相撞，躺了半年，从此再也不骑电动自行车了。 汽车尾气对雾霾肯定有影响，但是雾霾天我依然会开车出行。
机动车替代品便利性×出行环境－绿色出行		走路很方便，但是北京能够步行的天气太少了，如果空气质量好，我会走路去上班的。 地铁虽然不太方便，但是遇到下雨天，经常会发生全市堵车的情况，也只能地铁出行了。

三、中国城市家庭绿色出行的现状分析

本研究通过对访谈内容进行编码和分析发现,根据中国城市出行者的实际出行情况以及理想出行情况,可以将中国城市出行者分成四类,详见图1。其中,横轴代表受访者的实际出行情况,纵轴代表受访者的理想出行情况。其中"机动车热衷者"是指那些理想状态和实际状态都选择了机动车出行的出行者;"机动车被动者"指实际情况不得不选择机动车出行,但是理想状态希望选择非机动出行的出行者;"绿色出行热衷者"指理想状态和实际状态都选择了绿色出行方式的出行者;"绿色出行被动者"则是指理想状态期望机动车出行,但是实际情况下不得不选绿色出行的受访者。需要注意以下三点,其一,这个分类针对的是家里已经有机动车的群体,对于家里还未购买机动车的群体,不属于这个范围;其二,部分受访者可能偶尔会选择其他出行方式,例如机动车热衷者会表示"我只有出去喝酒的时候不开车",但是不能认为他在出门喝酒时,就从机动车热衷者变成了绿色出行被动者,这里指的实际情况是大多数情况;其三,这个分类是针对个体出行者的分类,每个家庭中可能存在不同的出行者,例如先生是机动车热衷者,而太太是绿色出行热衷者。

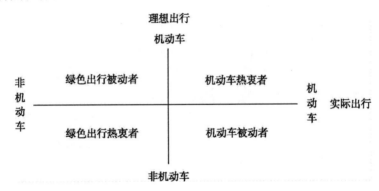

图1 拥有机动车的城市家庭出行者分类矩阵

1. 机动车热衷者

在本研究采访的30位受访者以及16位受访者伴侣中,有15人(33%的受访者)属于机动车热衷者,这个群体均表示"只要出门就开车",同时未来理想的出行方式也是"开车出门"。通过对这个群体的分析可以发现,该群体以男性居多。群体中有超过半数的受访者,年收入在30万元以上,同时年收入超过100万元的7位受访者中,有4人属于这个群体。总体来讲,这个群体为高收入人群。教育背景以本科居多,仅有3人拥有硕士及以上的学历背景。超过50%的机动车热衷者家里都有2辆及以上的车。此外,该群体的家庭结构以单身和夫妻二人居住为主。该群体基本不考虑出行的成本问题,由于两辆车可以更替出行,因此出行也

不会受到政策限制,他们中大部分人都对政府单双号政策持无所谓的态度。开车对他们来说是一种享受,因此他们难以忍受没有车的生活。他们中多数人都不是环保主义者,他们不相信个人的努力能够带来环境的改变。此外,仅有2人会在家里关注节约用水用电的问题。在运动方面,这个群体中仅有30%的受访者表示平时会坚持运动,而且他们的健身方式多为健身房锻炼、游泳、打球等运动,几乎没有受访者提到跑步、走路等方式。因此,他们也不大会考虑将健身与出行方式结合起来。

2. 机动车被动者

采访者中有10人(22%的受访者)属于机动车被动者,他们理想的状态都是远距离乘坐公共交通,近距离步行或骑自行车。该群体以女性为主,家庭年收入比较分散,但是没有超过百万元的收入。教育背景相对较高,超过70%的受访者拥有硕士及以上学历。该群体的家庭结构多为已婚且有70%的受访者已经有了孩子。这个群体中,很多人自身或者他们的家人都具有比较高的环保意识,他们相信个人的环保行为能够对最终的环境带来改变。超过半数的受访者居住在五环以外,仅有1人住在四环以内。同时,50%以上的受访者上班距离超过了10公里,上班距离普遍较远。因此部分受访者不得不选择机动车的原因,就是因为没有其他的选择或其他的选择非常不方便。有受访者称:"我家住在五环外,只有一条轨道交通线,导致上下班时间非常拥挤。公交车又要走很远,没有办法,只能开车。"也有受访者表示:"我们家距离地铁站很远,每天如果穿着高跟鞋走到地铁站,实在太不方便了。"除此之外,送孩子上幼儿园也是这个群体不得不驾驶机动车出门的原因。"每天必须要送孩子上幼儿园,如果不用带孩子出门,我能忍受一直没有机动车的生活。"特别要注意的是,这个群体中没有受访者支持政府在雾霾天单双号限行的政策,且仅有1人持无所谓的态度,其他受访者均表示不支持政府的单双号限行政策,因为"会对生活带来很大的不方便,还要和小区其他家庭拼车送孩子上幼儿园"。也有受访者指出:"出行本来就是市民的自由,如果政府要限行,那么也需要将公共交通系统完善好,否则现在这样,限行只能打车,但是早晚下班打车又打不到,太不方便。"

3. 绿色出行热衷者

绿色出行热衷者群体是指经常选择非机动车方式出行,且理想状态也是非机动车出行的受访者。受访者中有16人(35%的受访者)属于这个群体。这个群体的平均家庭年收入很高,家庭年收入超过百万元的7位受访者中有3人属于这个群体。这个群体拥有良好的教育背景,且大多数都有海外生活的经历。近80%的受访者相信个人的努力能够带来环境的改变,同时大多数受访者在日常生活中都很重视资源的节约,他们会特意节约用水用电。这个群体中有65%的受访者每周坚持运动。该群体的家庭结构比较分散,涵盖了各种类型,不过也需要注意的是这个群体中超过半数的人都住在四环以内。上班距离方面,仅有2人的上班距离超过10公里。他们出行方便,有受访者称:"我家住在二环,楼下就是地铁,很方便。所以我根本不用开车,我家的车都是借给别人开的。"也有受访者表示:"公司给我配了车,但是我几乎不开,北京的轨道交通非常方便,根本不用开车。"这个群体对于政府的单双号限行政策比较支持,仅有不到30%的受访者表示反对政府的雾霾天限号政策。

4.绿色出行被动者

绿色出行被动者群体包含那些理想状态希望开车出行,但是现实情况只能选择非机动车出行的受访者。受访者中有5人(10%的受访者)属于这个群体。他们的家庭年收入水平属于四个群体中最低的,家里均只有一辆车。部分受访者成为绿色出行被动者的原因是,家里其他成员更需要用车。例如一位受访者指出:"本来我都是开车上班的,但是现在家里小孩子上幼儿园需要用车,因此我只能坐地铁上班。"也有受访者称:"我太太的单位离家比较远,所以只能让她开车,我坐公交车。"也有部分受访者被动选择非机动车出行,是源于成本考虑。他们很关注用车的成本问题,密切关注油价的变化,希望找到省钱的加油方式。有受访者称:"我会在网上买一些加油打折券。"也有受访者指出:"我上班的地方停车费很贵,所以我只能选择轨道交通出行。"但是这些受访者通常在周末会选择机动车出行,从而满足自己希望开车出行的愿望。

通过上述分类可以发现,目前中国城市家庭出行包含以下几个方面的现状:首先,不同家庭存在不同的出行者,但是如果家庭中有一位绿色出行热衷者,那么其他成员成为绿色出行热衷者的概率也比较高。有受访者称:"我先生一直坚持地铁上班,所以在他的带动下,我现在也是骑自行车上班。"其次,就本研究的受访者来看,处于绿色出行被动者的人数比例最低。有受访者指出,这是由于"消费者的心态问题,很多人现在买车都还是为了炫耀,而不是将其视为代步工具,我有一些同事,即使距离单位很近,开车很堵,也要开车"。最后,出行者的归属不是一成不变的,随着收入的增长、年龄和阅历的提升、居住位置的调整或其他因素的改变,出行者可能从某种归属变成另外一种,例如绿色出行被动者有可能成为机动车热衷者。有一位绿色出行被动者就提到:"我们一直在摇号,摇到就再买一辆车,这样我就不用坐公交车上班了。"但是机动车被动者也有可能转化为绿色出行热衷者,有的受访者就表示:"如果我家旁边开设了直接到公司附近的公交车,我会选择每天公交车出行。"

四、中国城市家庭绿色出行的影响因素分析

拥有机动车的城市家庭出行者分类矩阵是从出行者的角度来分析不同出行

者的需求的。基于此,本文又构建了绿色出行行为的理论框架,从影响因素的角度来探究中国城市家庭的绿色出行行为,详见图2。从内在因素来看,出行者的个体因素、家庭因素以及出行客观因素都会影响到最终的出行行为;而从外在影响来看,社会规范、出行环境、政策因素以及机动车替代品的便利性也会对出行者的出行行为带来影响。

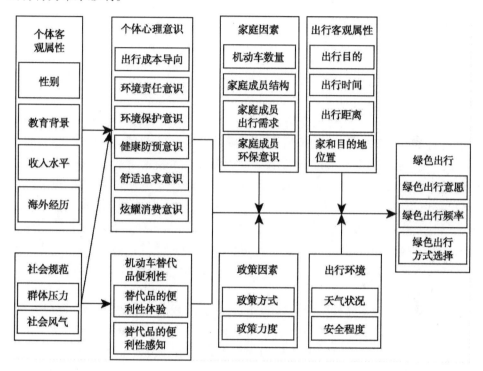

图2 城市家庭绿色出行的影响机制模型

1. 直接影响因素

北京家庭绿色出行行为的直接影响因素包括内在的个体心理意识和外在的机动车替代品便利性。前者导致出行者主动或被动选择绿色出行,也就是主要影响了绿色出行的意愿和绿色出行频率,而后者则主要影响了出行者的绿色出行方式选择。个体心理意识包括出行者的出行成本导向、环境责任意识、环境保护意识、健康预防意识、舒适追求意识以及炫耀消费意识。以出行成本为导向的消费者,会在出行时考虑机动车的成本问题,并在成本较高时放弃或减少机动车出行方式。从环境责任意识的角度来看,部分受访者表示,无法确认机动车出行是否会对雾霾天造成影响,这导致他们依然选择在雾霾天机动车出行。因此,个体所持有的机动车出行责任意识,也会对他们的绿色出行意愿带来影响。环境保护意识强烈的出行者,希望通过绿色出行这种方式来进行环境保护。健康预防意识强烈的出行者,会考虑将出行方式与运动结合起来,通过步行、骑自行车等出行方式来达到健身的目的。对于高度追求舒适度的出行者,他们会陈述"任何时候都是开车出行"的事实,并表示期望的出行方式依然是开车。他们对出行的空间舒适度有高度的追求,因此他们的绿色出行意愿很低。具有强烈的炫耀消费意识的出行者,希望通过开车来提高自己的社会地位或彰显财富,因此他们的绿色出行意愿也很低。

机动车替代品的便利性能够直接影响出行者的绿色出行方式选择。替代品便利性这一主范畴,包含便利性体验和便利性感知两个范畴。机动车替代品主要包括公共汽车、轨道交通、自行车、步行等出行方式。有些受访者曾经体验过其中的一种或几种出行方式,也有受访者从来没有体验过其中的某种出行方式。对于体验过的受访者来说,过去的经历会影响到他们未来的选择。例如,有受访者提到,自己曾经坚持骑电动自行车上班,后来因为发生了交通事故,在自行车道与逆行摩托车相撞,从此再也不敢骑电动自行车了。也有受访者表示,乘坐过公共汽车后,发现非上下班高峰时,公交车还是非常方便和快速的,因此,他们愿意在未来不赶时间的时候,继续乘坐公交车出行。另一方面,有些受访者从来没有乘坐过公交车,因此他们只是觉得公交车非常不方便,无法到达他们想去的地方。对于这些受访者来说,便利性感知会直接影响到他们未来对于出行方式的选择。

2. 间接影响因素

内在的个体客观属性包括个体的性别、教育背景、收入水平和海外经历。个体客观属性通过影响个体心理意识来间接影响北京家庭的绿色出行行为。国内外学者都曾在研究中发现,出行者的性别、教育背景和收入水平能够在其出行方式选择方面发挥一定的作用(Palma and Rochat,2000;杨冉冉和龙如银,2014),但是几乎没有学者提到出行者的海外经历对其绿色出行行为的影响。本研究发现,有过海外留学经历或工作经历的受访者,环保意识和责任意识都相对较高。一些受访者提到,他们在海外目睹了其他国家的公民如何爱护自己国家的环境,节约资源,经过潜移默化的熏陶,他们慢慢也意识到每个人都对环境负有一份责任,每个人都可以通过自己的努力来为环境带来一点改变。因此,他们愿意放弃或减少机动车出行来达到环境保护的目的。

外在的社会规范包括群体压力和社会风气。群体压力是当个体意念与群体规范发生冲突时,个体所感知到的心理压迫感。于伟(2009)通过研究发现,群体压力能够增强消费者的环保意识,从而促成绿色消费行为的产生。本研究也通过访谈发现,部分受访者称,由于身边的朋友都在提及环保问题,因此自己也开始关注。社会风气指社会上或某个群体内,在一定时期和一定范围内竞相仿效和传播流行的观念、爱好、习惯、传统和行为。有受访者提到,目前社会公认开车是一种身份的象征,这导致部分受访者即使距离单位很近,也要开车上班。这种情况下,就是社会风气引发了出行者的炫耀消费意识,导致其绿色出行意愿降低。此外,群体压力和社会风气也会对出行者的替代品便利性感知带来影响,在这种影响下,即使受访者没有体验过某种出行方式,也会对这种方式持有某种良好或不佳的感知,这也将影响到他们对出行方式的选择。

3. 调节影响因素

研究发现,内在的家庭因素和出行客观属性以及外在的政策因素和出行环境都能够对个体心理意识和机动车替代品便利性对绿色出行的影响路径产生调节作用。家庭因素包括家庭拥有的机动车数量、家庭结构、家庭其他成员的出行需求和家庭其他成员的环保意识。在采访者中发现,虽然有些受访者具有很强的环保意识,但是随着孩子的出生也不得不购买机动车,因为他们表示带孩子出行时,如果不开车就太不方便了。还有的男性受访者,自己十分喜欢开车,高度追求出行的舒适度,但是由于太太距离单位较远且家里只有一辆车,因此只能让太太开车出行,自己乘坐地铁出行。本研究通过访谈发现,很多受访者都提到自己配偶或父母的环保行为,对自己产生了影响,并在日常行为中有所体现。也就是说,家庭成员的环保意识能够加强个体心理意识对绿色出行的影响。同样,在交通便利性方面,有些家庭虽然距离地铁站很近,出行方便,但是为了开车送孩子上学,只能选择机动车出行。

出行的客观属性包括出行目的、出行时间、出行距离以及家和目的地位置。这些都是一次出行中无法改变的客观属性。也就说,无论个体心理意识如何,也无论机动车替代品的便利性如何,出行家庭都必须根据出行的客观属性来进行调整。例如有受访者就表示,如果要去二环办事,就会选择地铁出行,因为开车实在过于拥堵,停车费用也很高。同样,有受访者称,平时都会地铁出行,但是如果要去打高尔夫球,就会选择开车,因为要携带的东西太多,不是很方便。出行距离也是一个重要的调节变量,采访发现,上班距离在3千米以内的受访者,都曾经有过步行上班的经历。而上班距离在5千米左右的受访者中,有超过半数的人表示曾经或即将选择骑自行车上班。

政策因素包含政策的实施力度和政策的方式。很多受访者表示限号依然会开车出门,就是因为发现开车并没有被罚款。这就和政策的力度有关。同样,也有出行者提到应该通过严厉的惩罚措施来阻止那些限号依然开车的出行者。环境责任意识低、炫耀消费意识高的受访者,在面对严厉的惩罚政策时,也不得不做出相应的出行方式调整。在政策方式方面,限制、惩罚、奖励、收费四种方式各有利弊,不同的出行者对政策的反应也会各不相同。有受访者表示会选择购买第二辆车或购买电动车来抵消单双号限行的影响。另外，也有些受访者提到在未来会购买电动车，其中最大的原因就是电动车不限行、不限号，也有受访者提到，希望购买电动车是因为可以享受政策补贴。也有受访者指出，如果政府通过行政手段来提高出行成本，例如征收拥堵费、提高停车费、征收燃油税等，他们会选择其他出行方式来代替机动车出行。同样，对于出行成本导向的出行者来说，政府提高出行成本将可能影响他们选择其他方式出行，但是对于非出行成本导向的出行者来说，出行成本的提高可能导致路上车辆的减少，这样或许会增加他们对于机动车出行的意愿。

环境因素包含客观天气状况和出行的安全程度。虽然超过半数的受访者支持雾霾天单双号限行的政策，但是仅有2人表示会在雾霾天选择不开车，其他受访者都表示雾霾天会继续开车。相反，近1/3的受访者表示，当天气好的时候会选择步行或骑车上班。在安全方面，部分受访者放弃骑自行车出行的原因就是因为骑自行车不安全。另有受访者也提到公交车上可能会遇到偷窃行为，这直接造成了他们对于公共交通的不良印象。也就是说，即使出行者认为公交车出行很方便，但是也会因为公交车出行的安全性问题而选择其他出行方式。

五、中国城市家庭绿色出行的政策建议

本研究提出的"拥有机动车的城市家庭出行者分类矩阵"以及"城市家庭绿色出行的影响机制模型"能够帮助政府更有针对性地制定与绿色出行相关的政策以及奖励和惩罚机制，从而更好地引导和鼓励人们开展绿色出行行为。

首先，政府应该意识到，无论是何种政策，奖励或惩罚机制都没有办法对所有人产生效果。例如，机动车热衷者可能完全不在意金钱惩罚，因为他们坚持"出门就要开车"的原则，即使在限号的日子也会认罚出行，同时他们拥有较高的收入水平，因此他们也不在意出行的成本。对于这个群体的引导，更多地应该从观念入手，通过宣传手段和示范作用来改善他们的出行观念，引起他们对于环境保护的关注，让他们意识到自己对环境也负有责任，自己可以通过努力来改善环境；或者增强他们的健康意识，让他们尝试将健身与出行结合起来，鼓励他们选择自行车或步行作为健身的方式。

其次，政府需要意识到改善出行环境是势在必行的事情。如果政府希望越来越多的人选择绿色出行方式，那么就需要营造一个绿色出行的氛围。政府可以一方面提高机动车替代品的便利性，另一方面增强其他出行方式的安全性。从便利性的角度出发，设立社区到地铁站班车、增加地铁站附近停车场等形式来缩短人们从家到轨道交通的距离、增加公交车的班次和线路、提高公交车的准时性、设立更多的公交车专用道并严惩私家车占用公交车道的行为等方式，都有助于提升人们对机动车替代品便利性的体验。另外，政府也应该加大对地铁、公交车出行的宣传，让从未体验过公共交通的出行者了解公共交通的优势，进而提升出行者对于公共交通便利性的感知。从安全性的角度来看，增加自行车专用道并严惩占用自行车专用道的私家车以及在自行车道逆行的车辆将大大提升自行车出行的安全性。此外，加大地铁的管理力度，杜绝地铁中的乞讨、偷窃等行为也会增加人们出行的安全性。通过这些方法，能够从一定程度上解决机动车被动者在出行时遇到的困难，同时也能让绿色出行热衷者继续保持对于绿色出行的热衷。

再次，政策对于绿色出行并不是直接影响作用，而是调节影响作用。这也解释了为什么"限制手段"并不能从根本上改变出行问题。有一部分出行者对于机动车存在刚性需求，即使限号他们也会选择"认罚"。例如，部分机动车被动者是由于一些客观原因造成的，例如送孩子上学、家庭居住位置偏远，没有什么其他出行选择。这种情况下，限制等手段就失去了效果，只能通过增加校车、增加社区到市中心固定点的班车等方式来满足人们的客观需求，从而引导人们选择绿色出行方式。

最后，针对一部分绿色出行被动者来说，成本是他们出行时必须要考虑的问题。针对这部分出行者，出行成本的变动会直接导致他们对最终出行方式的选择。因此，一方面，政府可以通过征收拥堵费、提高拥堵区域的停车费等方式来持续减少他们的机动车出行意愿，让他们继续停留在绿色出行被动者的类别。另一方面，政府也可以通过补贴等方式来减少他们的绿色出行成本，进而提高他们的绿色出行意愿，有助于推动他们从绿色出行被动者转化为绿色出行热衷者。

六、中国城市家庭绿色出行的营销启示

目前，越来越多的企业都在环保趋势的推动下，进入了环保产业，开发和推广与出行相关的环保类产品。但是，如何为这些产品打造更具针对性的营销计划，让产品直接契合使用者的需求，提升消费者对于这类产品的购买意愿，是企业需要思考的问题。本研究的结论能够为这些企业带来以下三方面的启示：

第一，很多汽车企业都在大力研发电动汽车，但是到底什么样的群体真的需要或者会愿意购买电动汽车，是企业需要思考的问题。通过本文的"拥有机动车的城市家庭出行者分类矩阵"可以发现，最有可能购买的群体是"机动车热衷者"和"绿色出行被动者"，他们的共性就是对开车本身有着强烈的喜爱，或者对出行的空间舒适度有着高度的追求，抑或是希望通过开车来展现地位，他们的理想出行方式是自驾出行。那么对于不在意出行成本的机动车热衷者来说，电动汽车的新鲜感和趣味性能够引起他们的兴趣，因此国外的电动汽车应该最先定位这个市场，并以新鲜、高科技、潮流、身份象征等营销卖点来吸引这个群体的注意。而对于比较在意出行成本的绿色出行被动者来说，国产电动汽车是一个不错的选择，能够享受政府补贴又能成本。另外，对于家里仅有一台车，为了协调家庭成员需

求而无法开车的出行者来说,电动汽车的不限行、不限号政策又能帮助他们尽快满足家里成员和自己对于汽车的需求。针对这个市场,企业的宣传侧重点应该放在节约成本、节省能源方面,让消费者看到购买电动汽车可以为自己带来的效益,从而提升购买意愿。

第二,电动自行车更加能够满足绿色出行热衷者和机动车被动者的需求。对前者来说,环保的出行方式是他们所追求的,同时大多数出行者都住在靠近市中心的位置,家到上班地点的距离较近,因此电动自行车可以满足他们环保的愿望又不会给他们的出行带来出行时间较长的困扰。针对这部分消费者,电动自行车的"环保""短距离出行伴侣"等营销字眼将极具吸引力。对于机动车被动者来说,电动自行车的方便、省时、不堵车、能够安全携带小朋友一起出行等卖点,能够直接切中他们的痛点,进而提升这部分消费者对于电动自行车的购买意愿。

第三,绿色出行的推进,对于处于低谷的自行车企业来说是一次新的机会。尤其对于那些追求健康生活的出行者来说,如果能够成功引导他们将健身和出行结合起来,那么就既能满足他们的需求,也能推动企业产品的销售。因此,自行车企业的营销侧重点应该从产品本身转移到理念上,推动新的生活方式和理念,并邀请一些意见领袖来展示这样的生活方式,从而营造一种将出行和健身结合在一起的社会风气,进而潜移默化地改变人们对于健康出行的追求,最终推动消费者的自行车购买行为。

七、未来的研究方向

本研究所构建的理论框架只是基于采访内容来建立的,缺少数据的支持,未来学者可以通过量表的测量来证实框架中每一部分的存在。此外,国外很多学者在进行绿色出行方面的研究时,都采用了实地实验的方式,但是目前在国内还没有学者通过这种方式来进行研究。根据本研究的框架,受访者对于替代品便利性的感知和体验能够影响其最终的出行行为,那么未来研究者可以从这个角度入手,通过实地实验来改变受访者的感知或者促使受访者从感知转变为体验,从而来影响最终的出行行为。

参考文献

陈凯等,"消费者绿色出行的心理因素分析",《华东经济管理》,2014,28(6):129-134。

国合会"促进城市绿色出行"专题政策研究项目组,"促进城市绿色出行",《环境与可持续发展》,2014,39(4):88-100。

曲英、潘静玉,"我国城市居民绿色出行行为影响因素实证分析",《环境保护与循环经济》,2014,34(6):62-66。

王建明、贺爱忠,"消费者低碳消费行为的心理归因和政策干预路径:一个基于扎根理论的探索性研究",《南开管理评论》,2011,14(4):80-89。

杨冉冉、龙如银,"基于扎根理论的城市居民绿色出行行为影响因素理论模型探讨",《武汉大学学报(哲学社会科学版)》,2014,67(5):13-19。

于伟,"消费者绿色消费行为形成机理分析——基于群体压力和环境认知的视角",《消费经济》,2009,25(4):75-77。

朱燕妮等,"上海市通勤高碳排放群体识别与特征分析",《资源科学》,2014,36(7):1469-1477。

Bergan, S., and P. Schmidt, "Theory-driven Subgroup-specific Evaluation of an Intervention to Reduce Private Car Use", *Journal of Applied Social Psychology*, 2001,31(6):1300-1329.

Castano, R. et al., "Green Consumer Behavior in an Emerging Economy: Confusion, Credibility, and Compatibility", *Journal of Consumer Marketing*, 2012, 29(7): 470-481.

Charmaz, K., "Grounded Theory: Objectivist and Constructivist Methods", In N. K. Denzin and Y. S. Lincoln (Eds.), *Handbook of Qualitative Research* (2nd ed.). Thousand Oaks, CA: Sage, 2000.

Deutsch, K., et al., "Modeling Travel Behavior and Sense of Place Using a Structural Equation Model", *Journal of Transport Geography*, 2013,28: 155-163.

Elgaaied, L., "Exploring the Role of Anticipated Guilt on Pro-environmental Behavior: A Suggested Typology of Residents in France Based on Their Recycling Patterns", *Journal of Consumer Marketing*, 2012,29(5): 369-377.

Fassinger, Ruth E. "Paradigms, Praxis, Problems, and Promise: Grounded Theory in Counseling Psychology Research", *Journal of Counseling Psychology*, 2005,52(2): 156-166.

Glaser, B. G. and A. L. Strauss, *The Discovery of Grounded Theory: Strategies for Qualitative Research*. Chicago: Aldine, 1967.

Harth, N. S., et al., "Guilt, Anger, and Pride about In-group Environmental Behaviour: Different Emotions Predict Distinct Intentions", *Journal of Environmental Psychology*, 2013,34: 18-26.

Heath, Y. and R. Ifford, "Extending the Theory of Planned Behavior: Predicting the Use of Public Transportation", *Journal of Applied Social Psychology*, 2002, 32(10): 2154-2189.

Henwood, K. and N. Pidgeon, "Grounded Theory in Psychological Research", in

Camic, Paul M., Jean E. Rhodes and L. Yardley(Eds.), *Qualitative Research in Psychology: Expanding Perspectives in Methodology and Design*, pp. 131 – 155. Washington, DC, US: American Psychological Association, 2003.

Jansson J., A. Marell and A. Nordlund, "Green Consumer Behavior: Determinants of Curtailment and Eco – innovation Adoption", *Journal of Consumer Marketing*, 2010, 27(4): 358 – 370.

Line, T., "The Travel Behaviour Intentions of Young People in the Context of Climate Change", *Journal of Transport Geography*, 2010, 18: 238 – 246.

Loo, L. Y. L., et al., "Transport Mode Choice in South East Asia: Investigating the Relationship Between Transport Users' Perception and Travel Behaviour in Johor Bahru, Malaysia", *Journal of Transport Geography*, 2015, 46: 99 – 111.

Palma, A. and D. Rochat, "Mode Choices for Trips to Work in Geneva: An Empirical Analysis", *Journal of Transport Geography*, 2000, 8: 43 – 51.

Rehead, R., et al., "Assessing the Structure of UK Environmental Concern and Its Association with Pro – environmental Behaviour", *Journal of Environmental Psychology*, 2015, 43: 175 – 183.

Rennie, D. L., "Grounded Theory Methodology as Methodological Hermeneutics", *Theory & Psychology*, 2000, 10: 481 – 502.

Rennie, D. L., "Fifteen Years of Doing Qualitative Research on Psychotherapy", *British Journal of Guidance & Counselling*, 1996, 24: 317 – 328.

Rhodes, J. E. and L. Yardley, *Qualitative Research in Psychology: Expanding Perspectives in Methodology and Design*. Washington, DC: American Psychological Association, 2003.

Richards, T. and L. Richards, "Using Computers in Qualitative Analysis", In Denzin, N. and Y. Lincoln (Eds.), *Handbook of Qualitative Research*, Thousand Oaks, CA: Sage, 1994.

Scheiner, J., "Interrelations Between Travel Mode Choice and Trip Distance: Trends in Germany 1976 – 2002", *Journal of Transport Geography*, 2010, 18: 75 – 84.

Stern, P. C., "A Value – Belief – Norm Theory of Support for Social Movements: The Case of Environmentalism", *Human Ecology Review*, 1999, 6(2): 81 – 97.

Stern, P. C., "Toward a Coherent Theory of Environmentally Significant Behavior", *Journal of Social Issues*, 2000, 56(3): 407 – 424.

Strauss, A. L. and J. Corbin, *Basics of Qualitative Research: Grounded Theory*

Procedures and Techniques, Newbury Park, CA: Sage, 1990.

Verdugo, V. C., *et al.*, "Correlates of Pro – sustainability Orientation: The Affinity Towards Diversity", *Journal of Environmental Psychology*, 2009, 29:34 –43.

基于中国情境的消费者与宠物关系探索研究

薛海波　赵　鹏[*]

摘要：近年来，宠物消费在中国消费人群中已成为一种时尚，相关产业链条日趋完善，宠物消费额逐年攀升。然而，国内外营销学界关于宠物消费行为的相关研究却相当匮乏，对于宠物消费的潜在动机、决策制定和相关影响因素等知之甚少。消费者与宠物关系可能是帮助我们理解诸多宠物消费行为的一把钥匙，国外学者对此也做了一些有意义的探索，对我们很有启发。又因中国消费者在宠物消费历史和价值观方面都与欧美国家消费者存在差异，所以在消费者与宠物关系方面也可能存在不同。由此，本研究基于中国情境，对消费者与其宠物关系的内涵做了质性探究。本研究采用网络志研究方法，对一个宠物消费社群进行了长期观察，通过对相关网络文本的采集、整理和诠释，进而归纳提炼出中国宠物消费者与其宠物关系的主要内涵类型。这一方面印证了以往提出的消费者与宠物关系类型，另一方面又发现了"缘分"和"媒介"两个新的关系内涵。最后，本文对研究结果做了讨论，并对未来研究方向做了展望。

关键词：消费者与宠物关系，缘分，媒介

一、引言

根据欧睿国际2016年4月的最新数据[①]显示：2015年，世界宠物消费额为989亿美元，其中，美国消费额为429亿美元，中国消费额为16.3亿美元。在中国，饲养至少一只宠物猫的家庭为679万家，占全国家庭总数的1.50%；饲养至少一只宠物犬的家庭为2 490万家，占家庭总数的5.50%。在美国饲养宠物的家庭更多，饲养至少一只宠物猫的家庭为4 017万家，占全国家庭总数的32.30%；饲养至少一只宠物犬的家庭为4 606万家，占全国家庭总数的37.00%。与2010年相比，世界宠物消费额增长25.30%（年复合增长率4.60%），美国增长22.10%（年复合增长率4.10%），中国增长57.50%（年复合增长率9.50%）。由于大多数国家的宠物

---

[*] 薛海波，华东师范大学工商管理学院；赵鹏，华东师范大学工商管理学院硕士研究生。通信作者及地址：薛海波，华东师范大学工商管理学院，200241；E-mail：xuehaibo2008@163.com。

① http://ezlibrary.sufe.edu.cn:3242/portal/statistics/rankcountries(2016年4月18日)。

食品和产品都来自中国,所以国内业界人士和学者估计,我国宠物行业产值每年将以 20%—40%的速度增长,中国宠物行业将持续大约 30 年的高速增长期(邹连生,2013),是继旅游、体育之后在中国新兴的又一经济业态(李钰,2013)。

尽管饲养宠物非常普遍,关于宠物消费的总体规模也在逐年攀升,但关于宠物消费行为的研究却十分匮乏。在 20 世纪 80 年代以前,对宠物的研究主要集中在动物福利、兽医学、社会学和心理学领域(Walsh,2009)。1994 年 Hirschman 在《消费者研究》(Journal of Consumer Research,JCR)发表关于消费者与其动物伴侣关系的研究,这是宠物消费研究领域的奠基之作,激发了营销学者对于宠物消费行为的研究。目前宠物消费现象尚未引起国内营销学者的广泛关注,学术成果寥若辰星(薛海波和符国群,2015)。在宠物消费中,消费者与宠物的关系对其可能做出的宠物消费行为以及后续企业的营销活动都可能会产生重要的影响,而关于该关系的研究却少之又少。

鉴于此,本研究将基于中国情境,探究消费者与宠物的关系内涵,以更好地解读宠物对其拥有者来说所具有的价值和意义,进而能够更好地理解宠物消费现象。本研究将按如下步骤展开:首先,对现有关于消费者与宠物关系研究的文献进行回顾和评述;其次,使用网络志方法对相关网站和论坛进行跟踪挖掘,采集相关网络文本并对其做整理编目;再次,对整理好的网络文本进行分析,依次通过开放式编码、主轴编码和选择性编码,尝试提炼出若干消费者与宠物关系的主题;最后,总结本研究发现,并向相关观察对象进行反馈,针对观察对象的反馈意见进一步补充和完善研究结论,以期挖掘出消费者与宠物关系的新主题,为后续宠物消费研究和营销实践提供启示。

二、文献述评

宠物是一种被驯化的动物,受到其拥有者的照顾并与其拥有者形成某种亲密的情感关系(Serpell,1989)。宠物的英文单词为 pet,其词根来源于法语的 petit,作为一个富含情感的术语反映了人们对那些用于带来快乐和陪伴动物的情感(Grier,2006)。它的另一个称谓是动物伴侣(animal companion)或伴侣动物(companion animal),以反映人与动物的相互关系和强烈的情感纽带。这在实业界和学术界,尤其是兽医药学、动物福利和人与动物互动研究领域比较流行(Walsh,2009)。Belk(1996)曾经对二者做过辨析,他认为对于这些伴侣动物来说,即使人们将它们等同于人类来对待,它们也不能自由地选择和谁在一起。是人选择了动物,而不是相反。它们对人们的依赖要强于人们对它们的依赖,使用"宠物"一词反映了人们与动物之间的主从关系。宠物和伴侣动物反映了人们看待和对待这些动物的两种方式。本文认同该观点,使用"宠物"一词。以往宠物研究的对象常见有犬、猫、马和鸟四类动物(Spears et al.,1996),此外还可能包括其他一些哺乳类、爬行类和奇异动物。当然,最多的还是犬和猫。在未做特殊说明时,宠物即指犬和猫(薛海波和符国群,2015)。

因宠物的陪伴给其拥有者的生理、心理和社会关系等方面带来了诸多益处,这也使得宠物日益成为现代家庭的重要组成部分。另外,现代社会人口老龄化和新生儿出生率的下降也是宠物日益普及的一个重要影响因素(Brown and Katcher, 2001;Dotson and Hyatt, 2008;Enders-Slegers, 2000;Friedmann et al., 2000;Paul, 2000)。持续高速增长的宠物消费与宠物在人们生活中的作用日益重要紧密相关(Cavanaugh et al., 2008),这也是消费者与宠物关系研究的重点。Hirschman(1994)对宠物作用及其与消费者的关系的分类做了比较充分的论述,她将宠物的作用划分为两个类别,即宠物作为"事物或产品"(objects/products)所具有的工具(或功能)性作用和作为"伴侣"(companions)所具有的情感性作用。在工具性作用方面,宠物可作为:①装饰品,为消费者提供审美价值和快乐,如宠物华丽的毛皮、悦耳的叫声和奇特的外形等为消费者提供观赏性价值。②地位的象征,如同其他奢侈品一样,消费者通过饲养名贵、纯种血统的宠物来彰显其精英阶层、财富和地位。③爱好和副业,消费者饲养宠物是为了通过展示、比赛或培育某一种血统等来获取利益。④生产工具,消费者饲养宠物用来狩猎、提供运力、看家护院、领路导盲以及在治疗某些病患方面被使用。Beverland et al.(2008)的研究也支持了该观点,他们发现一些拥有者将宠物视为玩具或地位象征。宠物拥有者在宠物方面的巨大投入主要是增强其经济价值或只是炫耀消费的一种方式。在情感性作用方面,对于大多数拥有宠物的消费者来说,通常宠物被看作人的替代物或人本身。当然,根据拥有者需要的不同,宠物扮演的角色也差别很大。具体可被作为:①消费者亲密、忠诚的伙伴和朋友,宠物对这种关系是无条件的、不做任何判断的。②准父母的孩子,使他们为真正养育儿女做好准备;在空巢或丁克家庭中,宠物也被看作是子女的替代,使这些父母们能够得到心理的慰藉。③消费者自我的延伸。其拥有者通过宠物的特性、行为和外形来反映自我并向外界展示自己的个性。

除此之外,Hirschman(1994)通过深度访谈的方法,又提出了两个新的主题,第一,宠物是介于自然和文化之间的媒介。一方面,宠物是动物,具有自然属性。另一方面,家庭是人类居住的地方,它将人类活动和外在自然象征性地区隔开来,具有文化特性。因此,在家中饲养宠物,就赋予了宠物文化属性。在消费者与宠物的关系中,消费者为宠物活动范围划定了界限,从而将其自然属性和文化属性进行了区分。比如,有些宠物是可以在屋内饲养的,而有些宠物则被限制在屋外饲养,还有一些宠物则可以在一定条件下自由进出房屋,这些差别因消费者对宠物的自然属性和文化属性看法的不同而不同。消费者为宠物在屋内和屋外限定了活动范围,反映出宠物介于自然和文化之间媒介的特征。宠物被认为和人类相似度越高,就越具有文化属性,越容易在屋内活动。相反,保留越多自然属性,则越可能被限定在屋外活动。第二,童年社会化和终生偏好模式的养成。父母通过对宠物的饲养,为子女树立了榜样,有助于教育子女独立、承担责任和自我控制等。而且,幼年时期的宠物饲养经历,有助于塑造他们将宠物作为家庭结构不可或缺的一部分的观念。等他们长大成人后,在组建自己的家庭时似乎必须要有一个宠物,否则这个家庭像是不完整一样。而且,幼年的社会化经历也培养了他们对宠物的偏好模式,比如要拥有一个和幼年时期一样品种或血统的宠物;或保持相同的颜色;甚至为宠物起相同的名字,即使它们在基因上可能并不相关。

随后,Belk(1996)对消费者与宠物关系进行的探讨,提出宠物是快乐和麻烦的共同体、自我的延伸、家庭成员(尤其像儿童)和玩具,并强调消费者与宠物关系的不可替代,失去宠物就像是失去自我一样痛苦。Holbrook et al. (2001)认为宠物不仅是伴侣或延伸自我的拥有物,它还为人们提供了一系列消费机会,如欣赏自然和野生动物;激发灵感和增进学习;体验快乐和童真;利他和抚育机会;使人们获得陪伴、照顾、安慰和平静;尝试做父母;以及增强人际关系。而由此所带来的消费体验应该属于崇拜消费或神圣消费(sacred consumption)的范畴,这尚未被多数营销和消费行为研究所涉及。此外,Mosteller(2008)又增加了宠物另一种被忽视的作用,即救助者(rescuer)、看管人(caretaker)和社会调节者(social mediator),这里,宠物在与消费者的关系中体现出更为主动的形象。Irvine(2013)也发现宠物有助于人们克服逆境从而面对更好的未来。尤其对那些无家可归或曾经无家可归的人来说,宠物成为他们生活的拯救者。宠物与拥有者相依为命,增强了他们的责任感,它们无条件的爱换回的是拥有者对它们的责任。作为沉默的见证者,它们不断警醒着其拥有者不至于迷失而做出危险行为,使他们坚守道德底线以保持正面形象。

在消费者与宠物关系的维度构成方面,Dotson and Hyatt(2008)做了探索性的实证研究,提出消费者与宠物犬的关系包含7个维度:①共生关系,指消费者与宠物犬之间的互惠互利;②基于宠物犬的自我概念,反映了宠物犬在自我界定和社会自我建构中的重要性;③拟人化,即将宠物犬等同于人来看待,而不是动物,它就像孩子或其他家庭成员;④活力和年轻,指因拥有宠物犬而带来的运动量增大和心态年轻化;⑤无界限,反映了消费者对宠物犬不设限,它可以在户内外自由进出;⑥特需品购买,指消费者乐意花费精力和费用为宠物犬购买商品和服务;⑦愿意做出改变,指消费者为了宠物愿意改变自己的消费和生活方式等。随后,Boya等(2012)提炼出消费者与宠物犬关系的6个维度,包括宠物犬驱动的生活方式(dog-oriented lifestyle)、拟人化、生活规律和纪律、效用驱动、无界限和重视外表等。

上述研究从不同视角揭示了欧美国家的消费者与其宠物之间的关系,这对我们很有启发。但是,专门探讨中国消费者与其宠物关系的研究还不多。鉴于中国消费者与欧美消费者在宠物消费历史和对待宠物的价值观方面存在不同,我们希望基于中国情境来发现消费者与其宠物之间的关系。

三、研究设计和数据采集

(一)研究方法

本文采用网络志研究方法(Kozinets,2002),对宠物拥有者在网络空间发布的相关内容进行浏览查阅,对其中较为重要的内容进行采集、整理和诠释。网络志研究是传统民族志研究在网络空间的延伸和应用。研究者通过沉浸在网络社群中,来观察和理解网络社群内部的交流语言、方式和文化,进而对其背后的意义进行诠释。其大致步骤是:①了解研究对象的文化特征,确定研究对象;②数据收集和分析;③确保解释结果具有可信性;④遵守研究伦理;⑤获得被调查者反馈信息。对于网络文本的分析,本文采用了扎根理论的分析方法,通过开放式编码、主轴编码和选择性编码等,进行持续比较分析,最终提炼出消费者与宠物的关系类型。

(二)研究对象及样本选择

在网络志研究中,对于网站如何选择,Kozinets(2002)提供了参考标准:①该网站是否具有更多与研究内容相关的主题版块、在线论坛讨论组;②该网站可以提供的信息是否与研究内容贴近;③该网站成员间是否具有交流频繁的帖子;④该网站是否具有更多详尽而丰富的相关数据;⑤该网站是否有更多离散信息的发布者。基于上述标准,本文选取了国内最大、最活跃的宠物社交平台——狗民网作为研究对象。狗民网于2006年9月1日正式上线服务,由清华校友、天使投资人共同创办,目标是服务于快速增长的数千万中国爱宠、养宠人群,由此辐射到千亿的宠物经济规模。2014年,狗民网访问人数超过5 000万,覆盖一半以上的养宠人群。① 从2014年起,狗民网探索从单一的宠物社交平台向宠物主人综合服务平台转型,最终搭建宠物行业生态圈,满足用户购物、医疗、公益、社交等多方面的需求。其产品和服务包括狗民论坛、狗民商城、铃铛APP、狗与爱的世界、宠托邦等五个部分。

其中,狗民论坛(http://bbs.goumin.com/)是中国最大、最活跃的宠物社交论坛。该论坛按照犬种和地域划分为68个版块,是目前犬种覆盖最广的宠物社区论坛,网友涵盖全国各地、各个年龄段的宠物爱好者,丰富多彩的活动加深了会员

---

① "狗民网——中国最大的综合宠物服务平台",http://www.goumin.com/static.php? p=about。

间的互动,也为论坛营造出和谐、友好的氛围(周大海,2013)。狗民网针对用户的发帖数量以及发帖质量和论坛内其他阅读人员的反响度,给用户派发积分,根据不同的积分,狗民网将用户划分为 11 个等级(见表 1),并根据用户的综合能力,邀请部分用户担任相关版块的版主(部分版主在多个版块任职)。

表 1 狗民网用户等级表

等级	积分
新手上路	0—19
初级狗民	20—199
中级狗民	200—1 499
高级狗民	1 500—2 999
金牌狗民	3 000—4 999
狗民元老	5 000—9 999
青铜元老	10 000—19 999
白银元老	20 000—34 999
黄金元老	35 000—59 999
钻石元老	60 000—99 999
至尊元老	100 000 以上
版主	综合评定

此外,当某一用户发帖之后,该版块管理员会根据阅读者的反响度将该帖子评为普通帖或精华帖。其中,精华帖又可分为三个等级①:一级:可看性较强、质量较高的转帖或原创帖;二级:有一定的点击率、可看性强、质量高的原创帖;三级:点击率超过 300、回复超过 4 页、可看性强、质量高的原创帖。

结合用户级别和帖子类型两方面综合考虑,本文选择活跃度比较高的社群成员作为观察对象,对其中被评为精华的帖子进行采集和整理。这样既保证了帖子的含金量,又便于后期与被观察对象进行交流。

关于网络文本的采集,我们采用手工收集的方式,具体信息包括论坛类别、论坛主题、发帖人、论坛标题、发帖时间、发帖人账号、发帖人等级、回帖人账号、回帖人等级等。在本次研究中,我们一共收集了 47 位用户的 109 个帖子,剔除照片后累计字数约 30 余万字。② 在本研究中,我们实际对 36 位被观察者的文本信息做

---

① "本版版规及论坛教程(入版必看,不看者受罚抗议无效)",http://bbs.goumin.com/thread-103574-1-1.html。

② 如果读者感兴趣可以发邮件向通信作者索取。

了编码,其基本信息如表2所示。

表2 被观察者信息表

序号	姓名	性别	年龄	婚否	目前居住地	注册时间	等级
1	乐乐嫲	女	37	已婚	北京	2011/09/29	串串狗俱乐部版主
2	姗姗嫲	女	40*	已婚	美国	2013/02/26	海外狗民俱乐部版主
3	熊嫲	女	50	已婚	德国	2011/04/12	海外狗民俱乐部版主
4	元宝耙	男	34	已婚	河南	2013/09/24	可卡俱乐部版主
5	丑坨嫲	女	50*	不详	湖南	2008/07/02	至尊元老
6	馒达达嫲	女	48	已婚	广东	2014/04/23	至尊元老
7	奶油嫲	女	40*	不详	黑龙江	2013/04/27	钻石元老
8	旺仔嫲	女	40*	已婚	广东	2015/04/19	钻石元老
9	赤丸嫲	女	40*	不详	北京	2007/08/21	白银元老
10	KK嫲	女	46	不详	不详	2013/11/08	白银元老
11	宝宝嫲	女	50*	已婚	北京	2009/12/11	青铜元老
12	茸茸嫲	女	30	已婚	福建	2012/01/12	青铜元老
13	团圆嫲	女	50*	已婚	上海	2010/08/14	青铜元老
14	冰红茶耙	男	35*	不详	上海	2008/06/22	狗民元老
15	辛巴嫲	女	31	已婚	北京	2011/12/16	狗民元老
16	momo嫲	女	30*	已婚	北京	2012/06/27	金牌狗民
17	妖妖嫲	女	29	不详	广东	2015/03/12	金牌狗民
18	波波嫲	女	29	已婚	江西	2015/03/02	高级狗民
19	蛋蛋嫲	女	30*	已婚	不详	2015/01/15	高级狗民
20	当当耙	男	35*	不详	四川	2014/07/02	高级狗民
21	haha嫲	女	24	未婚	宁夏	2015/02/22	中级狗民
22	欢欢嫲	女	27	未婚	不详	2014/09/14	中级狗民
23	来公公嫲	女	30*	已婚	上海	2014/06/04	中级狗民
24	Luck嫲	女	28*	已婚	福建	2014/10/08	中级狗民
25	黄豆嫲	女	23	不详	不详	2015/12/31	中级狗民
26	墨墨嫲	女	30*	不详	上海	2014/08/14	中级狗民
27	小虎耙	男	41	不详	云南	2012/03/08	中级狗民
28	冈日耙	男	19	不详	福建	2011/08/23	中级狗民
29	飘宝嫲	女	30*	未婚	不详	2015/06/08	中级狗民
30	妮妮嫲	女	50*	已婚	不详	2014/07/14	中级狗民
31	巴克耙	男	26	不详	辽宁	2009/10/04	中级狗民
32	露娜耙	男	35	不详	广东	2011/02/11	中级狗民
33	蛋黄耙	男	29	不详	不详	2007/01/01	初级狗民
34	土豆嫲	女	25*	未婚	不详	2014/11/04	初级狗民
35	小刀耙	男	30*	不详	北京	2014/08/16	初级狗民
36	雷神耙	男	32	不详	辽宁	2012/05/31	初级狗民

注:*根据被观察者发帖内容(如照片)估计年龄。

在对网络文本进行定性分析时,我们借用NVivo软件辅助进行分析。NVivo

软件常用的编码方式主要有两种:先对文献信息进行编码,形成若干子节点后进行整合;根据研究主题确定编码节点、形成研究框架。对原始资料的编码和诠释以团队讨论的方式进行,我们经过一个多月时间,通过开放式、主轴式和选择式编码步骤,完成了对文本的编码①和诠释。在确认编码不存在误解或过于主观的问题后,形成一致意见,得到最终的消费者与其宠物关系的类型。

(三)研究伦理

由于社群论坛是公共空间,基本不会涉及研究对象的隐私问题,所以我们在数据采集过程中,尽量不会打扰我们的被研究对象。我们在狗民论坛注册了账号,与社群成员在论坛中直接进行互动沟通。不过,在有些情况下,我们也会和部分被调查对象进行联系。比如当社群成员的性别、年龄等基本信息在网站的注册系统中缺失时,或当我们对相关网络文本不解时,我们会通过发私聊信息和邮件的方式与被调查对象沟通。同时征求他们对我们研究发现的看法和意见。大多数情况,我们都会在信息发出几天后收到反馈意见,这增强了我们对相关文本的理解和诠释。

四、现有消费者与宠物关系主题印证

关于消费者与宠物的关系,现有研究针对欧美国家的宠物拥有者已做了一些探索。这主要表现在宠物之于其拥有者所具有的作用和价值(Hirschman,1994;Holbrook et al.,2001;Beverland et al.,2008),宠物在其拥有者生活中所扮演的角色(Mosteller,2008;Irvine,2013),被其拥有者所赋予的意义等(Belk,1996;Holbrook et al.,2001)。从"物"的工具性价值,到"人"的情感性功效均有涉及。对此,我们在中国宠物拥有者的表述中也有相应发现。

(一)宠物是"物"

宠物是"物"是指宠物被其拥有者视为一个产品或事物,它就像是装饰品、符号或生产物品为其拥有者带来某些内在体验价值或外在经济利益(Hirschman,1994)。消费者为了满足某些审美偏好,而对宠物毛发进行修剪、护理和美容,购买很多宠物衣物以装扮宠物,这体现了消费者对宠物的关爱。例如,旺仔嬷(女,40岁,钻石元老)说:"当然了,把你打扮得漂漂亮亮也是我喜好。每当逛街,一看到漂亮的衣服和用的东西,或美食,或小玩意,都会按捺不住给买上,有时连自己的东西也忘了买。没办法呀,我就这么任性地宠着我的旺旺,因为遇见本是缘!"②当然,还有一些消费者为了好玩而"恶搞"宠物。不过,这种"恶搞"并无恶意。比如,元宝耙(男,34岁,版主)将其宠物犬"元宝"身上的毛发修剪成自己喜欢的图

---

① 如果对编码内容感兴趣也可以向通信作者索取。
② 如无特殊说明,本文引述被观察者文字均来自狗民论坛(http://bbs.goumin.com/)。

案,并与其他宠物家长交流取乐。

但是,另一些消费者为了满足自身的审美偏好或某种虚荣,也可能走极端。个别宠物拥有者为了吸引他人关注而将宠物致残以使其直立行走,部分宠物经营者为了满足客户需求对宠物进行无顾忌的杂交和改良。蛋蛋嫌(女,30岁,高级狗民)分享了一次见闻:

> 今天路过步行街,远远看到一只狗狗一路都是后腿走路,围观拍照的人很多,我心里想,好可爱的狗狗,长得又漂亮,主人好厉害,可以训练得这么好。可仔细看,发现是狗狗前腿有问题残疾了,心中又感慨,主人心肠真好,狗狗好有福气,要是遇见变态主人会直接扔了吧。远远站着看了很久,才听见附近店铺的人说,狗狗的前腿脚颈是被自己主人割断的,为了培训他这般走路。
>
> 瞬间好难过,这个狗主人太令人气愤。可怜的狗狗,为什么他的狗生这般凄惨?①

该帖子反映了个别走极端的宠物拥有者,同时也激起了众多其他宠物爱好者的一致谴责。

冈日耙(男,19岁,中级狗民)和小虎耙(男,41岁,中级狗民)关于宠物经营者对藏獒进行杂交和改良的行为发出了感慨及呼吁:

> 杂交藏獒的目的是什么?就是能在品相上面占优势……很多串獒都是纽芬兰犬、蒙古獒、藏獒三种犬种杂交得来的!你没有看出它们的毛色和纽芬兰很相似吗?这样的藏獒,性格正好与真正的原生藏獒相反,它好动、胆小、贪玩!……最悲哀的就是很多人把大名鼎鼎的青龙犬当成藏獒!青龙犬就是肉用犬种,它叫"青龙犬",是蒙古獒、藏獒杂交得来的!
>
> 沸沸嚷嚷闹腾了很久,越来越多的爱獒人开始喜欢"三吊"了。应该说,藏獒是具备这个特点的,三吊也有着它自身的作用。比如吊颈、吊眼、吊嘴,现在的所谓爱獒者及时抓住了人们的这一心理,已经开始大刀阔斧地对藏獒进行品种的选育和改造了。最让人感到惋惜的是,他们的后面竟然还紧紧跟随着大批的追随者。于是乎,长达好几公分的吊嘴出现了,并且成了极品;更长的大耳朵也出现了,也同样成了极品;丧心病狂的改良者出现了,用激素造就大大的嗉囊,借以牟取暴利。这些人打着爱獒者和保护国宝的幌子,利令智昏,利欲熏心,丧尽天良地赚取真正爱獒而又初入此道者的血汗钱。……还原獒和藏獒表面看起来是一样的,甚至比藏獒看起来还要好看得多,但事

---

① http://bbs.goumin.com/thread-3120844-1-1,html(2016年9月25日)。

实上，其品质、性格等内在的价值是完全不同的，可能是因为杂交出来的还原獒比真的藏獒更好看，所以人们忘了自己买藏獒是为了追求藏獒的神秘，为了追求那种久违了的獒的精神！却最终为了品相和外观还是选择了还原獒！糊涂！①

原来心驰神往、众里寻他千百度的藏獒，几乎绝迹，充斥于眼帘的是形形色色的强加了人为干预烙印的藏獒，各类高新技术无所不用其极地武装到藏獒身上，从毛色焗染到接种毛来彰显毛量，从眉心毛到视觉厌倦的大活皮，骨量夸张到超出正常人的想象，更令藏獒同类无法望其项背，因为它们的骨量已经可以和牛马大象争高下啦，外观这样嬗变的同时，藏獒体内也发生着翻天覆地的变化，藏獒的体内被那些所谓的藏獒先驱们注入了外血，不管你是什么高加索犬，还是纽波利顿犬，甚至是松狮犬，一律采取拿来主义，胸怀非常博大，各取所需地强加到藏獒身上，人工授精已经不是新闻，相信不久的将来，试管藏獒、克隆藏獒都会问世。将来藏獒作为商品在超市商店恐怕也可以买到……姑且把上面提及的藏獒称为"人造藏獒"，诚如是，那恐怕是中国人为人类做出的第五大发明啦……长此下去，藏獒的繁育不是和时装一样，也要搞发布，也要搞市场预测吗？

迎合人们变态需求的各类手法五花八门地应运而生。各类专业人士脱颖而出，打水吃药、借腹生子，总之，藏獒从选配前开始，经纪人、媒体人就开始粉墨登场，只要你价钱给到位，从血统到外形等都能想你之所想，身高达到难以想象的高度，重量涨到你目瞪口呆的地步……于是乎，不论血系是否搭配，有钱人追赶时尚要去配的，钱不是太富裕的也绞尽脑汁想去配，没有钱的更是想方设法编造故事来沾一条神话般的种公（雄性犬，专门用来繁殖交配的犬）的光，"明星藏獒"就这样堂而皇之地走进你的视野，不管你喜欢与否，如果你的经济基础好，那么"明星藏獒"的地位就不断得到加强和固化，当然，这是要靠金钱来推动的。……藏獒市场价值观的缺失、审美观的倒置以及掺杂的这样那样的水分泡沫影响范围之大、程度之深，对于真正的藏獒爱好者而言都是是可忍孰不可忍的……②

以上反映了藏獒消费市场中的乱象，购买藏獒的消费者为了满足自身肤浅的审美而对宠物藏獒的外形提出了要求，藏獒经营者则为了巨大的经济利益而无所不用其极地对其加以"改良"。他们都失掉了对物种本性及其自身发展规律的敬畏，将宠物视为可以按照自己意愿随意改造的"物"。

---

① http://bbs.goumin.com/thread-2227850-1-1,html（2016年9月25日）。
② http://bbs.goumin.com/thread-1854575-1-12,html（2016年9月25日）。

此外,还有少部分宠物拥有者饲养宠物的目的是比赛。这体现了宠物拥有者很强的功利性目的,宠物是这些消费者在各种展赛上用来取得好名次的工具。有时,他们会为了比赛而约束宠物,而并不一定真正关心宠物的真实感受。

(二) 宠物是"人"

宠物是"人"是指宠物拥有者将其宠物等同于人来看待。他们给予所饲养的宠物以亲切的昵称,如"儿子""闺女""弟弟"或"妹妹"等,带宠物参加家庭聚会。他们将宠物视为自己的朋友,有时还将自己的想法和行为赋予到宠物身上,通过宠物的行为举止可以看到其拥有人的影子。在中国的宠物消费人群中,将宠物视为家庭成员或朋友的占绝大多数,他们与宠物的关系更多地体现在情感联系上。

家庭在中国社会具有非常重要的地位,它是个体社会化的核心纽带。这种根深蒂固的家庭观念使得国人对具有血缘关系的家庭成员最为珍视,而如今,宠物拥有者将其宠物与家庭成员等同视之,足见宠物在其拥有者心目中的意义和地位。这首先从社群成员之间交流所惯用的昵称就可以看出,如"宝宝嬷""波波嬷""元宝耙"和"小刀耙"等,它已成为社群成员内部交流的行话。宠物本身所具有的幼态持续特性(Hirschman,1994)也容易引起消费者的怜悯和关爱,从而被人们视为"孩子"。宠物拥有者会为其心爱的宠物举行生日仪式,这在狗民论坛中还比较普遍。不同宠物的生日仪式意义也有所不同。为宠物庆生是比较欢快的,有单独在家为宠物庆生的,也有三五宠友们聚集起来共同为宠物或包括宠物拥有者一起举行生日仪式的。不过,有时在欢乐的宠物庆生仪式下,也可能会有一些无奈的忧伤和对生命延续的希冀。从宝宝嬷(女,50 岁,青铜元老)为宠物"宝宝"举行的两次生日仪式可以看出这一点:

> 宝宝 15 岁时,第一次给她订了生日蛋糕,可能是觉得宝宝太老了,不知道以后还能过几个生日。
>
> 2014 年新年的钟声即将敲响,我看着宝宝的状态觉得还行,赶紧去订了一个蛋糕,16 岁!!!在文献里查到,能活到 15 岁的狗狗只占 8%。我已经很幸福了,我的宝宝能过上 16 岁的生日,是老天赐予的。①

消费者将宠物视为孩子、家人和朋友,心甘情愿为其做出很多改变和牺牲。欢欢嬷(女,27 岁,中级狗民)在日记中写道:"欢欢,姐姐爱你。有人说我爱狗爱得极端。我只能说,欢欢对我来说就是我生命里不能缺少的,它不开心我也会不开心,我有其他的朋友,但它的世界里只有我。"波波嬷(女,29 岁,高级狗民)的爸爸特地开车到武汉将波波嬷和狗子接回江西,回家后还将自家的院子隔出一个小

---

① http://bbs.goumin.com/thread-2979992-5-1,html(2016 年 9 月 25 日)。

院子来供小狗玩耍。妮妮嬷(女,50岁,中级狗民)在宠物"妮妮"失而复得后感叹:"它不只是一个小狗,还是一个家人,一个毛孩子。"消费者与宠物的关系是一个动态变化的过程,随着彼此互动的深入,消费者对宠物的感情也逐渐加深。尤其是在感知宠物即将离去时,这种情感更为突出。对宝宝嬷(女,50岁,青铜元老)一家来说,2014年的马年除夕夜是伤感的。因为,这是他们和宠物"宝宝"在一起的最后一年了,他们没有心情去看春晚的节目。只是将"宝宝"紧紧地抱在怀里,让她去阳台再看看北京除夕的夜晚。他们还给"宝宝"录了两段录像,一段是它还能走路的录像,另一段是给它喂食的录像。可见,宠物"宝宝"的即将老去使宝宝嬷一家更加珍视与"宝宝"的关系。而且,在"宝宝"去世后,宝宝嬷更是将这种对"宝宝"的关爱上升到对生命的尊重。宝宝嬷深受打击,并产生了写回忆录的想法。她写道:"它的离去对我打击很大,16年的相互守望,生命与生命的对话戛然而止。可是人狗情未了,我想写下我们这些年的点点滴滴。"

消费者将宠物视为家人和朋友的一个重要影响因素是彼此双方的信任,这种信任可能在彼此互望的第一眼就已建立,也可能随着彼此相伴而逐渐养成。小刀耙(男,30岁,初级狗民)自述是一个乖张暴戾、冷酷独断的奇葩,但他却在大街上一眼相中了宠物"小刀",于是他的生命中多了一个永远无法忘记的伴侣,共同生活了12年。

> 2002年2月的一个夜晚,8点多,新华大街,偶遇一位中年农妇在街边放了个纸盒,兜售里面有四五只小狗。狗很小,还没长牙,都是白色的串儿。其中有只耳朵巨大还立着,一眼相中,于是我的生命中多了一个永远无法忘记的伴侣——小刀。……尽管我是一个如此乖张暴戾、冷酷独断的奇葩,但我对小刀的爱是彻底而完全无原则的溺爱。很多人惊讶我与小刀在一起时表现得像是一个完全不同的人。只有我自己明白,那是因为她给我的太多太多,而我能给她的太少太少,她的生命只有短短十几年,如此短暂的生命,如昙花绽放,稍纵即逝,而她却会把这一生的信任与依赖完全寄予我一人。
>
> 我若不爱,谁能来爱?①

熊嬷(女,50岁,版主)在回忆与爱犬"熊"的过往点滴时写道:"你一声不吭,眼睛里却有万语千言。我被你震住了,你不是在乞求我,你在郑重地询问我:你真的想好了吗?从这一刻起,我不再觉得你是个柔弱无助的小婴儿,需要我的照顾呵护。我认定你是一个独立的个体,有着自己的尊严。我们是朋友,是相互尊重、彼此平等的朋友!"这种尊重和信任使得熊嬷和宠物"熊"共同生活了16年,也给

---

① http://bbs.goumin.com/thread-2979992-23-1,html(2016年9月25日)。

熊嫲的生活留下了深深的印记。

五、消费者与宠物关系新主题的发现

现有研究基于欧美国家的宠物消费者提出了消费者与宠物之间的多种关系类型,包括将宠物视为"物或产品",以获取其功能性价值,以及将宠物视为"伴侣",如家人和朋友,以获取情感体验等,以上我们在对中国情境下的宠物消费者的观察中都得到了印证。除此之外,本研究还发现了缘分和媒介两个新的消费者与宠物关系的主题类型。

(一)消费者与宠物的关系是缘分注定

缘分是指人与人之间由命运注定的遇合的机会(白宏钟,2004)。随着佛教的传播,缘分在中国人的日常生活中已成为一个普遍使用的词汇。缘分出自"缘",它是佛教思想,是信仰的重要范畴,亦名"缘起""缘生",是"因缘生起"的简称。"缘",意为关系或条件,泛指人与人或人与事物之间发生联系的可能性。"宇宙间的一切事物都由众'因缘'(条件)和合而生,亦因众'因缘'的演变而变异或消失。所谓'缘起',通俗地讲,就是指一切事物或一切现象的发生、发展和消亡,都是由一定的关系和条件决定的,没有恒定不变的东西"(李向平,2009)。缘分象征着人与人之间一种无形的联结,是某种必然存在的联系的机会和可能。它作为中国文化和佛教的抽象概念,早已成为中国文化、中国人的信仰的重要构成。千百年来,缘分观念已深深植根于中国人的潜意识之中,深刻地影响着中国人的心理和行为取向。

在宠物消费社群中,"缘分"是社群成员使用的一个高频词汇。它被用在宠物饲养的多个阶段和场景,可以是初次见面时主宠互望那一瞬间而确立的关系;也可以是宠物拥有者历尽万险对宠物救死扶伤之后的感悟和珍惜;还包括在宠物失而复得时,宠物拥有者在经历内心煎熬之后的感恩;当然也包括在不得不面对宠物离去,而对"缘尽"的体悟和无奈。这其中,也同时夹杂着对"缘生"的希冀和期待。"这种缘分轻轻的,看着不浓,却已深深地融入感情里"(熊嫲,女,50岁,版主)。

黄豆嫲(女,23岁,中级狗民)将其与自己的宠物犬"黄豆"的关系称为一种缘分,并要好好珍惜。她这样写道:"虽然它在我身边的时间还比较短,不过我还是相信缘分这个东西的,就比如我跟黄豆,我们是很有缘的!想想当初我没有带走黄豆的哥哥、姐姐、妹妹、弟弟,偏偏带走了小黄豆,这就是冥冥之中的事情。生命中所有与我们有关的人和事,都是一种缘分,无论如何我们都要珍惜!"姗姗嫲(女,40岁,版主)在不常去的公园偶遇一只两个月大小的德国牧羊犬,经过多方努力未找到其主人,然后决定自己收养并为它取名"Benjamen"。在回忆这段经历时,姗姗嫲将与"Benjamen"的关系称为缘分所致。她这样写道:"我们也不知道当天怎么会突发奇想去这个公园,可能这就是缘分吧。"

缘分不仅用来反映因偶遇而建立的主宠关系,而且,它也在偶遇的情境中,直接影响着消费者是否收养宠物的决策。下面这段话反映了熊嬷(女,50岁,版主)在初遇"熊"时,面对自己纠结而无法决策的心理,最后交由缘分来做决定。

> 无法选择,只好不选择。我横下一条心,一头扎进了寒风里。让命运来选择吧。如果小家伙还在,那它就是我的;如果不在了,你我无缘。远远的,我看到那几个人还在,心里哆嗦了一下,不知是忧是喜。走近来,我一眼看到你红红的小鼻子和黑黑的扣子眼。心中大喜。可不知出于什么心理,我没有抱起你,却朝你对面那只巧克力色的小奶狗伸出了双手。一样沉甸甸的小身体,一样紧紧抓住不放。巧克力狗狗甚至更特别一些,那一身软缎般闪亮的绒毛,真的像煮开的热巧克力汁,浓稠而香甜,带着奶香。我再次踌躇了,几乎背叛了你。就在抱着巧克力狗狗纠结时,我回头看了你一眼。你充满稚气的小脸上似乎写满了忧伤,亮亮的圆眼睛定定地凝望着我。你一声不吭,眼睛里却又万语千言。我被你震住了,你不是在乞求我,你在郑重地询问我:你真的想好了吗? 从这一刻起,我不再觉得你是个柔弱无助的小婴儿,需要我的照顾呵护。我认定你是一个独立的个体,有着自己的尊严。我们是朋友,是相互尊重、彼此平等的朋友![①]

波波嬷(女,29岁,高级狗民)收养宠物"来福"的过程也是将决策权交给了缘分。"来福"最初是一只流浪狗,待在波波嬷的家门口不走。而且,还会粘波波嬷的家人。但是,由于波波嬷的母亲讨厌狗,所以没有母亲大人的允许,波波嬷是绝不敢将其领进家门的,只能在门口给"来福"一些食物和水。后来,经波波嬷一家开家庭会议,在波波嬷和其父亲的共同努力劝导下,波波嬷的母亲应允将"来福"领进家里。但是,波波嬷的母亲对"来福"的态度仍然不好,甚至在几天后又将"来福"赶出了家门。从此,"来福"消失了。波波嬷的母亲在"来福"消失之后也感到懊悔,并表示,如果"来福"再出现在家门口的话,一定收养它。几天后,当"来福"再次出现在波波嬷家门口时,母亲大人第一个发现了"来福",并兴奋地告知波波嬷"来福"回家了。可以看出,波波嬷一家在收养"来福"决策上的矛盾,因缘分而得到了化解。而且,因为缘分,波波嬷的母亲对狗的态度也发生了根本性的变化。

消费者努力收养流浪狗和不遗余力地救治伤残狗也被社群成员认为是几世修来的缘分,要好好珍惜。momo嬷(女,30岁,金牌狗民)获悉流浪狗"momo"的消息,并决定收养它的过程也存在巧合的因素。momo嬷的一个大姐的朋友每天

---

① http://bbs.goumin.com/thread-3057436-1-1,html(2016年9月25日)。

都会在北京东三环桥下停车场看见"momo",然后将此事告知了 momo 嬷一家。momo 嬷一家专门过去看了"momo",在了解了"momo"的经历之后决定将其接回家。通过 momo 嬷一家的努力,将一只又脏又臭、浑身皮肤病的流浪狗,变成了身材健硕、干净卫生的掌上明珠。妖妖嬷(女,29 岁,金牌狗民)在狗民论坛上分享了领养金毛"妖妖"经历的长篇回忆,她的帖子名为"她经历了被抛弃、皮肤病和狗瘟,而我则遇见了最美的缘分"。帖子很详细地讲述了整个领养和救治的过程,我们可以看出妖妖嬷为领养和救治金毛"妖妖"所付出的努力和心血,这也坚定了她认为自己与"妖妖"之间是最美的缘分。

　　除了这种初遇的缘分,宠物的失而复得也被认为是一种缘分。团圆嬷(女,50 岁,青铜元老)讲述了邻居家的泰迪"菲菲"被人偷走,半年之后再偶遇泰迪"菲菲",彼此相互认出,然后将其带回的经历。团圆嬷感叹道:"有菲菲陪着,生活兴许会快乐些。这就是缘,不是吗?不管穷富,有个家就好,孩子回家啦。"土豆嬷(女,25 岁,初级狗民)讲述了宠物"土豆"走失之后,全家人着急痛哭,极力寻找并最终又找回的过程。土豆嬷写道:"有过这种经历的人一定懂这种心情,那天以后我就觉得我和土豆是真有缘,我信这个,东西丢了就觉得缘分没有尽,还找的回来。失而复得,多么幸运。"这一事件使土豆嬷坚信与"土豆"的缘分,这增进了土豆嬷对其与宠物"土豆"关系的认知。

　　缘分伴随宠物的到来和离去,这种离别时的缘尽是对不得不面对离别之痛的一种安慰,也是对一段新缘分到来的希冀。小刀耙面对饲养 12 年之久的宠物"小刀"的离去,使他对生死、人生以及生命有了更深更痛的体悟。他对"小刀"的思念与眷恋永记在心,并相信"若有轮回,必入因果"。"熊"的离去,使熊嬷对其与宠物"熊"之间关系的感知有了进一步的提升和升华。熊嬷写道:"现在,'熊'虽然离去了,但我深知他依然留在我的生命里,永远不会消散,再也不能分割。我的生命里融入了他的灵魂,他就是我,我就是他。谁说我们还能分离?我们之间永远都不会阴阳两隔,我能感受到他的气息,也能体会到他对我的凝望,即便我看不到他,我还是知道,他就在那里。……在我的思念里,他已获得永生。往事并不如烟。"15 年零 1 个月的陪伴,使得熊嬷将"熊"比作自己的保护神,二者的关系已经上升到个人信仰层面。这反映了熊嬷选择的一种终极关怀形式,体现了熊嬷与宠物"熊"之间的一种信任关系或信奉关系(李向平,2009)。在"熊"走的第六周,熊嬷接到宠友的电话,说发现一只非常像"熊"的狗狗。熊嬷由好奇变为期盼,认为"如果今天能看到一只像'熊'的狗狗,似乎也是冥冥中的一种缘分吧"。在"熊"走的第十六周,熊嬷对"熊"的惦念依然如故。她尚"无法承受另一只狗狗的一生,但没有狗的日子又好空好淡"。她期待和狗狗的缘分……

　　消费者与宠物关系的这种缘分观念似乎显得有些非理性,甚至可能被认为是一种迷信,但它确确实实影响到了宠物拥有者的决策和与之相关的各种宠物消费行为。缘分观念对人们平时决策和行为倾向的广泛影响已引起部分学者的关注(Kim et al.,2014;Kramer and Block,2008,2011),并正在形成一个新兴的研究领域(Katina and Kramer,2016)。在宠物消费人群中,缘分观念的普遍存在,值得营销学者们做进一步深入探究。

(二) 宠物是"媒介"

宠物是"媒介",指宠物是宠物拥有者用来与自己以及他人进行交流的途径和方式。从纵向看,宠物是宠物拥有者认知过去和未来的途径;从横向看,宠物是其拥有者与他人进行交流的一种方式。通过对狗民论坛的观察,我们发现相当一部分宠物拥有者有写宠物日记的习惯,他们以宠物的口吻记录日常生活的点滴。通过这种宠物日记,宠物拥有者反观自己,品味自己与宠物的关系,体悟生命和意义等,并与其他社群成员进行交流。

纵向看,宠物连接着过去和未来。宠物是宠物拥有者的一面镜子,日常彼此的频繁互动往往会引起宠物拥有者的很多反思,进而触发其一定的感悟和行为倾向。宝宝嫲在"一十六载宝贝的一生且行且回忆"中写道:"'生命诚可贵'这句话在遇到宝宝之后体会太深刻了,以至于我现在面对老人、病人时都会以一种大爱的心去处理问题,这就是护理、治疗宝宝的收获。"小刀耙也因"小刀"的离去而深有感悟,他写道:"小刀用她的生命教了我应该怎么去面对这个世界。也许我依然会是个冷酷独断的人,但内心深处从此以后一定有小刀那双清澈纯净的眸子时刻提醒我:站在对方的立场上看问题,从细微处珍惜身边的一切。因为一旦失去,就永无再见之时。"类似的感悟还有很多,熊嫲在回复宝宝嫲的帖子中写道:"不经历这些生命中的痛和快乐,我们的人生也是不完整的。你拥有过宝宝,现在又有了羊羊,我有熊宝贝,我们都很幸运。有他们的陪伴,生命才是丰富的、多彩的、充满阳光和温暖的。是他们教我们懂得了幸福的含义,也是他们告诉我们,坚持和信心有多重要。"另外,前面提到的缘分和某些宠友反映宠物具有的第六感也反映了宠物是"媒介"的一面。奶油嫲(女,40 岁,钻石元老)以其宠物"奶油"的口吻给自己写了一封感谢信:"亲爱的麻麻,感恩节快到了,我给你写封信。我想在信里告诉你一个秘密:我是一只到这个世上来报答你恩情的汪儿。这也是我来到今世的唯一目的。因为前世和前前世,你对我和我的亲属汪儿们有恩有爱,所以上帝派我今世特来报答你。我们犬世界甚至比人类更追求——滴水之恩,当涌泉相报。"这里,宠物"奶油"被其主人认为是前世缘今世报的使者。在对未来的预测方面,一些宠友也时有反映,其爱宠会以一些异常举动来提醒自己接下来可能会有某种不祥的事情发生。

横向看,宠物是联结人际关系的一种纽带。这种纽带要发生作用可能需要宠物的真实在场,比如宠物"矮矮"在波波嬷谈恋爱时所发挥的作用。因为男朋友非常喜欢"矮矮",所以波波嬷经常带着它出去约会。熊嬷因带着宠物"熊"参加慕尼黑奥体公园里举办的狗狗大会而大开眼界,并认识了很多朋友。宠物的这种人际关系纽带作用在现有关于欧美国家宠物消费的研究中也有涉及。但在中国情境下,宠物还有另外一种联结人际关系的方式。这种方式不需要宠物真实在场,宠物拥有者以宠物的口吻通过文字的方式与外界沟通联络。这种借助宠物来进行沟通交流的方式可能是宠物拥有者的一种无奈选择,也可能是某些宠物拥有者有意而为之。通过这种沟通方式,宠物拥有者也收获了很多,比如熊嬷就是一个典型代表。熊嬷带着"熊"远赴德国,为了和家人保持沟通和交流,熊嬷从2012年6月9日开始在狗民论坛的北京狗民俱乐部开帖,名为"一只土狗的留洋日记——写给爷爷奶奶",后因"熊"的身体原因,到2014年的11月4日截止。为此,熊嬷写道:"在这差不多两年半的时间里,熊妈和'熊'跟这里的朋友们分享了无数的酸甜苦辣,得到了人生狗生最宝贵的真情实意。熊妈很珍惜,'熊'也很享受。将近三百页的点点滴滴,汇集了熊妈和'熊'生命中最精彩的时刻,凝结着我们彼此相知相爱永不分离的母子深情。"通过分享和"熊"一起生活的点点滴滴,熊嬷收获了狗民论坛中诸多宠友的关注和祝福。虽然大部分宠友都未曾谋面,但她早已感觉这些宠友像家人、同窗或老友。他们已融入了她的生活,成为不可分割的一部分。最后,在"熊"去世后,熊嬷共收到了狗民论坛163位社群成员的纸鹤祝福。

六、研究结论与展望

本文采用网络志的研究方法,通过关注和参与狗民论坛社群成员的日常交流,对其中重要的帖文内容进行采集和整理,借用扎根理论的分析方法对帖文内容进行分析和诠释,最终归纳提炼出基于中国情境的消费者与宠物关系的类型。本文的研究发现分为两个方面,一是对现已提出的消费者与宠物关系的主题做出印证,二是在中国情境下,本研究关于消费者与宠物关系类型有了新的发现。Hirschman(1994)对消费者与宠物关系已经做了比较全面的梳理,认为宠物对于消费者来说具有作为"事物或产品"的工具性价值以及作为"伴侣"的情感性作用。对此,本研究在狗民论坛的社群成员交流中发现了相关证据。在中国情境下,虽然仍存在少部分宠物拥有者只是将宠物看作物品或产品,出于某种目的和利益而对宠物进行致残性改造和无底线的品种"改良"。但是,大多数的宠物拥有者已将宠物犬视为家人和朋友,他们愿意在财力、物力和精力等多个方面为宠物付出,面对宠物的伤病能够做到不离不弃、负责到底。这展现出宠物在其拥有者心目中的地位,以及宠物拥有者对彼此关系的重视。很多宠物爱好者还倡导并坚持收养流浪宠物,这也体现了多数中国宠物爱好者拥有的文明的宠物消费理念。

除了上述发现,本文还基于中国情境,提出了消费者与宠物关系类型的两个新主题,即缘分和媒介。缘分观念是中国文化的一个固有构成,受佛教两千多年的影响,已深深植根于普通大众的潜意识之中。在狗民论坛中,本研究发现,"缘分"已成为宠友们内部交流的一个高频词汇,用以形容和评价宠物拥有者及其宠物之间的关系。缘分贯穿饲养宠物的整个过程,从偶遇宠物,到救治宠物伤病的过程,再到宠物的失而复得,以及到宠物离去,缘分观念都影响着宠物拥有者的心理、决策和行为。本研究的另一个新发现是宠物成为其拥有者比照自己的镜子,连接过去和未来的桥梁,以及宠物拥有者人际沟通的一种方式。宠物之于宠物拥有者的这种媒介关系使得宠物拥有者自身得到了成长,也收获了很多友谊,甚至是爱情。

对于上述发现,我们也向狗民论坛的被观察对象做了反馈,并请他们对研究结论提出意见和建议。很多被观察者对提炼的消费者与宠物关系主题都表示赞同,给予了肯定回复。熊嫲还结合自身离异、出国定居、事业转变和再次组建家庭等曲折的人生经历,来阐述宠物"熊"给予自己的心理安慰和支持。熊嫲认为,正是由于宠物犬"熊"的存在,才让她对真诚、关爱、忠实等品质有了更深刻的体会,也促使她对一些问题有了更深刻的理解。这一反馈反映了宠物"熊"在熊嫲自我认识和提升方面的重要作用,也进一步支撑了本研究提出的宠物是"媒介"的观点。

本研究是中国宠物消费者与其宠物关系的一项探索性研究,我们尽可能地归纳提炼二者关系内涵的类型,并采用被观察者自己的语言来形成证据链以支撑本文所提观点的可信任性。但由于本研究所使用的网络文本均是采用手工摘录的方式,所以在网络文本获取的量上可能存在不足。后续研究可以考虑利用网络信息抓取软件以获得尽可能多的数据,进而挖掘出更多的消费者与宠物关系类型。而且,本文目前只是归纳提炼出了消费者与宠物关系内涵的主要类型,但这些关系内涵如何影响宠物拥有者的消费行为则并未做深入探讨。后续可以对消费者与宠物关系的形成和作用机制做进一步深入探究,尤其是其中的缘分关系内涵对宠物消费行为的影响机理是一个非常有价值的研究方向。

参考文献

白宏钟,"浅析'缘'与'缘分'的文化意义",《南开语言学刊》,2004,1:125-133。

李向平,"缘分·功德·共同体——佛教信仰的私人性与社会性",《湖南师范大学社会科学学报》,2009,4:5-9。

李钰,"'养'出来的宠物经济",《中国新时代》,2013,3:50-53。

薛海波、符国群,"家庭宠物消费研究:回顾与展望",《营销科学学报》,2015,

11(1):1-21。

周大海,《狗民网国际业务商业计划研究》,电子科技大学,2013。

邹连生,"我国宠物产业发展展望",《广东畜牧兽医科技》,2013,1:41-43.

Belk, R. W., " Metaphoric Relationships with Pets", *Society and Animals*, 1996, 4(2), 121-145.

Beverland, M. B., F. Farrelly and E. A. C. Lim, "Exploring the Dark Side of Pet Ownership: Status - and Control - based Pet Consumption", *Journal of Business Research*, 2008, 61(5): 490-496.

Boya, U. O., M. J. Dotson and E. M. Hyatt, "Dimensions of the Dog - Human Relationship: A Segmentation Approach", *Journal of Targeting, Measurement and Analysis for Marketing*, 2012, 20(2): 133-143.

Brown, S. E. and A. H. Katcher, " Pet Attachment and Dissociation", *Society and Animals*, 2001, 9(1): 25-42.

Cavanaugh, L. A., H. A. Leonard and D. L. Scammon, "A Tail of Two Personalities: How Canine Companions Shape Relationships and Well - being", *Journal of Business Research*, 2008, 61(5): 469-479.

Dotson, M. J. and E. M. Hyatt, "Understanding Dog - Human Companionship", *Journal of Business Research*, 2008, 61(5): 457-466.

Enders - Slegers, M. J., "The Meaning of Companion Animals: Qualitative Analysis of the Life Histories of Elderly Cat and Dog Owners", In Podberscek A. L., E. S. Paul and J. Serpell (Eds.). *Companion Animals and Us: Exploring the Relationships Between People and Pets*. Cambridge University Press, 237-256, 2000.

Friedmann, E, H. Son and C. Tsai, "The Animal - Human Bond: Health and Wellness", In Fine, A. H. (Ed.), *Handbook on Animal - assisted Therapy: Theoretical Foundations and Guidelines for Practice*. Academic Press, 41-58, 2000.

Grier, K., *Pets in America: A History* . New York: Harvest Book, Harcourt, 2006.

Hirschman, E. C., "Consumers and Their Animal Companions", *Journal of Consumer Research*, 1994, 20(4):616-632.

Holbrook, M. B., D. L. Stephens, E. Day, S. M. Holbrook and G. Strazar, "A Collective Stereographic Photo Essay on Key Aspects of Animal Companionship: The Truth About Dogs and Cats", *Academy of Marketing Science Review*, 2001, 1(1):1-16.

Irvine, L., "Animals as Lifechangers and Lifesavers Pets in the Redemption Narratives of Homeless People", *Journal of Contemporary Ethnography*, 2013, 42(1): 3-30.

Katina, K. and T. Kramer , "In Pursuit of Good Karma: When Charitable Appeals to Do Right Go Wrong", *Journal of Consumer Research* (Forthcoming), DOI: http://dx.doi.org/10.1093/jcr/ucw018 ucw018 First published online: 10 May 2016.

Kim, H. M., K. Katina and T. Kramer, "The Interactive Effects of Belief in Malleable Fate and Fateful Predictions on Choice", *Journal of Consumer Research*, 2014, 40 (6):1139 – 1148.

Kozinets, R. V., "The Field Behind the Screen: Using Netnography for Marketing Research in Online Communities", *Journal of Marketing Research*, 2002, 39(1): 61 – 72.

Kramer, T. and L. G. Block, "Nonconscious Effects of Peculiar Beliefs on Consumer Psychology and Choice", *Journal of Consumer Psychology*, 2011, 21 (1): 101 – 111.

Kramer, T. and L. G. Block, "Conscious and Nonconscious Components of Superstitious Beliefs in Judgment and Decision Making", *Journal of Consumer Research*, 2008, 34 (6):783 – 793.

Mosteller, J., "Animal – companion Extremes and Underlying Consumer Themes", *Journal of Business Research*, 2008,61(5):512 – 521.

Paul, E. S., "Empathy with Animals and With Humans: Are They Linked?", *Anthrozoos*,2000,13(4): 194 – 202.

Serpell, J. A., "Pet – keeping and Animal Domestication: A Reappraisal", In Clutton – Brock, J. (Ed.). *The Dialectics of Friendship*. London: Routledge, 111 – 129,1989.

Spears, N. E., J. C. Mowen and G. Chakraborty, "Symbolic Role of Animals in Print Advertising: Content Analysis and Conceptual Development", *Journal of Business Research*, 1996,37(2): 87 – 95.

Walsh, F., "Human – Animal Bonds I: The Relational Significance of Companion Animals", *Family Process*, 2009, 48(4): 462 – 480.

家庭环境对家庭旅游分享动机与行为的影响研究

张娇 白凯*

摘要："家"的内涵不仅在于意义诠释,更在于家庭结构、家庭资源、家庭互动之间的三维交叉。中国人的群体性生存观念,家文化的传统之根,深刻体现在分享与家庭互动的过程与经历之中。为此,本研究意欲检验家庭环境、家庭旅游分享动机以及家庭旅游分享行为三者之间的关系。通过初步理论建构和两步骤的分析发现:(1)家庭结构、家庭资源会在一定程度上影响个体的出游决策,但对个体的家庭旅游分享动机与行为无显著性影响;(2)家庭互动在不同程度上影响家庭旅游分享动机与行为;(3)家庭旅游分享动机显著影响家庭旅游分享行为。本研究追溯了家庭旅游分享行为的本源,详释了家庭内部旅游分享动机与行为演变机制,研究结论在理论上补充了群体分享理论,扩展了家庭旅游研究的分析视角,在实践上为家庭旅游市场开发提供了借鉴和启示。

关键词:家庭环境,家庭旅游,分享行为

一、引言

随着互联网技术的普及,不断涌现的旅游虚拟社区对旅游者的行为决策产生了深远的影响。人们往往通过旅游虚拟社区与他人交流并建立起人际联系,并从中获取旅游知识与旅游经验,以满足自己的好奇心或解决自己所遇到的旅游问题,同时也向社区中的其他人分享自己的旅游知识与旅游经验以满足其他人的需求。在一些人群中,人们往往囿于互联网中的体验与分享,而忽视身边最亲近的社会网络的交流,即很多人专注于旅游虚拟平台的旅游经验分享,较少与家人之间进行家庭旅游分享,该现象值得关注。

家庭是人类出生后所接触的第一个社会团体,并非因法律契约才存在,它是由婚姻关系、血缘关系或收养关系结合而成的亲属生活组织(王慧媛,2009)。在大多数家庭,血缘关系是家庭成员得以联结的基础。故家人间的分享有其必然性,但必然性中又存在一定程度的不稳定性。家庭是婚姻、血缘以及收养关系的集

---

* 陕西师范大学旅游与环境学院。通信作者及地址:张娇,西安市长安区西长安街620号陕西师范大学长安校区99号信箱,710119;E-mail:zhangjiaotc@163.com。

中性概括,而家庭环境是三类关系的重要表征,具体为三类关系在家庭结构、家庭资源以及家庭互动上的动态表现(叶明芬,2008)。在不同的家庭结构、家庭资源以及家庭互动的前提下,家庭成员有其不同的行为表征。就旅游分享而言,不同个体在旅游虚拟社区的分享动机与行为有所差异,其在不同家庭环境下的家庭旅游分享动机与行为也有所不同。尽管互联网的发展已对个体的家庭互动产生了一定程度的冲击,但多数学者仍坚持认为,家庭是提供情感的场所,其基础性功能依旧坚固(许美瑞,1998;黄乃毓,2005)。旅游分享的环境表达性差异引起了学者的思考,我们认为,有必要从"家本位"的视角来重新解读不同家庭环境下的旅游分享动机与行为差异,以更深刻地理解分享在家庭中的意义。纵向对比个体在旅游虚拟社区和家庭环境中的旅游分享行为表现,综合分析国内外关于家庭旅游的研究成果,我们发现大部分学者多关注个体的旅游决策行为,而较少从家庭内核出发,剖解旅游分享动力与行为机制。本研究拟以家庭环境为切入点,分析家庭环境如何影响个体的家庭旅游分享动机与分享行为,探讨家庭旅游分享在家庭环境中的演变机制,以期拓展和深化现有旅游行为研究。

二、理论基础

(一)家庭环境

早在20世纪70年代,关于家庭购买行为的研究就已开始受到重视(Jenkins,1978)。尽管时代更迭,家庭的内涵与功能在发生变化,但作为基础性社会单元,家庭的地位依然稳固。家庭是建立在婚姻、血缘或收养关系基础上的稳定结构。美国社会学家伯吉斯和洛克就曾在《家庭》一书中指出:"家庭是婚姻、血缘或收养的纽带联结起来的群体,个体以作为父母、夫妻或兄弟姐妹的社会身份相互作用和交往,创造共同的文化。"[①]家庭的社会基础地位毋庸置疑,但随着时代变迁,其功能也在变化,并与家庭结构、家庭资源以及家庭互动的变动相交织。阿马托与布思曾在《危机中的世代:在家庭动荡年代中成长》一书中提及,从生命发展历程的视角来看,成年人的心理状态可以追溯至一个人原生家庭的体验(Amato and Booth,2009)。可见,家庭环境对个体后期发展影响之大。纵览国内外关于家庭环境的研究,发现大多聚焦于概念性分析,而较少涉及其向度性剖解。若涉及个体的社会性动机与行为,必须追溯至本源的家庭环境来探讨。回顾以往以家庭环境为变量的研究,可知家庭环境是一项复合性的项目,其中包含不同的向度,具体包括家庭结构、家庭资源以及家庭互动(叶明芬,2008)。

[①] Burgess, E. W. and H. J. Locke, *The Family: From Institution to Companionship*. New York: American Book Co., 1945.

1. 家庭结构

家庭是大多数人生活中最重要的团体,家庭结构取向的研究则多依据家庭成员的组合情形来定义,包括家庭成员以及成员之间身份与角色的关系,主要有夫妻、亲子与手足之情三种(王振寰和瞿海源,1999)。通过系统整合已有学者的相关研究,邓伟志和徐新(2000)指出,家庭结构就是家庭成员之间的基本的构成形式及其相互作用影响的状态,以及由于家庭成员的不同配合和组织的关系而形成的联系模式;王跃生(2000)诠释了家庭结构的形成方式和制约因素;李银河和郑宏霞(2001)系统分析了中国家庭结构的演变趋势;孟霞(2009)侧重指明家庭结构演变的影响因素以及存在的问题。目前,颇受社会、人口学家等青睐的家庭结构分类方法,是根据家庭代际层次和家庭成员的亲疏关系来分类,包括核心家庭、主干家庭、联合家庭以及其他家庭(单亲家庭和残缺家庭)(王跃生,2006)。

2. 家庭资源

所谓资源,一般是指生产资料或生活资料,实用价值与基础性是资源的共性。在《中华百科全书》中,家庭资源被界定为每一个家庭所具有的人力与物力的总和。其中,家庭人力资源包括父母的职业地位、文化程度、教养方式、教育期望和家庭文化氛围,家庭物力资源包括家庭经济收入、居住环境与文化产品(张其昀,1982)。Turner and Noh(1983)从社会支持的视角将家庭资源剖解为:情绪支持,如心、肯定、同理心、鼓励;认知支持,如帮助对方了解问题,提供正确的信息、经验;实质支持,如直接提供物质(金钱给予等)或具体服务,帮助解决问题。Mckenry and Price(2005)把家庭资源分成三类:个人资源、家庭情感资源以及社会体系资源。本研究着重从物质视角出发,聚焦家庭经济资源,分析其对家庭旅游分享动机与行为的影响。

3. 家庭互动

不同角色、性别与年龄的成员形成家庭的特殊结构与关系形态,而家庭成员间的沟通互动受到家庭结构与关系形态的影响。互动行为,是指个体与特定他人或是特定一群人之间的互动模式与相处状态,而家庭互动行为则是个体在家庭中实际所表现出的行为模式。主要分为尊重行为,指接纳他人意见,允许对方表达自己看法的行为;关爱行为,指愿意主动付出,关心对方的行为(李清茵,2004)。人们易被那些和他们进行正面互动的人所吸引,从而影响他们看待这个世界的态度和行为。正面的互动帮助我们发现与他人的联结关系,享受联结感与归属感。在探究人与人之间互动的过程中,符号互动论①者认为,人类行为并不是对环境或

---

① 符号互动论由社会学领域中的一个理论流派——芝加哥学派提出,以斯莫尔、托马斯、杜威、库利、米德、帕克和伯吉斯等为主要代表人物,是一种主张从互动的个体的日常自然环境去研究人类群体生活的社会学和社会心理学理论,又称象征相互作用论或符号互动主义。

刺激所做的自动反应,而是一种主动建构的过程,是由个体在与他人或情境互动的情况下加以解释完成的(王振寰和瞿海源,1999)。家庭本就是社会组织中最为亲密的结构,而家庭之间的互动建构则更为流畅与自然。个体在互动过程中会对他人的观念加以猜测与分析,并以此作为反应行为的参考,修正自己的行为,在互动中协调适应,提升人际互动的效果(徐西森和连廷嘉,2002)。家庭其实是一个互动的完整体,系统与系统之间彼此互相联结,以维持整个家庭的稳定(Hartman and Laird,1983)。

(二)分享

与互惠不同,分享作为人类最普遍的行为方式,可追溯至人类群体生活的产生之时(Price,1975),但关于分享动机与行为的研究甚少。原因在于:第一,分享有时会被误视为交换;第二,作为一种活动,分享更多地具有家庭的内部世界特征,而不是工作和市场的外部世界特征;第三,更深层次的原因在于分享的普遍存在及由此带来的理所应当的特点(Belk,2010)。分享、交换以及赠送之间并不存在明确的界限,但交换的界定更加强调促进和加强友情或爱情的能力,而赠送重在指明互惠之责(Belk,1977;Sherry et al. 1993)。

1. 分享动机

"动机"(motive)一词源于拉丁文"movere",即"推动"(to move)的意思,指激发和维持个体行动,并使行动朝向一定目标的心理倾向或内部动力(梁宁建,2006)。美国心理学家伍德沃斯最早将动机用于心理学研究,他认为动机是决定个体行为的内在动力。由于某种物质或情感需要缺乏,人们会有意识或下意识地去满足需要,产生一定的行为,来降低紧张的状态,并释放他们所感受到的压力(Durgee and Veryzer,1996)。Poter et al. (1974)从功能化的视角解读动机的主要功能:产生能量,即产生出某种行为所需的内在力量;指引方向,即人们会对某一种情境特别投注心力,其他情况则不会;持久,即能使人们长久从事某项行为。Owens and Nemeroff(1991)认为动机是由被描绘成愿望、欲望、驱力等所有的内部助力条件所构成,它是促动个人活动或运动的内部状态。驱使人们进行分享的动机有很多,主要可以分为内在与外在两部分。内在动机被定义为一种发自内心,而不是为了得到外在奖励而产生的活动(Deci and Ryan,1985),它是指分享者可能对于分享有相当大的兴趣或他希望自己的分享可以帮助他人。外在动机指分享者借由分享而得到某些报酬,例如声誉或金钱等。人们为了达成非行为本身的目标而产生的活动,视为外在动机驱使。

简而言之,我们通常所说的"动机"就是促使个体去完成某些欲达成的目标或工作的历程,亦即一个人花费努力或精力去满足某一需求或达成某一目的行为历程(Herbert,1981)。换言之,分享动机,就是驱使人们进行分享行为的因子,即个体花费努力或精力完成分享的行为历程。

2. 分享行为

分享往往是一种把我与你联系起来的集体性行为。它并不是联系我们与他人的唯一方式,但它却能建立情谊、巩固情感、影响观念。Benkler(2004)将分享视为"非互惠性的亲社会行为"。但分享又并不仅仅是单方面地帮助别人,也在一定程度上有利于分享者,比如可以自我实现、与他人建立关系、增广见闻等。在实际研究中,分享行为是供给者和需求者在时间与空间的联结下所产生的行为,比如面对面沟通、实地示范、经验交流或知识分享等(王文彦,2002)。自我主义的社会生物学,倾向于把分享视作某种利己互惠交换的形式,但这种解释并没有与证据很好地吻合。Belk(2007)提出两种重要的分享原型:母育和家中资源的集中与分配。由此可见,分享更加强调无私与关怀,具有不可让与性。归总而言,分享是亲社会行为(prosocial behavior)的一种形式,可以是一种知识经验的传递,更可以是一种心灵情感的交流(林巧芳,2002)。因此,分享行为分为知识分享(包含专业技能传授与经验交流)与情绪分享(倾诉想法与情感交流)。

从初识到熟识,人与人之间有可能因为价值观的相似或自我显示程度的提高,愿意向对方分享,从而建立关系(杨中芳和彭泗清,1999)。中国是一个"隐恶扬善"的民族,故在情绪分享上通常选择回避负面情绪(Bond,1993)。而从自我知觉的角度来看,当一个人对他人表现正向的情绪时,若他人因为受到情绪感染也表现出愉快的反应,分享者也会因此感到心情愉快(Bern,1972)。因此,与人分享不但可以暂缓自己压抑的情绪,还可以与他人进行探讨,从而实现思想上的创新(庄建庭,2007)。因此,适当抒发个人的负面情绪,发展正面的情绪,既可以培养正确的人生观、良好的生活态度、提升自我情感的表达,也能增进自己与周遭的人、事、物间的和谐关系(吴宜恬,2004)。情绪分享从感官上影响他人,而行为分享则从行动上影响他人的选择与决策。行为往往指的是人们的行动方式及其自我展现形式(Reisinger,2009),多指知识分享行为。Nonaka and Takeuchi(1995)认为,知识的创造来自人与人之间的互动。透过社会成员间的分享互动,知识将被社会其他成员应用与创造。故分享更多地倾向于一种技能的传授或者是经验的交流等。但是,文化差异会在一定程度上影响社会成员间的分享与沟通。文化愈相近,分享、沟通愈易。Kwok and Gao(2005)提出,接收者的吸收能力会正向影响个体对分享行为的态度。进一步,有学者认为分享是一种主观意愿的体现,不能被强迫,只能靠其他的方法来鼓励与协助(Gibbert and Krause,2002)。在传统"物以稀为贵"的思想观念下,个体认为自己的专业性知识是一项独特的资产,在可能影响未来个体利益的情况下,个体不愿意与他人共同分享知识(Senge,1997)。知识分享是知识创造与再利用的一个前提,如果存在于个体的知识没有经过分享,知识的效用就仅限于个人。Wijnhoven(1998)和 Hendriks(1999)系统分析了知识分享的内涵,认为知识分享是一个彼此沟通互动的过程,知识的接受者在接受知识的过程中,必须具有重建行为,进而获取知识以及分享知识。Dixon(2000)认为,知识分享的最终目的在于使对方知晓,即将自己所知道的知识分送给对方,并且与他们进行分享并共同拥有这些知识。

三、研究设计

(一)概念模型

诚然,很多人忽视家庭环境下的分享、互动与沟通的现象值得我们关注。作为个体赖以维持生存意义的基础所在,家庭环境与氛围为旅游活动的产生提供了基础的支持与保障。有研究指出,家庭旅游参与和家庭满意度正相关(Zabriskie and McCormick,2001)。由此可见,旅游在家庭互动方面的重要性。不管是外部的家庭旅游活动的参与,还是内部家庭旅游知识与经验的分享,都对家庭基础功能的巩固具有重要意义。家人之间的相处,往往是维持"自我"的重要途径,一旦家庭失去其完整性,个体的生命意义也将面临重大挑战。

本研究欲以家庭环境为基础,回归传统意义上的家庭架构,探讨家庭环境对家庭旅游分享动机与行为的影响,以回应科技发展背景下家庭基础功能变化所带来的挑战,研究概念框架见图1。通过文献分析可知,家庭环境由三个基本的维度构成,即家庭结构、家庭资源、家庭互动(关爱行为和尊重行为);家庭旅游分享动机为其中介变量;家庭旅游分享行为细化为两个维度,即情绪分享和行为分享。研究力图厘清各个细化维度之间的关系,以理解家庭环境对家庭旅游分享动机与行为的具体影响路径。

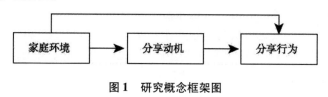

图1 研究概念框架图

(二)测项发展

本研究的调查问卷主要分为四个部分:(1)人口统计信息;(2)家庭环境调查;(3)家庭旅游分享动机调查;(4)家庭旅游分享行为调查。单项选择式提问主要集中在家庭结构以及家庭经济资源的调查上,其余部分主要采用李克特5点量表方式提问,分别为1分(非常不同意)、2分(不同意)、3分(一般)、4分(同意)、5分(非常同意)。

在家庭环境、家庭旅游分享动机与分享行为的测度上,主要参考叶明芬(2008)、李清茵(2004)、王文彦(2002)以及张亦孜(2009)在研究中所使用的量表,并结合本研究的需要做适度修改。为检测问卷测项的适用情况,笔者通过发放240份问卷进行预调查,剔除存在歧义和受到质疑的测项,在预调查数据整理的基础上编制初始问卷,并交由旅游管理方面的专业人士进行评定,确定27个测项。正式调查问卷由个人基本信息、家庭环境、家庭旅游分享动机以及家庭旅游分享行为四部分组成。调研群体的社会人口特征主要包括性别、年龄、教育程度等。

(三)数据获取

为了获取足够有效的样本数量,笔者通过网络和现场同时发放问卷,以保证问卷数量和质量。发放问卷时间选择为2016年5月,两种方式共发放问卷220份(其中,现场120份;网上100份),回收有效问卷205份(其中,现场105份;网上100份),问卷有效率为85%,与预期效果较为一致。样本结构中,年龄层次以18—35岁的群体为主,学历主要集中在高中及以上,喜欢出外旅游并有过家庭旅游经历。

四、研究结果

(一)分析一:差异化检验

家庭环境细化为三个维度:家庭结构、家庭资源、家庭互动,在具体演变机制中,三个细化维度对家庭旅游分享动机与分享行为的影响存在差异,故对此差异进行相关检验,以明晰具体影响。

1. 家庭结构与家庭旅游分享动机、家庭旅游分享行为之间的相关性验证

利用SPSS 20.0分析家庭结构对家庭旅游分享动机和分享行为的影响。频率统计发现,66.3%的被访者家庭为3—4口之家,81.8%的被调查者与父母住在一起。运用相关性检验,验证家庭结构与家庭旅游分享动机以及分享行为之间的相关性。由表1可知,家庭结构与家庭旅游分享动机之间相关性较弱,无显著差异($p=0.891>0.05$),家庭结构与家庭旅游情绪分享($p=0.217>0.05$)、家庭旅游知识分享($p=0.436>0.05$)之间相关性较弱,无显著差异。可知,家庭结构与家庭旅游分享动机、家庭旅游分享行为之间相关性较弱,无显著差异。

表1 家庭结构对家庭旅游分享动机、家庭旅游分享行为的影响

路径	Pearson 相关性	p 值
家庭结构—分享动机	0.010	0.891
家庭结构—情绪分享	0.087	0.217
家庭结构—知识分享	0.055	0.436

2. 家庭资源与家庭旅游分享动机、家庭旅游分享行为之间的相关性验证

通过已有的数据分析可知,在"你认为你家庭的经济条件对你日常的旅游行为影响大吗?"的问项中,有31.2%的人认为影响非常大,有49.8%的人认为影响大,有15.6%的人认为影响一般,仅有3.4%的人认为影响不大和没有影响。由此

可见,绝大部分群体认为家庭的经济条件会在一定程度上影响个体的日常旅游行为。由表 2 可以发现,家庭资源与家庭旅游分享动机之间相关性较弱,无显著差异($p=0.064>0.05$),家庭资源与家庭旅游情绪分享($p=0.425>0.05$)、家庭旅游知识分享($p=0.820>0.05$)相关性较弱,无显著差异。可知,家庭资源与家庭旅游分享动机、家庭旅游分享行为相关性较弱,无显著差异。故家庭资源会在一定程度上影响个体的出游行为,但与个体家庭旅游分享动机以及个体家庭旅游分享行为之间关系不显著。

表 2　家庭资源对家庭旅游分享动机、家庭旅游分享行为的影响

路径	Pearson 相关性	p 值
家庭资源—分享动机	0.130	0.064
家庭资源—情绪分享	-0.056	0.425
家庭资源—知识分享	0.016	0.820

3. 家庭互动与家庭旅游分享动机、家庭旅游分享行为之间的相关性验证

据前文所述,家庭互动分为关爱行为和尊重行为,家庭旅游分享行为分为情绪分享和知识分享。故对家庭互动与家庭旅游分享动机、家庭旅游分享行为之间的相关性进行检验。由表 3 可知,关爱行为与家庭旅游分享动机之间相关性存在显著差异($p=0.000<0.05$),尊重行为与家庭旅游分享动机之间相关性存在显著差异($p=0.000<0.05$)。由表 4 可知,关爱行为($p=0.000<0.05$)、尊重行为($p=0.000<0.05$)与家庭旅游情绪分享之间相关性存在显著差异,关爱行为($p=0.000<0.05$)、尊重行为($p=0.000<0.05$)与家庭旅游知识分享之间存在显著差异。综合而言,家庭互动与家庭旅游分享动机、家庭旅游分享行为之间存在显著差异。

表 3　家庭互动对家庭旅游分享动机的影响

路径	Pearson 相关性	p 值
关爱行为—分享动机	0.383***	0.000
尊重行为—分享动机	0.478***	0.000

注:*** 在 1% 水平(双侧)上显著相关。

表 4　家庭互动对家庭旅游分享行为的影响

路径	Pearson 相关性	p 值
关爱行为—情绪分享	0.431***	0.000
关爱行为—知识分享	0.482***	0.000
尊重行为—情绪分享	0.342***	0.000
尊重行为—知识分享	0.494***	0.000

注:*** 在 1% 水平(双侧)上显著相关。

(二)分析二:家庭互动对家庭旅游分享动机与分享行为的影响

综合前文,家庭结构、家庭资源与家庭旅游分享动机、家庭旅游分享行为之间关系不显著;家庭互动与家庭旅游分享动机、家庭旅游分享行为之间关系显著。故进一步分析家庭互动与家庭旅游分享动机、家庭旅游分享行为之间的关系。

1. 家庭互动研究假设

美国社会学家伯吉斯和洛克在《家庭》一书中已对"家庭"下了定义。当个体遭受生活冲击之时,如若有足够的家庭支持,其冲击往往会大幅度降低(张苙云,1989)。可见,家庭对个体社会生存的意义非常大。具体而言,家庭互动是家庭稳定的动态表征,是孩子社会化的前提,是代际之间态度及行为的有效传达路径(叶明芬,2008),也是家庭内部形成有效分享的具体通道。社会行为结构分析模式表明,最佳的人际行为是在第一象限中,也就是自由、肯定与主动关爱的行为,焦点则是放在"人际间主动对人交往"的行为上(Benjamin,1996)。而 Carson(1969)以 Leary(1957)的人际圆周复合结构为基础,提出人际行为的相互性与对等性原则,要求把尊重与关爱行为摆在对等的位置。中国传统伦理规范将这种尊重与关爱行为诠释得尤为细致,即倾向于关怀爱护,但也强调尊卑和敬重(李清茵,2004)。而分享是"我者"与"他者"之间的联结,要求彼此之间互相关爱和尊重,强调其情感淬炼,这种行为在家庭互动的情境下表现得尤为明显。早前 Belk 提出,分享的原型可以追溯至母亲孕育孩子和家庭资源在家庭中的集中与分配(Belk,2007),进一步诠释了分享的家庭基础。因此,在家庭互动的情境下,个体的家庭旅游分享动机与分享行为如何演绎,值得我们进一步验证。故提出以下假设:

H1:家庭互动对家庭旅游分享动机具有正向影响。

H1a:关爱行为对家庭旅游分享动机具有正向影响。

H1b:尊重行为对家庭旅游分享动机具有正向影响。

H2:家庭互动对家庭旅游分享行为具有正向影响。

H2a:关爱行为对家庭旅游情绪分享具有正向影响。

H2b:关爱行为对家庭旅游知识分享具有正向影响。

H2c:尊重行为对家庭旅游情绪分享具有正向影响。

H2d:尊重行为对家庭旅游知识分享具有正向影响。

个体之所以与他人分享,是由内在的基本动机所驱动,这些基本的动机最终转换成个体外在的行为(Higgins and Pittman,2008)。一般来说,动机在人类的行为中起着十分重要的作用,是个体活动的动力和方向,既是人们活动的动力,又对人的活动方向进行调整和控制(梁宁建,2006)。分享动机是驱使个体进行分享行为的因子。同理,家庭旅游分享动机,也就是驱使个体进行家庭旅游分享行为的因子,对个体具有激发、指向以及维持和调节的作用。旅游分享动机不同,家庭旅游分享行为表现会有所差异。故提出以下假设：

H3：家庭旅游分享动机正向影响家庭旅游分享行为。

H3a：家庭旅游分享动机对家庭旅游情绪分享具有正向影响。

H3b：家庭旅游分享动机对家庭旅游知识分享具有正向影响。

为明晰本部分的具体发展路径，综合 H1、H2 和 H3，绘制以下研究模型（见图2）：

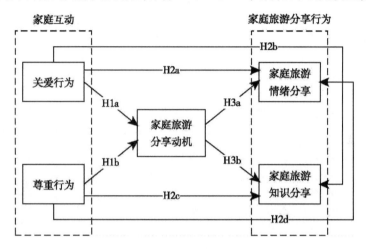

图2 研究模型

2. 结果分析

本部分数据检验结果如表5所示，测量问项的整体信度（Cronbach's α）为 0.901；其中，关爱行为维度构成的 Cronbach's α 值为 0.856、尊重行为 0.848、旅游分享动机 0.759、情绪分享 0.809、知识分享 0.839，总体达到大于 0.7 的要求。综合来看，量表信度较好。

通过探索性因子分析检验量表的建构效度。因子提取主要标准如下：(1) 一个因子只包含一个题项者，剔除；(2) 测项无应答率小于 10% 者，剔除；(3) 旋转因子载荷小于 0.4 或同时在两个因子上的载荷都大于 0.4 者，剔除（阳翼和卢泰宏，2007；胡宪洋等，2013）。依据上述测量标准，经过 3 次因子淬炼，量表最终保留 27 个测项。由表5可见，因子分析指标结果：KMO 值为 0.877，Bartlett 球形检验值为 1 542.547，自由度 df 值为 105，显著性水平 $p = 0.000 < 0.05$，表明适合作因子分析。方差累计贡献率为 74.268%，达到 60% 的提取界限。所有变量的各测量题项载荷因子均大于 0.6，组合信度（CR）值均超过 0.7，平均变异量（AVE）均大于 0.5。综合上述指标来看，测量量表收敛效度较好。

表 5　各变量信度与收敛效度分析

变量		测量题项	因子载荷	Cronbach's α、AVE、CR
家庭互动	关爱行为	我会拨出一些时间与家人相处	0.873	Cronbach's α = 0.856 AVE = 0.6798 CR = 0.8088
		我会注意家人的心情,并给予鼓励或激励	0.773	
	尊重行为	我会尊重家人的个人喜好	0.859	Cronbach's α = 0.848 AVE = 0.646 CR = 0.8443
		我会尊重家人拥有他们自己个人生活的权利	0.850	
		即使与家人看法不同,我也会让家人充分表达他们的想法	0.691	
动机	家庭旅游分享动机	我能从旅游分享中获得成就感	0.733	Cronbach's α = 0.759 AVE = 0.5703 CR = 0.7992
		我重视自己在家人心中善于分享的形象	0.757	
		我觉得个人良好的声誉会使家人认同我	0.775	
家庭旅游分享行为	情绪分享	我可以放心地向家人诉说我的想法与心事	0.784	Cronbach's α = 0.809 AVE = 0.6041 CR = 0.8201
		当我遇到难题时,我会寻求家人的帮助	0.711	
		我做出任何决定,都乐于告诉家人	0.832	
	知识分享	当家人在讨论一项复杂的旅游问题时,我愿意参与讨论	0.737	Cronbach's α = 0.839 AVE = 0.5244 CR = 0.8144
		我愿意分享我的助人经验与经历的困境	0.731	
		我愿意跟家人分享我的旅游经历与体验	0.783	
		我认为家人之间需要互相分享	0.638	

KMO = 0.877　df = 105　p = 0.000 < 0.05　Cronbach's α = 0.901
方差累积贡献率 = 74.268%　Bartlett 球形检验值 = 1 542.547

在假设检测部分,本研究利用 AMOS 20.0 软件核验研究模型的拟合度。由表 6 可见,模型各项数值皆符合标准,模型拟合效果较好。

表 6　模型整体拟合度评价表

	统计检验量	拟合标准	模型检测值
绝对拟合度	c^2	越小越好	148.114
	CMIN/DF	1～3	1.829
	GFI	>0.8	0.914
	AGFI	>0.8	0.873
	RMSEA	<0.1	0.064
相对拟合指数	NFI	>0.9	0.907
	TLI	>0.9	0.941
	CFI	>0.9	0.955
	IFI	>0.9	0.955
精简拟合指数	PNFI	0～1	0.699
	PGFI	0～1	0.617
	RMR	<0.1	0.045

注:拟合标准参照 Carmines and McIver(1981)、Etezadi-Amoli and Farhoomand(1996)、Bentler and Bonett(1980)、侯杰泰等(2004)、王伯文(2005)。

运用结构方程分析法验证前文假设。检验标准 t 值绝对值大于 2.58,则参数估计值达到 1% 的显著水平,若 t 值绝对值大于 1.96,则参数估计值达到 5% 的显著水平(Kim et al.,2009)。分别以家庭互动(关爱行为、尊重行为)、家庭旅游分享动机、家庭旅游分享行为(情绪分享、知识分享)为自变量构建回归方程,检测前文假设是否成立。

假设检验结果如表 7 所示,由理论模型的路径系数和显著性可知:除假设 H1a、H2c 和 H2d 不成立之外,其他假设都通过检验。关爱行为正向影响家庭旅游情绪分享($p<0.001$)和家庭旅游知识分享($p<0.05$),但对家庭旅游分享动机影响不显著($p>0.05$);尊重行为正向影响家庭旅游分享动机($p<0.001$),但对家庭旅游情绪分享($p>0.501$)和家庭旅游知识分享($p>0.338$)不显著;家庭旅游分享动机正向影响家庭旅游情绪分享($p<0.001$)和家庭旅游知识分享($p<0.001$)。

表7 理论模型路径系数与假设验证

序号	变量间的关系	路径系数	C.R.	p 值	对应假设	检验结果
1	关爱—动机	0.210	1.912	0.056	H1a	不支持
2	尊重—动机	0.563	3.728	***	H1b	支持
3	关爱—情绪分享	0.480	3.400	***	H2a	支持
4	关爱—知识分享	0.197	2.180	0.029	H2b	支持
5	尊重—情绪分享	-0.136	-0.673	0.501	H2c	不支持
6	尊重—知识分享	0.121	0.957	0.338	H2d	不支持
7	动机—情绪分享	0.581	3.691	***	H3a	支持
8	动机—知识分享	0.501	4.694	***	H3b	支持

注:路径系数为标准化值;* 表示 $p<0.05$;** 表示 $p<0.01$;*** 表示 $p<0.001$。

五、结论与讨论

(一)研究结论与理论贡献

家庭幸福并不一定直指物质充沛,其更多意义来自家庭成员之间的精神互补。家庭内部成员间的相互分享,包括情绪分享、动机分享都会在一定程度上对家庭幸福和家庭关系产生正向影响。本研究以家庭环境为切入点,以家庭旅游分享动机与分享行为为解析对象,探索了家庭环境、家庭旅游分享动机、家庭旅游分享行为之间的关系。通过调研数据分析,得到如下结论:第一,家庭环境与家庭旅游分享动机之间存在差异性互动关系。其中,家庭结构、家庭资源对家庭旅游分享动机影响不显著。细化家庭互动后,关爱行为对家庭旅游分享动机影响不显著,尊重行为对家庭旅游分享动机影响显著。第二,关爱行为显著影响家庭旅游情绪分享、知识分享,尊重行为对家庭旅游分享行为影响不显著。第三,家庭旅游分享动机对家庭旅游分享行为具有显著影响。

通过横向比较国内外关于家庭、分享、家庭旅游行为等研究文献,综合本研究

的分析结果,得出以下理论贡献:

(1)现有家庭旅游行为研究多聚焦于家庭旅游决策行为分析,而对家庭旅游分享动机与分享行为的研究缺乏。本研究在一定程度上填补了研究空白,拓展了家庭旅游行为的研究视角,延伸了家庭旅游行为的分析内容与框架。

(2)尽管现有研究已经提及家庭互动会在一定程度上对家庭成员的旅游行为决策产生显著影响,但未形成系统分析。本研究进一步聚焦分享行为变量,提出家庭旅游分享这一更具可操作和可验证的命题,联结家庭环境的内生发展机制,分析家庭互动的影响因素,细化分享动机与分享行为研究,剖析"家庭"这个微观单位如何影响家庭旅游分享动机与分享行为,为研究"家庭"与"旅游分享"的关系建立更具系统化的思考。

(3)回应将"分享"作为消费行为的错误观念。作为一种活动,分享更多地具有家庭内部世界的特征,而不是工作和市场的外部世界的特征。切入家庭互动,聚焦家庭旅游分享动机与分享行为,厘清分享动机与分享行为在家庭内生环境中的演变机制,打破将"分享"作为消费行为的错误观念。

(二)实践启示

本研究从家庭环境的视角解读了家庭旅游分享动机与分享行为的发展机制,理清了家庭互动会在一定程度上影响个体的旅游分享,研究结论对旅游者行为管理实践具有一定的借鉴意义和启示作用。

(1)从旅游者的视角来看,可以有效帮助旅游者重新审视家庭的意义,以关爱行为延伸家庭旅游分享动机与分享行为,拓展旅游认知的范围。本研究结果表明,家庭关爱行为会有效激发旅游者的家庭旅游分享动机与分享行为。当下,研究多围于旅游虚拟社区的分享,而忽视了对家人之间的沟通、互动与分享的研究。因此,本研究结果有助于旅游者重新解读家庭环境的根本性内涵,打破科技时代人情淡薄的错误论断,从分享的视角重新审视"家"的根本性意义。同时,帮助旅游者建立对家庭互动更具批判性的思考,不仅局限于家庭关爱行为,进一步审视家庭尊重行为。

(2)从营销者的视角来看,如若营销者可以正确解读家庭的意义,把握家庭互动的内涵,并将其行之有效地用在市场营销决策中,将会使企业获取极大的潜在市场。营销者可以利用问卷调查、邮件回访等手段,整合旅游者的家庭资料,分析旅游者的家庭情况,以适当的营销手段刺激旅游者的家庭分享动机与分享行为。如果处理得当,将会在一定程度上刺激家庭个体甚至是整个家庭的出游行为。

(三)研究局限以及未来的研究方向

由于条件限制,本研究存在一定的局限性:(1)由于家庭成员间个体的动机与行为差异性明显,本研究对象集中在18—35岁,一定程度上约束了研究的可拓展性。因此,在以后的研究中,可以提高样本覆盖度。(2)在研究过程中,虽对家庭环境的消极影响有所思考,但在具体研究过程中并未涉及,测量维度还不全面,在后续的研究过程中可以进一步完善测量量表。(3)在测量过程中,对家庭结构、家庭资源进行相关性分析,得出其对家庭旅游分享动机与分享行为影响不显著,故本研究对其加以控制与约束,重在分析家庭互动对家庭旅游分享动机与分享行为的影响,因此缩小了研究空间,后续研究可进一步以家庭结构、家庭资源为主题,剖析其对家庭旅游分享动机与分享行为的影响机制。

参考文献

邓伟志、徐新,"当代中国家庭变革动因之探析",《学海》,2000,6:82-86。

侯杰泰、温忠麟、成子娟,《结构方程模型及其应用》,北京:教育科学出版社,2004。

胡宪洋、白凯、汪丽,"旅游目的地形象修复策略:关联游客行为意图的量表开发与检验",《人文地理》,2013,28(5):139-146.

黄乃毓,"从家庭教育法之实施看学校家庭教育之推动——专访'国立'台湾师范大学人类发展与教育学系黄乃毓教授",《教师天地》,2005,135:43-47。

李清茵,《家庭互动行为、心理需求满足、关系满意度与幸福感之相关研究》,屏东:"国立"屏东师范学院教育心理与辅导学系硕士学位论文,2004。

李银河、郑宏霞,《一爷之孙——中国家庭关系的个案研究》,内蒙古大学出版社,2001。

梁宁建,《心理学导论》,上海:上海教育出版社,2006。

林巧芳,《大班幼儿对动画讯息的解读——以"企鹅家族"为例》,嘉义:"国立"嘉义大学幼儿教育学系硕士学位论文,2002。

孟霞,"当代中国社会人口结构与家庭结构变迁",《湖北社会科学》,2009,5:38-41。

彭迈克著,《难以捉摸的中国人:中国人心理剖析》,杨德译,辽宁教育出版社,1997。

王伯文,《民宿体验、旅游意象、游客满意度与忠诚度影响关系之研究——以奋起湖地区为例》,嘉义:南华大学,2005。

王慧媛,"国内外家庭旅游文献综述",《青岛酒店管理职业技术学院学报》,2009,1(3):32-37。

王文彦,《知识分享内外在动机与知识分享行为之研究——以 A 公司为例》,桃园:"国立中央大学"人力资源管理研究所硕士学位论文,2002。

王跃生,"当代中国家庭结构变动分析",《中国社会科学》,2006,1:96-108。

王跃生,"十八世纪中后期的中国家庭结构",《中国社会科学》,2000,2:167-177。

王振寰、瞿海源,《社会学与台湾社会》,台北:巨流出版社,1999。

吴宜恬,《幼儿情意教育之行动研究——以"同理心"及"分享行为"为例》,台北:台北护理学院婴幼儿保育研究所硕士学位论文,2004。

徐西森、连廷嘉,《人际关系的理论与实务》,台北:心理出版社,2002。

许美瑞,"'国中'学生的'家庭'概念分析",《家政教育学报》,1998,1:21-41。

阳翼、卢泰宏,"中国独生代价值观系统的研究:一个量表的开发与检验",《营销科学学报》,2007,3(3):104-114。

杨中芳、彭泗清,"中国人人际信任的概念化:一个人际关系的观点",《社会学研究》,1999,2:3-23。

叶明芬,《家庭脉络对大学生心理福祉的影响》,台北:台湾师范大学博士学位论文,2008。

张苙云,《生活压力与精神疾病之间关系的探讨:一个长期性的观察》,台北:"行政院国家科学委员会",1989。

张其昀,《中华百科全书》,台北:中华文化大学中华学术院,1982:67。

张亦孜,《互惠与分享之关联性研究——探讨非营利组织之志工加入时间银行的意愿》,新北:致理技术学院服务业经营管理研究所硕士学位论文,2009。

庄建庭,《台湾地区男性大学生及研究生搭讪场域经验之质性研究》,台南:台湾"国立"成功大学教育研究所硕士学位论文,2007。

Amato, P. R. and A. Booth, *A Generation at Risk*. Harvard University Press, 2009.

Belk, R W. *Gift-giving Behavior*. College of Commerce and Business Administration, University of Illinois at Urbana-Champaign, 1977.

Belk, R., "Sharing", *Journal of Consumer Research*, 2010, 36(5):715-734.

Belk, R., "Why Not Share Rather than Own?", *The Annals of the American Academy of Political and Social Science*, 2007, 611(1):126-140.

Benjamin, L. S., "Introduction to the Special Section on Structural Analysis of Social Behavior", *Journal of Consulting and Clinical Psychology*, 1996, 64(6):1203.

Benkler, Y., "Sharing Nicely: On Shareable Goods and The Emergence of Sharing as a Modality of Economic Production", *Yale Law Journal*, 2004, 114(2):273-358.

Bentler, P. M. and D. G. Bonett, "Significance Tests and Goodness of Fit in the Analysis of Covariance Structures", *Psychological Bulletin*, 1980, 88(3):588-606.

Bern, D. J., "Self Perception Theory", *Advances in Experimental Social Psychology*, 1972, 6:1 – 62.

Burgess, E. W. and H. J. Locke, *The Family: From Institution to Companionship*. New York: American Book Co., 1945.

Carmines, E. G. and J. P. McIver, "Analyzing Models with Unobserved Variables: Analyzing of Covariance Structure", In Bohrnstedt, G. W. and E. F. Borgatta (Eds.). *Social Measurement: Current Issues*. Beverly Hills, CA: Sage, 1981: 65 – 115.

Carson, R. C., *Interaction Concepts of Personality*, Chicago: Aldine Publishing Company, 1969.

Deci, E. L. and R. Ryan, *Intrinsic Motivation and Self – determination in Human Behavior*. New York, 1985.

Dixon, N. M., *Common Knowledge: How Companies Thrive by Sharing What They Know*. Harvard Business School Press, 2000.

Durgee, J. F. and R. W. Veryzer, "Translating Values into Product Wants", *Journal of Advertising Research*, 1996, 36(6): 90 – 101.

Etezadi – Amoli, J. and A. F. Farhoomand, "A Structural Model of End User Computing Satisfaction and User Performance", *Information and Management*, 1996, 30(2): 65 – 73.

Gibbert, M. and H. Krause, "Practice Exchange in a Best Practice Marketplace", In *Knowledge Management Case Book: Siemens Best Practices*. John Wiley & Sons, Inc., 2002: 89 – 105.

Hartman, A. and J. Laird, *Family – centered Social Work Practice*. Free Press, 1983.

Hendriks, P., "Why Share Knowledge? The Influence of ICT on the Motivation for Knowledge Sharing", *Knowledge and Process Management*, 1999, 6(2): 91.

Herbert, T. T., *Dimensions of Organizational Behavior*. Macmillan College, 1981.

Higgins, E. T. and T. S. Pittman, "Motives of the Human Animal: Comprehending, Managing, and Sharing Inner States", *Annual Review of Psychology*, 2008, 59(1):361 – 85

Jenkins, R. L., "Family Vacation Decision – making", *Journal of Travel Research*, 1978, 16(4): 2 – 7.

Kim, S., E. J. Avery and R. W. Lariscy, "Are Crisis Communicators Practicing What We Preach?: An Evaluation of Crisis Response Strategy Analyzed in Public Relations Research from 1991 to 2009", *Public Relations Review*, 2009, 35(4): 446 – 448.

Kwok, S. H. and S. Gao, "Attitude Towards Knowledge Sharing Behavior", *Journal of Computer Information Systems*, 2005, 46(2): 45 - 51.

Leary, T., *Interpersonal Diagnosis of Personality*. New York: Ronald Press, 1957.

McKenry, P. C. and S. J. Price, *Families and Change: Coping with Stressful Events and Transitions*. Sage, 2005.

Nonaka, I. and H. Takeuchi, *The Knowledge - creating Company: How Japanese Companies Create the Dynamics of Innovation*. Oxford University Press, 1995.

Owens, M. J. and C. B. Nemeroff, "Physiology and Pharmacology of Corticotropin - releasing Factor", *Pharmacological Reviews*, 1991, 43(4): 425 - 473.

Porter, L. W., R. M. Steers, R. T. Mowday, et al., "Organizational Commitment, Job Satisfaction, and Turnover Among Psychiatric Technicians", *Journal of Applied Psychology*, 1974, 59(5): 603.

Price, J. A., "Sharing: The Integration of Intimate Economies", *Anthropologica*, 1975: 3 - 27.

Reisinger, Y., International Tourism: Cultures and Behavior. Oxford: Elsevier Butterwortha - Heinemann, 2009.

Senge, P., "Sharing Knowledge: The Leader's Role is Key to a Learning Culture", *Executive Excellence*, 1997, 14: 17 - 17.

Sherry, J. F., M. A. McGrath and S. J. Levy, "The Dark Side of the Gift", *Journal of Business Research*, 1993, 28(3): 225 - 244.

Turner, R. J. and S. Noh, "Class and Psychological Vulnerability Among Women: The Significance of Social Support and Personal Control", *Journal of Health and Social Behavior*, 1983, 24(1):2 - 15.

Wijnhoven, F., "Knowledge Logistic in Business Contexts: Analyzing and Diagnosing Knowledge Sharing by Logistics Concepts", *Knowledge and Process Management*, 1998, 5:143 - 157.

Zabriskie, R. B. and B. P. McCormick, "The Influences of Family Leisure Patterns on Perceptions of Family Functioning", *Family Relations*, 2001, 50(3): 281 - 289.

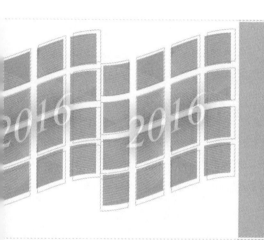

第二部分

家庭购买决策

中国城镇家庭文化消费决策行为的影响因素
——一项探索性研究

姚 琦*

摘要：本文通过深度访谈和焦点小组访谈，应用扎根理论研究影响家庭发展类文化消费决策行为的深层次影响因素。结果发现：快乐目标（享乐型和实现型）、行为实施成本、家庭关系导向、文化产品供给和社会文化氛围这5个主范畴对家庭发展类文化消费决策行为存在显著影响。快乐目标是前置变量，行为实施成本和家庭关系导向是内部情境变量，文化产品供给和社会文化氛围是外部情境变量，但它们影响家庭发展类文化消费行为的方式和路径并不一致。在此基础上，本文探索了上述5个主范畴的构成因子及其对家庭发展类文化消费决策行为的作用机制模型。本文的研究可以为政府管理部门和企业从供给侧制定有效的文化消费发展政策和营销策略提供理论借鉴。

关键词：文化消费，消费决策，扎根理论

一、引言

扩大文化消费是实现经济发展方式转变的重要内容。中共十七大通过的《文化产业振兴规划》提出了"当前和今后一个时期"促进文化产业振兴的八项重点任务，第五项即为"扩大文化消费"。《中国文化消费指数（2013）》报告研究表明：中国实际文化消费只占居民消费总支出的6.6%（其中，沿海重点省份的该比例约为15%），约为1.038万亿元，而欧美地区可以达到30%左右，若达到这个比例的话，中国居民文化消费的潜在规模是4.7万亿元，存在约3.66万亿元的文化消费缺口（李昌禹，2013）。回顾国内外现有关于文化消费的研究，主要是从经济学视角探讨文化消费行为理论、构建文化消费指标体系、研究文化消费与经济增长之间的关系（金晓彤等，2013），却鲜有文献从家庭消费决策的视角研究文化消费的影响因素。众所周知，家庭是基本的社会单元，是很多产品的基本消费单位，它由个人组成，但却超越了单个人所负载的社会功能和关系，给家庭成员的个体行为赋

---

* 重庆交通大学经济与管理学院、北京大学光华管理学院博士后。通信地址：重庆市南岸区学府大道66号，400074；E-mail：tonyyao1218@hotmail.com。

予了更多的群体意义(刘洁和陈宝峰,2011),这就使得家庭消费决策不同于一般的个人消费决策(符国群和彭泗清,2015)。文化作为一种享乐型产品,其消费过程往往是与同伴共同完成的(马永斌和晁钢令,2011),这也使得文化消费表现出明显的家庭成员结伴化趋势,并且,作为满足精神需求的提供物,文化产品具有与其他家庭日用必需品所不同的属性特征。因此,对家庭文化消费决策行为影响因素的研究,将有助于为政府管理部门和企业从供给侧制定有效的文化消费发展政策和营销策略提供理论借鉴。

二、文献评述

文化消费研究的兴起是在1966年Baumol和Bowen发表著作《表演艺术:经济学的困境》之后。就研究内容看,国内外学者对文化消费的研究主要聚焦在三个方面:一是阐释文化消费的内涵和建立文化消费行为理论;二是分析各因素对文化消费需求的影响并构建文化消费指标体系;三是探究居民文化消费的地域差异及其与经济增长之间的关系。

1. 文化消费的内涵

文化消费是相对于物质消费而言的,指人们采用不同方式消耗文化产品和文化服务来满足精神需求的过程(彭真善和王海英,1999),是对体验的、审美的和快乐有关的享乐利益的满足(马永斌和晁钢令,2011)。消费者主要通过内心体验(感官体验、情感体验、行为体验和智力体验)(Brakus et al.,2009)来衡量文化产品和服务的质量。与物质产品消费的享受和消耗不同,文化产品的消费是融享受、再生产和创造为一体的过程,文化产品的消费者同时也是新的文化产品的生产创造者(胡雅蓓和张为付,2014)。学者们把文化消费过程中享用的各种不同类型的消费品和服务的比例关系称为文化消费结构(管敏媛等,2014)。文化消费结构可以按不同层次、不同形式、文化消费品的不同表现形态划分,还可以从其他不同角度进行分类(金世和,1998)。按照文化消费的产品形态可以划分为基础类、娱乐类和发展类等3类(谭延博和吴宗杰,2010)。本文结合学者们的现有研究,基于产品形式和易获得性,将文化消费主要划分为基础类、改善类和发展类。基础类文化消费主要包括看电视、读书看报、听广播、看影碟、逛公园等,这类消费品和服务一般都是居民日常生活中的必需品;改善类文化消费主要包括玩棋牌,打麻将,看电影,去酒吧、KTV、电子游戏厅等娱乐场所,上网,外出旅游,参加集体文体活动,娱乐性饲养和种植等;发展类文化消费主要包括接受学校教育,收藏艺术品,去美容院或健身房,参加各类培训,欣赏演唱会、音乐会、话剧、舞蹈演出等。从发展趋势来看,发展类消费是家庭文化消费的方向,也是带动文化产业发展的主要力量。同时,近40年来,文化消费尤其是表演艺术的消费始终是国外文化消费经济学研究的热点。因此,本文也将主要以家庭发展类文化消费为研究重点。

2. 文化消费行为理论

对于文化消费行为理论的研究主要可分为三个部分。首先是以 Withers 为代表的基于新古典消费者行为理论的研究(Withers,1980)。该理论是在把文化产品和服务消费作为普通消费的假定下,通过收入、价格和偏好来解释人们的文化消费行为。不足之处在于该理论的基础假设忽略了文化产品和服务本身的特性对消费效用的决定作用以及个人偏好的多样性。其次,以 Lancaster 为代表的新消费理论则考虑了效用函数中的商品属性,认为消费者通过不同商品组合来达到效用最大化(Lancaster,1966)。也就是说,在新消费理论体系中,消费者除了考虑收入、价格和个人偏好的影响,还依赖于消费者对产品属性或组合的认知。虽然其相比新古典消费者行为理论,解决了产品特性的问题,但是并没有解释为什么消费者偏好会不一样的问题(资树荣,2013)。最后,通过对前两个理论的继承和发展,学者们开展了基于文化资本理论的文化消费行为理论的研究。其中最具代表性的有理性致瘾和消费中学习理论。早期使用理性致瘾概念进行行为分析的主要有 Samuel、A. Sisto 和 R. Zanola。理性致瘾假定消费者的偏好是稳定的,并且不同的消费者的文化偏好是相似的,那么最终影响消费者未来消费的不是个人偏好而是该消费者过去的消费经历(Samuel,1999;Sisto and Zanola,2004)。也就是说,过去的文化消费也将是该消费者未来文化消费的主要内容。近年来,国外学者较多地运用理性致瘾理论来分析各类文化消费行为,如 Victoria(2007)研究了美国戏剧消费,证明了基于理性致瘾形成的文化资本对戏剧消费的作用。首次提出消费中学习模型的是 Garboua 和 Montmarquette。消费中学习模型认为消费者对文化消费的选择是不确定的,需要通过消费过程学习和发现自己的主观偏好结构,在消费学习中发现符合自己的偏好,将来就会增加这种文化消费,否则,发现不符合自己的品位,将来就会减少这种文化消费(Garboua and Montmarquette,1996)。消费中学习模型强调的是消费者寻找、学习和调整文化消费品位或文化资本的过程。

3. 文化消费需求的影响因素

国外学者主要从实证角度研究文化消费需求的影响因素,而且研究结论也呈现出多样化。首先,收入对文化消费的影响根据文化产品类型的不同而有差异,呈现复杂性(Seaman,2006)。Withers(1980)研究表明收入对表演艺术的消费具有显著的正影响。Brito and Barros(2005)的实证研究结论为收入对文化产品的消费具有正效应,但需求的收入弹性较低。而 Luksetich and Partridge(1997)的研究发现,美国居民参观博物馆的多少与收入没有明确的关系。其次,价格等消费成本对文化消费的影响。关于文化产品与服务的自身价格对消费的影响,相当多的学者实证研究结果为文化消费的自价格弹性为负,但也有不少研究发现表演艺术类产品并不像期望那样对价格敏感。研究发现,高收入者对表演艺术类产品的消费不受价格的约束,但退休人员和学生对表演艺术的价格较为敏感(资树荣,2013)。再次,文化消费随着教育水平、职业层次的上升而增加,国外实证研究结论一致表明,教育水平和职业身份对文化消费有着显著的积极影响,尤其对于表演艺术类产品的消费,教育可算是最重要的影响因素。最后,学者们还发现年龄、性别、家庭成员结构等人口统计变量以及产品的客观属性(Diniz,2011)对文化消费也具有显著的影响。

从现有文献来看:(1)多数研究从个人文化消费影响因素展开,对个体文化消费行为进行大样本调查,采用量化研究方法以检验理论假设。从研究结论来看,不同学者的研究结论并不完全一致,有时甚至相互矛盾。(2)缺乏对家庭文化消费决策行为的深入研究。少有的文献主要探讨家庭文化消费支出和结构的地域差异(李蕊,2013;叶德珠等,2012;胡雅蓓和张为付,2014),却没有系统探讨影响家庭文化消费行为各因素之间的内在关系和作用机制。(3)很多文献侧重于考察各独立的解释变量对文化消费行为的直接影响,却较少探究刻画各前置变量的间接影响和情境变量的调节效应。

本研究在国内外相关研究成果的基础上,专门针对家庭发展类文化消费决策这一变量范畴进行深入研究,基于扎根理论,探索影响家庭发展类文化消费决策的关键性影响因素,并提出家庭发展类文化消费决策行为影响因素的"目标—情境—行为"理论整合模型,以期为政府制定文化产业发展政策以及文化企业提高营销绩效提供理论借鉴。

三、研究方法和数据来源

关于家庭文化消费决策行为,目前还缺乏比较成熟的变量范畴、测量量表和理论假设。而且,根据我们的前期访谈,发现多数人对家庭文化消费行为的理解还不尽一致,甚至存在误解,因此,直接设计无差异的结构化问卷对消费者进行大样本量化研究未必有效。鉴于此,本研究通过非结构化方式(开放式问卷)对代表性社会公众进行访谈以收集第一手资料,采用扎根理论,用定性研究(qualitative research)以更有效地探索家庭文化消费决策行为模式的轮廓。采取理论抽样(theoretical sampling)的方法,按照设计的理论发展为指导选择具体访谈对象。鉴于定性研究要求受访者对所研究问题有一定的理解和认识,我们选择的受访对象基本都是本科及以上学历的样本,大多是思维活跃、信息丰富的中青年人群(根据WHO最新规定,18—65岁为青年人)。样本数的确定按照理论饱和(theoretical saturtaion)的准则。最终共选择了30名受访对象,受访者的基本资料如表1所示。

表 1　受访者基本资料一览表

受访者序号	受访者	性别	年龄	学历	职业	访谈方式
01	黄先生	男	26	本科	公司职员	焦点小组访谈
02	隋先生	男	27	博士	医生	个人深度访谈
03	程女士	女	40	硕士	公司职员	个人深度访谈
04	杜先生	男	21	本科	大三学生	焦点小组访谈
05	黄小姐	女	21	本科	大三学生	焦点小组访谈
06	黄女士	女	37	本科	辅导员	焦点小组访谈
07	汪小姐	女	23	本科	硕士生	焦点小组访谈
08	王先生	男	36	硕士	高校教师	焦点小组访谈
09	吴女士	女	63	大专	退休医生	个人深度访谈
10	聂小姐	女	23	本科	硕士生	焦点小组访谈
11	胡先生	男	23	本科	硕士生	焦点小组访谈
12	李女士	女	28	硕士	博士生	个人深度访谈
13	邓先生	男	21	本科	大三学生	个人深度访谈
14	陈先生	男	25	硕士	公司职员	焦点小组访谈
15	张小姐	女	35	本科	公司职员	焦点小组访谈
16	李女士	女	30	硕士	博士生	焦点小组访谈
17	罗女士	女	33	硕士	博士生	个人深度访谈
18	陈女士	女	29	本科	行政人员	焦点小组访谈
19	刘先生	男	29	本科	行政人员	焦点小组访谈
20	易先生	男	40	博士	高校教师	焦点小组访谈
21	雷先生	男	28	硕士	实验员	焦点小组访谈
22	崔先生	男	20	本科	大二学生	焦点小组访谈
23	关先生	男	33	硕士	公务员	焦点小组访谈
24	李小姐	女	27	本科	公务员	个人深度访谈
25	刘小姐	女	26	本科	公司职员	焦点小组访谈
26	陈先生	男	42	本科	公司职员	焦点小组访谈
27	肖女士	女	36	硕士	公务员	个人深度访谈
28	韩先生	男	45	硕士	公司经理	个人深度访谈
29	张女士	女	45	本科	公司经理	焦点小组访谈
30	陆女士	女	53	本科	行政人员	个人深度访谈

研究主要采用个人深度访谈(in-depth interviews)和焦点小组访谈(focus group interviews)相结合的方式进行。综合使用两种方式可以更有效地达到访谈目标：一对一深度访谈可以给受访者相对充分的思考时间和自由的表达空间,避免第三方观点的干扰。在访谈过程中,访谈人有时会采用"映射技术",请被访谈人发表对某一问题的看法或对周围人行为的看法,以使被访谈对象愿意表达个人内心深层次的观点,同时,访谈者还可以细致地观察受访者的外部表情,从而尽可能深入地理解受访者对家庭文化消费行为的态度、情感及其潜在动机。焦点小组访谈则通过主持人的引导达到各受访者之间充分讨论、相互启发和互动刺激,在发散状态的思维模式下更全面地揭示家庭发展类文化消费决策行为的内在机理。一对一深度访谈共进行了 10 人次,每次访谈时间约 45 分钟,焦点小组访谈共进行了 4

组(平均每个焦点小组 5 人),每次访谈时间约 3 小时。访谈时,我们征得受访者同意对访谈进行了记录或录音,在访谈后对录音资料进行了整理,完成全部访谈记录和备忘录。最终得到七万余字的访谈记录。我们随机选择了 2/3 的访谈记录(20 份,包括 10 份个人深度访谈和 2 份焦点小组访谈)进行编码分析和模型建构,另外 1/3 的访谈记录(10 份,包括 2 份焦点小组访谈)则留作进行理论饱和度检验。本研究主要采用扎根理论这一探索性研究技术,通过对文本资料进行开放式编码、主轴编码、选择性编码 3 个步骤来构建家庭发展类文化消费决策行为及其影响因素理论。资料分析过程中采用持续比较的分析思路,不断提炼和修正理论,直至达到理论饱和(即新获取的资料不再对理论建构有新贡献)。

四、范畴提炼和模型建构

1. 开放式编码

开放式编码是对原始访谈资料逐字逐句进行编码、标签、登录,以从原始资料中产生初始概念,发现概念范畴。为了减少研究者个人的偏见、事前假设或影响,编码由研究者与 2 名研究生共同完成。我们尽量使用受访者的原话作为标签以从中发掘初始概念。这样,一共得到 420 余条原始语句及相应的初始概念。由于初始概念的数量非常庞杂且存在一定程度的交叉,而范畴是对概念的重新分类组合,我们进一步对获得的初始概念进行范畴化。进行范畴化时,我们剔除重复频次极少的初始概念(频次少于 3 次),仅仅选择重复频次在 3 次及以上的初始概念。此外,我们还剔除了个别前后矛盾的初始概念。表 2 为得到的初始概念和若干范畴。为了节省篇幅,对每个范畴我们仅仅节选 3 条原始资料语句,并对应相应的初始概念。

表 2 开放式编码范畴化

范畴	原始语句(初始概念)
兴趣	A04 会不会去看,要根据对主演的喜欢程度决定(追星) A05 我弟弟喜欢 NBA,不吃饭,借钱都要买海报,有了比赛,也要靠前排的座位(偏好) A07 我不愿意看戏曲,但我喜欢话剧、舞剧(兴趣爱好)
自我提高	A07 我会去看啊,因为我想提高自己的品味,陶冶情操(提高素养) A10 虽然我不很懂,但觉得多听多看,慢慢就懂了,这也是一种内在修养的熏陶(学习提高) A01 我是做传播类工作的,工作要求我提高修养,而我觉得参加这些活动能提高我的个人气质(气质培养)
社交	A15 为了进入一个圈子,会选择性观看这些表演节目,这样才有谈话资本(社交意识) A28 如果你想接近一个群体,你就要模仿别人的生活方式和业余爱好(商业交往) A19 我周围的朋友约着说一起去,就去呗,慢慢就成了一个社交手段了(社交归属)
子女教育	A03 我自己是看不大懂的,但想到可以陶冶孩子的情操,花再多钱也觉得值得(孩子情操) A03 我自己不看,我姐姐他们家常去,主要是陪孩子吧,侄子在学小提琴(子女导向) A27 没兴趣,高雅艺术约束太多,不过为了宝贝女儿我就陪呗,女儿要富养嘛(子女修养)

（续表）

范畴	原始语句(初始概念)
经济成本	A10 内地票价太贵,在香港看个演唱会最好的票也就680港币,内地要一两千(性价比) A12 内地黄牛票把票价炒高了,提高了成本(价格监管) A24 要是有便宜的演出门票,我会想去,最好是送的票(个人利益)
时间成本	A25 一周上七天班,哪里有时间去看什么表演(时间管理) A17 家务太多,还要上班,没有功夫去看,没闲心(时间规划) A09 剧院比较远,来去不容易,太费时间,近点就会考虑去(节约时间)
心理成本	A08 父母觉得花钱看剧不如添置家用,看演出性价比低(消费习惯) A20 他们经历过困难时期,对钱看得比我们重,生活习惯决定他们舍不得(消费意识) A23 我妈妈也爱好文艺,但她就不会自己花钱买票看剧,巴不得为我们多攒点钱(消费观念)
自我本位	A03 我看到有的小两口自己玩自己的,也不管孩子,孩子由老人带(独立意识) A05 我们家就是我玩我的,父母玩父母的,玩不到一起去啊,我们家就这氛围(个人意识) A14 我们家很民主,不强求大家步调一致,时代不同了,各自有各自的生活方式(生活观念)
家庭本位	A03 我不能接受夫妻俩出去玩,不管孩子,在我身上绝对不可能发生(家庭意识) A20 老婆或老公想去看,另一半出于家庭关系和增进感情,肯定要一起啊(增进关系) A03 不论家里谁提议,只要是对的,我们就要响应,中国人家庭观念重(家庭观念)
产品结构	A08 父母喜欢看他们那个年代的歌舞剧,因为他们有经历,但是时代在变,文化主流也在变(多样性) A10 各类演出太少了,都集中在大城市,地方越小,看的机会越少,大家接触也少啊(演出频率) A09 如果都是国外的题材,恐怕不会去,因为不了解人家的历史文化,理解不了(文化语言)
消费体验	A27 我以前是不看的,有一次朋友邀请去看了,觉得不错,就慢慢喜欢上了(产品体验) A04 我看过一次后,觉得剧院环境好,很享受,下次有演出我还去(环境体验) A17 在和家人一起看演出后,大家各自发表看法,感觉很好(分享体验)
配套设施	A05 我们县文化馆的功能都丧失了,几乎没有什么文艺演出和表演(设施配套) A01 北京上海的场馆那么多,演出自然也多,看的机会也多,能形成氛围(设施建设) A10 一个演出在人民大会堂表演,还是在重庆大礼堂表演,肯定影响力不一样(设施影响力)
群体压力	A11 有虚荣心在,觉得听戏、看剧是高逼格的活动,周围人去,我就也去(参照群体) A10 周围环境很重要,认识了喜欢摇滚的朋友,我可能就跟着去了(圈子影响) A08 我觉得生活圈很重要,同事都爱好这个,慢慢我也就喜欢了,就是圈子消费(群体压力)
文化风气	A11 父母一般都去KTV、旅游,或聚会(流行文化) A04 比起看歌舞剧,全国人民都爱打牌打麻将吧,国粹啊,而且实施起来简单啊(文化风气) A05 每个地域都有自己的独特文化个性,例如豫剧、川剧、黄梅戏,当地人更容易接受(地域文化)

注:A01表示第1位受访者回答的原话,依此类推;每句话末尾括号中的词语表示对该原始语句进行编码得到的初始概念。

2. 主轴编码

主轴编码的任务是发现范畴之间的潜在逻辑联系,发展主范畴及其副范畴。本研究根据不同范畴在概念层次上的相互关系和逻辑次序对其进行归类,共归纳出 5 个主范畴。各主范畴及其对应的开放式编码范畴如表 3 所示。

表 3　主轴编码形成的主范畴

主范畴	对应范畴	关系的内涵
享乐型快乐目标	兴趣	家庭成员对发展类文化产品的喜好程度影响其享乐型快乐目标的形成
	自我提高	家庭成员自我提高的内在需要影响其享乐型快乐目标的形成
实现型快乐目标	社交	家庭成员社会交往的需要影响实现型快乐目标的形成
	子女教育	子女教育的需求影响实现型快乐目标的形成
行为实施成本	经济成本	收入水平及价格因素影响家庭文化消费的实施成本
	时间成本	消费所需花费的时间构成家庭实施发展类文化消费的时间成本
	心理成本	家庭成员的消费习惯、意识、观念构成实施文化消费的心理成本
家庭关系导向	自我本位	家庭成员的独立意识构成家庭互动关系的自我本位导向
	家庭本位	家庭成员的关系意识构成家庭互动关系的家庭本位导向
文化产品供给	产品结构	文化产品多样性、符号语言、演出频次影响对文化产品供给的认知
	消费体验	产品体验、环境体验、分享体验等消费体验影响文化产品供给的感受
	配套设施	文化消费基础配套设施建设影响对文化产品供给的总体评价
社会文化氛围	群体压力	参照群体和圈子影响构成家庭的社会文化氛围
	文化风气	地域文化、传统文化及流行文化风气影响家庭的社会文化氛围

3. 选择性编码

选择性编码是从主范畴中挖掘核心范畴,分析核心范畴与主范畴及其他范畴的联结关系,并以"故事线"方式描绘行为现象和脉络条件,"故事线"的完成,实际上也就是发展出新的实质理论构架。本研究中,主范畴的典型关系结构如表 4 所示。我们确定"家庭发展类文化消费决策行为的影响因素及其作用机制"这一核心范畴,围绕核心范畴的"故事线"可以概括为:快乐目标(享乐型/实现型)、行为实施成本、家庭关系导向、文化产品供给、社会文化氛围 5 个主范畴对家庭发展类文化消费决策行为存在显著影响;快乐目标(享乐型/实现型)是内驱因素,它直接决定家庭发展类文化消费行为的产生;行为实施成本、家庭关系导向、文化产品供给和社会文化氛围属于情境变量,会调节快乐目标—消费行为之间的联结关系,其中行为实施成本和家庭关系导向属于家庭内部情境因素,文化产品结构和社会文化氛围属于家庭外部情境因素。以此"故事线"为基础,本研究建构和发展出一个新的家庭发展类文化消费决策行为影响因素理论框架,我们称之为"家庭发展类文化消费决策行为影响因素模型",简称"目标—情境—行为整合模型"(Goal - Context - Behavior System Model,GCB Model)。如图 1 所示。

表4 主范轴的典型关系结构

典型关系结构	关系结构的内涵
目标——行为	消费目标是发展类家庭文化消费的内在驱动因素(内因),它直接影响家庭文化消费行为的形成(主效应)
行为实施成本 ↓ 目标———行为	家庭实施成本是发展类家庭文化消费的内部情境条件,它调节目标—行为之间的关系强度和关系方向(调节效应)
家庭关系导向 ↓ 目标———行为	家庭文化导向是发展类家庭文化消费的内部情境条件,它调节目标—行为之间的关系强度和关系方向(调节效应)
文化产品供给 ↓ 目标———行为	文化产品供给是发展类家庭文化消费的外部情境条件,它调节目标—行为之间的关系强度和关系方向(调节效应)
社会文化氛围 ↓ 目标———行为	社会文化氛围是发展类家庭文化消费的外部情境条件,它调节目标—行为之间的关系强度和关系方向(调节效应)

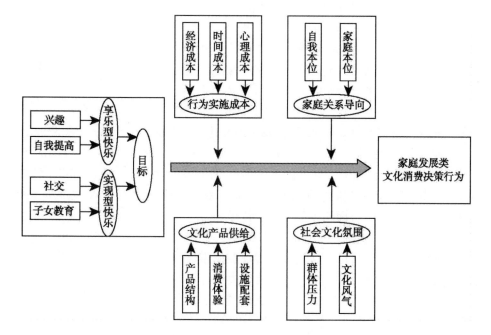

图1 家庭发展类文化消费决策"目标—情境—行为整合模型"

4. 理论饱和度检验

本研究用另外1/3的访谈记录进行理论饱和度检验。结果显示,模型中的范畴已经发展得足够丰富,对于影响家庭发展类文化消费的5个主范畴(快乐目标(享乐型/实现型)、行为实施成本、家庭关系导向、文化产品供给、社会文化氛围),

均没有发现形成新的重要范畴和关系,5个主范畴内部也没有发现新的构成因子。由此可以认为,上述"目标—情境—行为整合模型"在理论上是饱和的。

五、家庭发展类文化消费决策行为影响因素模型阐释

1. 主效应分析

通过前面的分析发现,用"目标—情境—行为整合模型"可以有效地解释家庭发展类文化消费决策行为的形成机理。具体来说,家庭发展类文化消费决策行为的影响因素可以归纳为以下5个主范畴:快乐目标(享乐型/实现型)、行为实施成本、家庭关系导向、文化产品供给、社会文化氛围,但它们对家庭发展类文化消费决策行为的作用机制(即它们影响家庭发展类文化消费决策行为的方式和路径)并不完全一致。快乐目标(由兴趣、自我提高、社交、子女教育等因子决定)是产生家庭发展类文化消费动机或愿望的内因(主效应),它通过影响家庭成员对发展类文化消费的心理偏好从而促进行为发生,是家庭发展类文化消费行为的前置因素或诱致因素(predisposing factor)。其中,快乐目标又可划分为享乐型(兴趣和自我提高)和实现型(社交和子女教育)。按照幸福学的观点,幸福是来自享乐性(hedonic)快乐感和实现性(eudemonia)快乐感,是体验价值在人们内心的深层次综合感受。享乐型快乐是指在活动中体验到自己的生活或心理需要得到满足;而实现型快乐是指个人根据自我努力实现自身的各种潜能,从而体验到一种自我实现的快乐。以往研究大多强调顾客的满意和评价,关注顾客对经济价值和物质需求的追求,却忽略了当下消费者追求幸福体验和长久欣慰的高层次心理需求。通过本文的深度访谈和实证研究发现,家庭发展类文化消费行为不完全是享乐型快乐目标单方面主导的,而是一个二维的概念,还会受到实现型快乐目标的主导,由于中国文化中,关系导向和子女导向的普遍存在,使得实现型快乐目标构成家庭发展类文化消费决策行为的重要前置因素。另外,我们还发现,目标和行为的一致性取决于家庭成员快乐目标的类型与强度特征。

(1)快乐目标的类型会影响目标—行为一致性

当家庭成员快乐目标包含更多的实现型快乐成分时,即以社交和子女教育为主要目标时,目标对家庭发展类文化消费决策行为的预测效果会显得更加显著。反之,当家庭成员快乐目标包含更多享乐型快乐成分时,即以兴趣和自我提高为主要目标时,目标对家庭发展类文化消费决策行为的预测效果会减弱。受访者的一些代表性观点如下:"A03 现在都是独生子女,只要是为了孩子,父母省吃俭用,也不能亏了孩子培养""A15 如果只是自己的爱好,还可以忍一忍,犹豫下,但如果女儿需要,咬着牙也要支持""A28 社交圈子里的事,不将就也不行啊,有舍有得嘛"等。

(2)达成快乐目标的强度会影响目标—行为一致性

当快乐消费目标相对较弱时,家庭发展类文化消费行为实现也会相应减弱。在我们深度访谈中,很多受访者都反复强调这一点,如"A11 我们都想看,但不是特别有兴趣的,会权衡下其他因素""A30 孩子是学艺术的,跟她专业越相关的,去买票的可能性越大嘛"等。可见,快乐消费目标要真正导致家庭发展类文化消费行为的发生,还需要达到一定的强度阈值。当家庭成员的快乐消费目标动机达到一定的阈值后,随着强度的增加,目标—行为一致性会显著提高。

2. 调节效应分析

行为实施成本(由经济成本、时间成本和心理成本因子决定)和家庭关系导向(由自我本位和家庭本位因子决定)是影响家庭发展类文化消费决策行为的内部情境因素,是使家庭发展类文化消费动机和愿望得以实现的因素,是家庭发展类文化消费行为的启动因素(enabling factor)。文化产品供给(由产品结构和设施配套因子决定)和社会文化氛围(由群体压力和文化风气因子决定)是影响家庭发展类文化消费决策行为的外部情境因素,是家庭发展类文化消费决策行为的强化因素(reinforcing factor)。行为实施成本、家庭关系导向、文化产品供给和社会文化氛围这4个情境变量都通过影响快乐消费目标与家庭发展类文化消费行为之间的关系强度或关系方向而起作用,属于调节变量。当这些情境变量的影响微弱(或者说中性)时,家庭发展类文化消费行为主要受快乐消费目标(享乐型和实现型)的影响(此时,目标和行为之间的联结关系相对最强);当情境因素的影响非常显著时,则可能会大大促进或抑制家庭发展类文化消费行为的发生,此时目标—行为之间的联结关系显著变弱,家庭发展类文化消费决策行为受情境因素的影响则大大增加。进一步说,情境变量和"目标—行为一致性程度"之间呈倒U形函数关系。

关于情境变量的调节效应,我们从深度访谈中还得出两点极有启发意义的结论:一是调节效应受快乐消费目标(强度、结构)的影响。当快乐消费目标的强度较弱(如目标导向不明确或未到达一定阈值时),或目标结构主要是享乐型快乐(即兴趣和自我提高目标)时,情境变量的调节效应相对较强(即家庭发展类文化消费决策行为更多地受情境因素的左右),反之,情境变量的调节效应相对较弱。由此,特定情境变量对不同家庭发展类文化消费行为的调节效应可能不尽一致。进一步说,情境变量的调节效应与快乐消费目标之间存在此消彼长的关系,目标越强则调节效应弱,目标越弱则调节效应强。根据海德的"归因理论"(attribution theory),行为的原因可以归为两大类别:内部归因和外部归因。前者如个体的性格、动机、情绪、态度和努力程度等,后者包括周围环境气氛、运气等。根据我们的深度访谈,一些受访者倾向于将行为绩效不佳(如未能实施家庭发展类文化消费)

归于情境因素(外因)的制约。本文的研究则表明,实际上这主要与其消费目标(动机、意愿等)缺乏或强度不够有直接关系。二是调节效应大小还受情境变量特征(强度、来源和结构)的影响。特别值得关注的是家庭关系导向这一内部情境变量,当家庭成员之间互动关系表现为自我本位导向时,家庭成员结伴实施发展类文化消费行为的机会明显减少,即目标—行为一致性减弱;家庭成员之间互动关系表现为家庭本位导向时,家庭成员结伴实施发展类文化消费行为的机会明显增加,即目标—行为一致性增强。因此,家庭关系导向可能是造成家庭间消费决策差异,以及家庭消费决策与个体消费决策之间的一个重要变量。由此也可以推断,不同情境变量对特定家庭消费行为的调节效应并不一致。

六、结论与启示

本研究表明,快乐消费目标、行为实施成本、家庭关系导向、文化产品供给和社会文化氛围这5个主范畴对家庭发展类文化消费决策行为存在显著影响。其中,快乐消费目标是前置变量,行为实施成本和家庭关系导向是内部情境变量,文化产品供给和社会文化氛围是外部情境变量。在此基础上,本文探索性地构建了上述5个主范畴对家庭发展类文化消费决策行为的作用机制模型(目标—情境—行为整合模型)。这一模型进一步证实了 Guagnano 等(1995)的态度—情境—行为(attitude - context - behavior, ABC)理论。态度—情境—行为理论认为,行为(behavior, B)是态度变量(attitudinal variables, A)和情境因素(contextual factors, C)相互作用的结果。与 Guagnano(1995)的模型不同的是,本研究在态度—情境—行为理论基础上进行了如下拓展:(1)本研究认为,快乐消费目标—家庭发展类文化消费行为之间的关系不仅受到外部情境因素(文化产品供给和社会文化氛围)的调节,而且受到内部情境因素(行为实施成本和家庭关系导向)的调节。(2)本研究进一步分析了目标对行为的影响机制和情境变量的调节机理。特别是,目标的强度和结构会影响目标对行为的预测效力,情境变量的强度、来源和结构则调节着目标—行为的一致性程度。特定情境变量对不同家庭的调节效应不尽一致,如:家庭关系导向的自我本位和家庭本位对目标—行为一致性具有相反的调节效应;文化产品供给和社会文化氛围两个情境变量与行为实施成本之间对目标—行为一致性也具有相反的调节效应。(3)本研究还探索了快乐消费目标、行为实施成本、家庭关系导向、文化产品供给和社会文化氛围等主范畴的形成机制和构成因子。有的构成因子范畴是以往发达国家研究文献还没有被普遍关注或重视的。例如:快乐目标中的实现型目标(社交和子女教育),家庭关系导向以及社会文化氛围中的文化风气范畴等,可能都与中国传统文化和社会规范有着特殊的联系。

本研究可以为政府制定文化产业发展政策,促进城镇家庭发展类文化消费,提高文化企业营销绩效提供有针对性的治理思路和管理逻辑。

(1) 引导自觉性文化消费，释放文化需求潜力。文化消费具有很强的意识形态属性，文化消费水平的提高不仅依赖于文化产业的发展，还取决于公众文化消费需求偏好的培养。要推动文化生产和消费由精英文化向大众文化、由阶层文化向泛大众文化的转型，提高文化消费产品质量，不仅应关注消费者的偏好、行为、动机，还应关注文化产品消费者的满意程度和消费体验学习效应，从根本上实现公民文化消费由自发盲从向自觉消费的转变。

(2) 增加发展类文化产品供给，降低文化消费成本。政府和文化艺术企业要在发展类文化产品的供给上下大力气。一方面，增加剧院、场馆等发展类文化消费基础设施建设，为文化产品供给提供物质平台。另一方面，提高文化产品质量和多样性，创作开发适合不同年龄群或文化结构消费者的文化产品。同时，通过扩大文化产品消费市场和增加文化产品供给，不断降低发展类文化产品消费的时间、心理和时间成本，使得家庭发展类文化消费形成"气候"。

(3) 提升媒介传播效果，针对家庭特点开展营销活动。文化产品要通过一定的媒介才可以传播，文化市场满足消费需求的过程也是文化实现传播的过程。文化企业要扩大消费者对发展类文化产品的知晓度，借助现代媒体和口碑效应，形成大众对消费发展类文化产品的良好氛围。同时，文化企业要针对中国城镇家庭结构以及对发展类文化消费的目标动机进行营销组合策略设计，不断扩大家庭发展类文化消费的市场容量。

参考文献

符国群主编、彭泗清副主编，《中国城镇家庭消费报告2015》，北京大学出版社，2015。

管敏媛、魏丽云、窦维杨、李义波，"江苏省农村家庭文化消费结构及影响因素研究——苏南、苏中、苏北地区的比较"，《中国农学通报》，2014,30(17):110-116。

胡雅蓓、张为付，"基于供给、流通与需求的文化消费研究"，《南京社会科学》，2014,8:40-46。

金世和，"对中国文化消费结构问题的探讨"，《长白学刊》，1998,2:35-39。

金晓彤、王天新、闫超，"中国居民文化消费对经济增长的贡献有多大？——兼论扩大文化消费的路径选择"，《社会科学战线》，2013,8:68-74。

李昌禹，"3万亿文化消费缺口怎么补"，《人民日报》，2013年11月13日。

李蕊，"中国居民文化消费：地区差距、结构性差异及其改进"，《财贸经济》，2013,34(7):95-104。

刘洁、陈宝峰，"家庭消费决策行为研究探析"，《前沿》，2011,18:113-115。

马永斌、晁钢令,"同伴的一致评价对个体消费享乐体验的影响——基于共同消费享乐产品过程中同伴之间影响的不对称性的视角",《现代管理科学》,2011,3:23-24。

彭真善、王海英,"对发展农村精神文化消费的思考",《经济问题探索》,1999,8:24-25。

谭延博、吴宗杰,"山东省城镇居民文化消费结构探析",《山东理工大学学报(社会科学版)》,2010,26(2):20-23。

叶德珠、连玉君、黄有光、李东辉,"消费文化、认知偏差与消费行为偏差",《经济研究》,2012,2:80-92。

资树荣,"国外文化消费研究述评",《消费经济》,2013,1:30-33。

Ateca-Amestoy, V., "Cultural Capital and Demand", *Economics Bulletin*, 2007, 26(1):1-9.

Baumol, W. and W. Bowen, *Performing Arts – The Economic Dilemma: A Study of Problems Common to Theater, Opera, Music and Dance*. New York: Periodicals Service Co. 1-28, 1966.

Brakus, J., Bernd H. Schmitt and L. Zarantonello, "Brand Experience: What Is It? How Is It Measured? Does It Affect Loyalty?", *Journal of Marketing*, 2009, 73(3):52-68.

Brito, P. *et al.*, "Learning-by-Consuming and the Dynamics of the Demand and Prices of Cultural Goods", *Journal of Cultural Economics*, 2005, 29:83-106.

Diniz, S., *et al.*, "Analysis of the Consumption of Artistic-cultural Goods and Services in Brazil", *Journal of Cultural Economics*, 2011, 35:1-18.

Lévy-Garboua, L. and C. Montmarquette, "A Micro-econometric Study of Theater Demand", *Journal of Cultural Economics*, 1996, 20:25-50.

Luksetich, W. and M. Partridge, "Demand Functions for Museum Services", *Applied Economics*, 1997, 29:1553-1559.

Seaman, Bruce A., "Empirical Studies of Demand for the Performing Arts", *Handbook on the Economics of Art and Culture*, 2006, 1:415-472.

Sisto, A. and R. Zanola, "Rational Addiction to Cinema: A Dynamic Panel Analysis of European Countries", Working paper, 2004.

Withers, G. A., "Unbalanced Growth and the Demand for Performing Arts: An Econometric Analysis", *Southern Economic Journal*, 1980, 46:735-742.

家庭儿童培训消费决策影响因素研究

袁胜军　张新阳[*]

摘要：关于家庭消费的研究是消费者行为学的重要组成部分。儿童参加课外培训班是我国教育市场上的一道独特风景，属于典型的家庭消费决策行为。首先，本文从家庭、父母、子女、培训企业和需求决策过程五个方面系统梳理了家庭儿童培训消费决策的影响因素；其次，运用解析结构模型(ISM)构建了反映影响因素路径关系的结构模型；最后，运用AHP层次分析法求解影响因素的权重值，并针对儿童培训的四个不同阶段，分别求解来自儿童方面的四个主要影响因素的权重值，分析它们对决策的影响。文章构建了家庭儿童培训消费决策结构模型，并将其划分为消费决策系统和原因驱动系统两个层次，并分别针对家庭儿童培训消费过程的四个阶段进行讨论，得出儿童学习成绩与儿童参与度和影响力两个因素具有明显的差异性，对于企业实践和家庭消费决策指导具有重要意义。

关键词：家庭消费，消费决策，解析结构模型

一、引言

目前，不仅学校的正规化教育种类繁多，社会上的各种培训班更是五花八门，文化类、艺术类、体育运动类等各类项目应有尽有。在"尊师重教"的传统观念下，在"再苦不能苦孩子，再穷不能穷教育"的国家政策指引下，在高考压力逐年升温的时代背景里，在望子成龙、望女成凤的社会心态下，在"不让孩子输在起跑线上"的广告渲染下，针对未成年人的培训班大量涌现，培训班市场异常火爆。调查显示，现如今的城市孩子很少有没参加过培训班的，儿童课外培训班已经成为我国教育市场上的一道独特风景。作为培训班的使用者，儿童不具备独立选择能力和付款能力，因此儿童课外培训班的购买是一种典型的家庭购买行为。作为一种集体决策，家庭决策在很多方面不同于个人决策，特别是情感色彩的融入使得这一购买过程更加特殊。那么，家庭在为子女选择课外培训班的行为是什么样的呢？家庭在这一购买过程中是如何进行决策的呢？其影响因素是什么？这些因素又是如何影响家庭购买行为的呢？本文在梳理相关文献和访谈调查的基础上，以我国城

---

[*] 桂林电子科技大学商学院。通信作者及地址：袁胜军，广西桂林市金鸡路1号，541004；E-mail：yuanshengjun9702@126.com。

市家庭为对象,运用 ISM(解析结构法)系统梳理了儿童课外培训班家庭购买决策的影响因素,构建了儿童培训消费决策的解析结构模型,并提出将儿童培训划分为四个阶段(3—6 岁,7—9 岁,10—12 岁,12 岁以上)进行讨论。

二、概念界定

(一)家庭购买决策

所谓家庭购买决策(family decision making),就是两个及两个以上的家庭成员直接或间接做出购买决策的过程。作为一种集体决策,家庭购买决策在许多方面与个人决策截然不同。为理解家庭购买决策过程,有必要把握购买决策中家庭成员之间的相互作用,即家庭购买决策是以什么方式做出的? 家庭成员扮演着怎样的角色? 谁在决策中发挥最大的影响力? 虽然家庭中的孩子对部分商品的购买也会产生一定的影响,但事实上夫妻仍然是家庭购买决策的主要制定者,他们最终负责家庭中的大多数重要决策。

关于家庭消费的研究是消费者行为学的重要组成部分,家庭消费有别于普通消费:一方面,家庭消费是以家庭这个整体为单位进行消费的;另一方面,即使是某个家庭成员个人所使用的产品,其消费行为可能也会受到其他家庭成员的影响,一个家庭中的成员往往表现出类似的消费行为(董明,2009)。消费者的购买活动一般以家庭为单位,但是购买的决策者,通常不是家庭这个集体,而是家庭中的某一个成员或某几个成员。不同的家庭成员对购买商品具有不同的实际影响力。在家庭消费行为的研究中,学者们特别感兴趣的问题是家庭购买决策是由哪些家庭成员制定的,他们在制定家庭购买决策过程中发挥怎样的作用,对家庭购买决策的影响程度如何。儿童参加各种培训班的消费,属于家庭教育消费的内容,并且具有动态性和主动性。

(二)家庭儿童培训消费

《2013 年中国城市儿童生活形态与消费状况》报告中,根据消费的群体比例和花费金额分布,经过计算给出了儿童消费结构(图1)。从图 1 可以看出,儿童消费主要包括 9 类消费,其中,学费的消费比例是最高的,学杂费占 21.4%,培训费占 17.9%。

许多学者在研究家庭教育消费支出时将家庭教育消费分为基本教育支出和扩展教育支出,基本教育支出包括为求学支付的基本生活费、学杂费、文具费、住宿费;扩展教育支出,是基本教育支出之外因受教育而引致的消费,主要包括:购买课外书籍费、艺术培训费(购买乐器)、体育培训费(购买体育用品费)、购买电脑及教育软件费、聘请家教补习课时费等;另外,高中阶段增加的朋友、师生之间的交际费用、经常性的上网学习费、参加社会性资格技能证书考试及培训费等。其中,家庭儿童培训费是家庭扩展教育支出的一部分,而且所占比重较大。北京大

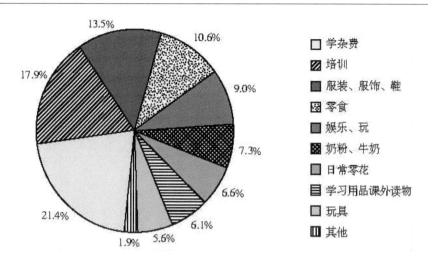

图1 儿童消费结构

学课题组在"2004年中国城镇居民教育与就业情况调查报告"一文中把城镇家庭教育消费支出结构分为"非选择性教育支出"(即为上学所必需的支出)和"选择性教育支出"(即在非选择性教育支出之外家庭额外为子女付出的教育支出)两部分。这两部分教育消费支出的决策方式存在显著差异。家庭消费决策中"非选择性教育支出"带有一定被动性,而"选择性教育支出"中家庭消费决策的主动性更强。

综上所述,家庭儿童培训消费支出属于教育消费中的"选择性教育支出",是教育消费支出中以家庭为单位进行消费决策的主要部分。在我国近几年的社会调查中,家庭对孩子课外学习的投入和智力投资方面的费用,已经成为教育消费支出的重要组成部分。《2016—2020年中国教育培训行业发展格局分析及投资前景预测报告》提供的数据显示,2013年中国教育市场的经济规模达到了10 944亿元,未来几年,我国新生人口将出现持续增长,这对于教育行业而言,无疑是一个极大的利好。为了让孩子能有一个良好的发展前景,许多家长在孩子身上投入了大量的人力、物力和财力。汇丰银行2014年最新发布的《教育的价值》调查报告,调查了30多个省市的3万多个家庭的教育消费状况,报告显示,中国内地父母给予子女的经济支持中最大比例用于教育开支,占到了收入的37%。与此同时,汇丰的调查数据与中国青少年研究中心家庭教育研究所的调查非常接近。后者的数据显示,中国城市家庭平均每年花在子女教育方面的费用,占家庭经济总支出的35.1%。

三、家庭消费决策分析

(一) 家庭结构分析

家庭是以婚姻、血缘或有继承关系的成员为基础组成的一种社会生活组织单位。根据其成员的构成和规模,家庭可分为核心家庭、主干家庭和联合家庭三种主要类型,不同的家庭类型会对家庭的消费心理与行为产生不同的影响。根据本文对家庭儿童参加各种培训班的界定,此过程中家庭结构属于核心家庭类型。核心家庭:即父母或父母一方与未成年子女所组成的家庭。在我国,核心家庭已成为家庭的主要模式,其家庭成员间的联系最为紧密、频繁,对家庭消费行为和购买决策的影响也最大。一般来说,这类家庭在心理上有一种稳定的优越感,消费欲望较强,消费水平较高。消费需求力求"少而精",购买行为趋于开放式,在消费心理上以求新求异、求名求美为主,不太注重节俭。另外,以独生子女为中心,子女主宰了家庭消费的主要目标和方向,父母往往要牺牲自己的需要来保证子女在健康发育和教育投资方面的需要。

(二) 家庭生命周期分析

家庭生命周期是指一个家庭从最初形成,不断发展到和最后解体的全过程。其划分标准主要有婚姻状况、家庭成员年龄、家庭子女的情况、家庭成员的工作状况等参数。在家庭生命周期的不同阶段,家庭的消费需求和消费行为呈现出明显不同的特征。西方家庭生命周期模型中,各阶段是依据孩子是否入学以及女性家庭主人的年龄(是否大于 35 岁)来划分的(Gilly and Enis, 1982)。由于各国文化、经济、环境等情况的差异,生命周期的划分方式也各不相同。在中国,满巢家庭应该以孩子的入学状态(孩子升小学以前、孩子读小学、孩子升入中学以及孩子中学毕业以后)来划分各阶段。这是因为,受中国传统文化中"延续香火"观念的影响,中国的父母更愿意为孩子做出牺牲。在 Gilly and Enis(1982) 和的家庭生命周期模型以及台湾学者提出的一些模型中,都是以孩子是否入学作为满巢 I 和满巢 II 的分界线;一些台湾地区的文献以及大陆的文献也均将孩子升入中学作为满巢 II 和满巢 III 的分界线。在我国,《中华人民共和国义务教育法》将小学入学年龄统一规定为 6 周岁,初中入学年龄普遍为 12 岁。以子女入小学作为满巢 I 与满巢 II 的分界线,以孩子升入中学作为满巢 II 和满巢 III 的分界线(见表 1)。最大子女年龄不超过 6 周岁的家庭,处于满巢 I;最大子女年龄为 13 周岁及以上的家庭处于满巢 III;子女年龄介于二者之间的家庭处于满巢 II。家庭儿童培训消费决策的过程主要集中在家庭生命周期的满巢期阶段,此阶段的家庭结构主要以核心家庭为主。

表1 家庭满巢期各阶段划分

阶段	划分标准
满巢Ⅰ期	这一阶段的家庭是指最大子女读小学以前的夫妇与子女同住的家庭,子女年龄为0—6周岁
满巢Ⅱ期	这一阶段是指年龄最大子女在读小学的夫妇与子女同住的家庭。该阶段家庭的主要支出是家庭日常消费品支出和教育支出,住房支出也占相当比例,子女年龄为7—12周岁
满巢Ⅲ期	这一阶段是指年龄最大子女读中学及以上的夫妇与子女同住的家庭,子女年龄为12周岁以上直至孩子离家

资料来源:根据 Gilly and Enis(1982)生命周期模型,结合中国学生入学年龄情况整理。

(三)家庭成员角色分析

家庭成员的消费通常是以家庭为单位的,但在购买某些具体商品的决策方面,每个家庭成员所扮演的角色会有所不同。而每一个角色的差异往往与"家庭角色自然分工倾向"有关。家庭角色自然分工倾向是指家庭成员受自然因素、社会因素、经济收入水平、个性心理特征的影响,形成的自觉或有意识承担的责任。

图2以麦片购买为例,描述了家庭购买决策过程中经常出现的6种角色。其中每个人在不同的决策中会担当不同的角色。

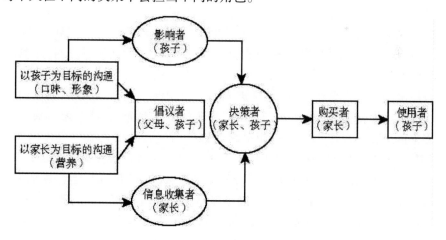

图2 儿童产品的家庭决策过程

资料来源:Lackman and Lanasa(1993)。

(1)倡议者:首先意识到某个问题或需要,或者启动购买过程的家庭成员。

(2)信息收集者:对某项购买具有专长和兴趣的人。不同的家庭成员可能在不同的时候或者在某项购买的某些方面负责收集信息。

(3)影响者:对评价选择、制定购买标准和做出最终选择有影响力的人。

(4)决策者:做出最后决定的人,当然,也可能出现联合决策的情况。

(5)购买者:实际购买的家庭成员,一般是成年人或青少年。

(6)使用者:产品的使用者,许多产品都有多个使用者。

家庭成员在消费决策中所起的作用或所扮演的角色在不同情景下和在不同的商品购买中并不是完全相同的。而且,一个成员表现为多个角色,或几个成员表现为一个角色的现象也常有发生。市场营销学者对家庭决策中有关丈夫和妻子的影响的研究始于20世纪50年代。家庭决策可以分为丈夫主导型、妻子主导型、联合(或配合)型和个人型(或自主型)。丈夫与妻子都有其起着主导作用的产品,然而这些模式在今天已经很少被提及了,因为随着妇女职业角色的扩展,他们参与或者主导的家庭决策范围也在不断扩大。而 Foxman et al. (1989) 则提出孩子也是家庭决策中的一个重要参与者,而许多研究都忽略了孩子。孩子尤其是青少年,对消费过程常常有着巨大的影响。

(四)夫妻角色一致性分析

戴维斯(Davis, H. L.)在对比利时进行一项研究时,将家庭购买决策中的夫妻角色分为4种类型:(1)妻子主导型:在决定购买什么的问题上,妻子起主导作用;(2)丈夫主导型:在决定购买什么的问题上,丈夫起主导作用;(3)自主型:对于不太重要商品的购买,可由丈夫或妻子独立作出决定;(4)联合型:丈夫和妻子共同作出购买决策。戴维斯的研究发现,人寿保险的购买通常是丈夫主导型决策,度假、孩子上学、购买和装修住宅多由夫妻共同作出决定,清洁用品、厨房用具和食品的购买基本上是由妻子做主的,而像饮料、花园用品等产品的购买一般是由夫妻各自作出的。该研究还发现,越是进入购买决策的后期,家庭成员越倾向于联合作出决定。换言之,家庭成员在具体产品购买上各有分工,某个家庭成员可能负责搜集信息和进行评估、比较,而最终的选择则尽可能由大家一起作出。Stafford(2013)专门选择外出就餐、度假、孩子择校和人寿保险服务决策为研究对象,调查夫妻在决策制定过程中的影响力。结果表明,夫妻双方都参与了决策制定的全过程。在选择孩子的就读学校时,妻子提出想法的占到35%,夫妻一起提出的占到50%,对于学校类型和花费多少的决策,妻子也占较大主导性,分别为30%和25%。在信息获取阶段,妻子也施加了较多的影响力,妻子主导占40%,妻子在整个决策过程中起到比较大的作用,说明这与妻子作为家庭中主要看管人的传统角色相一致。Burns(1992)认为,家庭成员如何在购买决策中相互作用,主要依赖于以下这些因素:家庭成员角色的专门化,每个家庭成员对产品的介入程度,家庭成员的个性,以及家庭所属的文化和亚文化特点。Strutton et al. (1995)在研究中发现,美国的妻子们比那些处于传统文化中的妇女更多地参与购买决策,也更多地参与产品决策。而近期的研究则显示,在家庭决策制定上夫妻角色发生了一些变化,越来越趋向于共同制定决策。奎尔斯(Qualls)研究了传统上很少由夫妻共同制定的产品决策,发现对孩子教育和购买房子的决策转向了共同决策。

(五)家庭决策过程分析

家庭购买决策是一个比较复杂的过程,目前比较权威的观点是把购买决策过程分为五个阶段:问题认知、信息收集、评价备选方案、购买决策和购后评价。本文不拟对儿童培训消费的整个过程进行分析,而是侧重关注购买这一核心环节。对于决策者,我们着眼于父母(整体)和子女的互动,我们也同时关注家庭与培训企业之间的互动。

(六)子女的影响力分析

许多学者都对孩子在家庭决策中的角色进行了研究。一般认为,孩子们在那些他们是主要消费者的商品购买决策中的影响力较大。Foxman et al. (1989)发现,孩子的个人资源(如在校成绩)和产品知识决定了他们产生影响的程度。Ahuja and Stinson (1993)还发现,除了产品类别和年龄因素,孩子的影响力还因母亲的性别角色导向 (sex–role orientation)的不同而不同:如果母亲持有传统性别角色观,男孩可能受到鼓励而有更大的影响力,女孩则反之。他们还发现,在孩子们影响父母的策略上,孩子们如果模仿父母的话,他们的影响最易成功。总之,孩子在家庭决策的作用因不同年龄、个人资源、产品知识、购买产品、决策阶段的不同而表现出差异。

当今社会,尽管婚姻不再赋予每种性别以特定的角色,但是角色专门化仍然会随着时间发展起来,这是因为,在每件产品上做出联合决策比较费力,而由一个人专门进行某些抉择,效率则要高得多。家庭中角色专门化的发展需要时间,因此,比起建立时间较长的家庭,年轻夫妇会更多地进行联合抉择。当孩子渐渐长大,具备了较强的能力,也能承担更多的责任时,他们在家庭购买中的影响也会随之加大。有研究发现,当有孩子在场时,父母的购买预算很可能超支。不仅如此,孩子们还影响从食品购买到外出就餐、度假等很多类型的决策。美国报业协会在1996年做的调查表明:父母都承认,有关玩具信息的最好的来源是他们的孩子。父母与儿童在消费行为上的关系可以看成是一种"影响"对"屈服"的情形,即儿童试图影响其父母的决定。研究发现,儿童的影响会随着年龄的变化而不同,儿童影响尝试的次数和母亲屈服的次数之间有显著的相关关系。随着年龄的增大,儿童提出购买的次数减少,父母的"屈服"次数增多。这些研究表明,年龄大的儿童在他们提出请求时更有识别力,父母也更愿意接受年龄大的孩子的请求,原因就在于父母感到年龄较大的儿童对于购买决策的判断较年龄较小的孩子更为成熟。

(七)家庭决策方式

家庭决策是指直接或间接由两个或两个以上家庭成员做出购买决策的过程。J. Best, Kenneth A. Coney, Del I. Hawkins 和 Roger(2003)对组织购买行为和家庭购买行为进行了比较,他认为,一般来说,组织具有比较客观的标准(如利润最大化)来引导购买,而家庭没有这样明确的、整体的目标。大多数工业品是由自己不太熟悉的人进行购买的,而且购买产品对那些没有参与购买的人影响很小,但是大多数家庭购买则不一样。J. Park, P. Tansuhaj, 和 E. R. Spangenberg(1995)在研究中提出,家庭决策最重要的方面,是它天生具有感情色彩,从而会影响家庭成员之间的关系。例如,为一个孩子购买一个新玩具或一套新校服,并不是一项简单的购买行为,而是对孩子爱与奉献的象征。

在儿童课外培训班的家庭购买过程中,孩子是作为没有独立付款能力的使用者参与其过程的。为了探讨购买过程中父母与孩子间的互动,特别是鉴别孩子在购买过程中影响力的大小,周静(2007)从孩子参与程度和影响力大小两个纬度,把家庭决策方式划分为:民主型、专制型、权威型和放任型,并探讨四种决策方式的家庭在购买行为上的差异。她的研究发现,"民主型"的家庭,孩子参与购买的全过程,并对决策具有较大的影响力;"专制型"的家庭,儿童仅作为倡议者参与购买过程的问题产生阶段,在评估和决策上几乎没有影响力;"权威型"的家庭,孩子积极参与购买的全过程,但在决策上没有什么影响力;"放任型"的家庭,儿童不仅是购买过程的参与者,同时也是购买决策的制定者,整个购买过程中,只有孩子一个人的身影,父母除了作为最后付款者没有发挥别的作用。家庭决策方式的此种划分具有一定的借鉴意义。本文经过调查发现,在儿童培训决策过程中,父母始终是最终的决策者,掌握着最终的决策权,父母只会与子女关于兴趣进行沟通协商,子女仅在选择培训班类型上具有一定的影响力。

四、影响因素分析

关于影响学前儿童家庭教育消费支出的因素的研究相对比较多,大多数研究都是从学前儿童性别和发展状况、学前儿童家长的背景、幼儿园和地区发展程度等角度展开研究。从国外来看,舒尔茨(Schultz, 1993)认为,在众多影响家庭对子女的教育投入的因素中,家庭经济收入是主要因素。在经济收入较低的家庭中,即使教育投资回报率高,学生家长也会由于担心教育投资的风险或者惧怕借贷支出的压力而降低对子女的教育投入。Maurin(2002)的研究认为,与父母的受教育程度、职业类型等其他家庭因素相比,家庭的经济条件对子女教育投资的影响力度更大。刘焱和宋妍萍(2013)在《我国城市3—6岁儿童家庭学前教育消费支出水平调查》中明确指出,影响家庭学前教育消费支出的主要因素可以分为五类,分别是:(1)与幼儿相关的解释变量:性别(虚拟变量)、年龄(有序变量)、对子女受教育程度的期望(有序变量);(2)与家庭相关的解释变量:家庭收入(有序变量)、家庭人口规模(连续变量)、家庭子女数(连续变量);(3)与幼儿园相关的解释变量:幼儿园类型(虚拟变量);(4)地区方面:城市发展程度(有序变量)。孙彩虹(2003)在《重庆市中小学生家庭教育消费支出差异分析》研究中发现,影响家庭教育消费支出的因素主要有:(1)与父母个人背景相关的解释变量,主要是父母的文化水平。高的文化水平会扩张父母对子女的教育期望,进而增加对子女的教育投入。(2)与家庭资源相关的解释变量,包括家庭收入和家庭人口规模。家庭收入从正面影响对子女的教育费用,并且这一影响被认为是双重的。一方面,家庭收入增加直接导致父母花在抚养和教育子女方面的费用增多;另一方面,收入的提高还会强化父母对子女教育质量的偏好,愿意在子女的教育和培训上更多地投资,以提高子女的文化素质。与家庭收入相反,家庭人口规模越大,对子女的教育投资越少,二者呈负相关。(3)地区发达程度。地区间在经济、文化等方面的差异也影响着家庭教育消费支出。(4)与学生本人相关的解释变量,包括性别、年龄等标识。

王晞(2006)在《城市居民子女教育消费行为的经济学分析——以福州市为例》一文中指出:"教育主流市场的缺损,是形成家庭子女教育非理性消费的客观因素""中国人对教育的传统观念,是形成家庭子女教育非理性消费的主观因素""优质教育资源不足,是导致家庭子女教育非理性消费的直接原因"。王虎(2006)在对兰州市家庭文化消费的实证研究中发现,家庭文化消费水平与家庭年收入、居民个人年收入、家庭生命周期、家庭职业构成、年龄、职业、教育程度、消费流行和家庭规模有关。其中,教育消费影响因素依次是年龄、家庭生命周期、家庭年收入、消费流行、社会消费环境满意度、产品价格、消费习俗。周静(2007)的研究发现:(1)家庭收入对子女参加技能类的培训班没有显著的影响,而对兴趣类培训班的影响显著。在浓厚的尊师重教传统影响下,不管经济条件的好坏,家长们都致力于为孩子提供最好的学习环境,特别是在能促进学习的课外培训上更是不惜血本。但对花费颇高的兴趣类培训班,低收入家庭态度明显消极很多,这符合当前国内的实际情况。(2)受过良好教育的父母与未受过良好教育的父母在培训班的态度上有显著差异。受过良好教育的父母倾向于兴趣班,寄望于孩子个人兴趣的培养;未受过良好教育的父母则偏向于技能班,目的在于提高孩子的学习成绩。随着父母学历的提高,对技能类培训班的支持态度明显下降,对兴趣类培训班的支持态度提高。(3)孩子年龄对父母在技能类培训班的态度有显著影响,对父母在兴趣类培训班的态度影响不显著。(4)孩子学习成绩与父母对技能类培训班的态度成反比,与父母对兴趣类培训班的态度成正比。文章依家庭儿童培训消费决策的特点,从家庭、父母、儿童、需求决策、培训企业等方面入手,系统梳理了家庭儿童培训消费决策的影响因素。

(一)家庭方面

1. 儿童参加培训班阶段划分

根据联合国《儿童权利公约》中的定义:"凡18岁以下者均为儿童,除非各国或地区法律有不同的定义",并认为每一个儿童既是一个独立的个人,又是家庭和社会的一分子。关于儿童年龄阶段的划分:粗放一点可分为学龄前(0—6岁)、小学(7—12岁)和中学(13—18岁)三个年龄段;细分可分为婴儿(0—1岁)、幼童(2—3岁)、小童(4—6岁)、中童(7—12岁)、大童(13—18岁)。另外,高等医药院校教材《儿科学》里把儿童年龄分为七个时期:(1)胎儿期(从卵子和精子结合到出生,约280天);(2)新生儿期(从脐带结扎至出生后足28天);(3)婴儿期(出生后28天到满一周岁,又称乳儿期);(4)幼儿期(1周岁到满3周岁);(5)学龄前期(3周岁后到入小学前6—7岁);(6)学龄期(6—7岁至女12岁,男13岁);(7)少年期(青春期)(女孩从12—13岁到17—18岁,男孩从13—14岁到18—20岁)。

在中国教育压力背景下,父母和子女同样面临小升初、初升高和高考三次大的"考试"。实际调查中我们也发现,当子女进入小学五年级后,父母对子女的学业要求越来越多,对子女学业目标的要求直接影响培训班的选择,而且这种影响力度与子女的学习成绩有很大的相关性。本文根据儿童培训消费决策所处的家庭生命周期满巢期各阶段划分和认知发展理论,在实际调查的基础上将儿童培训阶段划分为:3—6岁、7—9岁、10—12岁和12岁以上四个阶段(表2)。

表2 家庭儿童参加培训阶段划分

阶段划分	阶段特征
3—6岁	这个阶段父母会让孩子广泛参加兴趣班,虽然孩子口口声声说自己"喜欢",其实他们只是好奇,孩子尚未形成自己的认知,因此父母在培训班的选择上具有主导性。
7—9岁	这个阶段孩子关于自身兴趣和认知都有了提高,对于不同的培训班也有了自己的观点,对于父母的一些提议也会说"不",父母在决策时更要考虑孩子的兴趣,并且孩子的兴趣从广泛尝试逐渐转变为集中学习。
10—12岁	这个阶段父母和子女要面临小升初的压力,父母对子女的目标首次被清晰化。父母不仅会考虑子女的兴趣,也加入了子女的学习成绩等要素。当然,父母在小升初的压力下,把技能类型的培训班提上议程,会采取强硬态度而忽略子女的兴趣和意见,并极大可能强加给子女。
12岁以上	在中国的教育背景下,这个阶段父母会面临初升高和高考压力,不会为孩子选择新的兴趣班,只会聚焦于发展原有兴趣,而且此时的"兴趣"已不再单纯是爱好,多数情况已经转变为孩子的一技之长和升学筹码。

2. 家庭消费决策倾向

从家庭消费决策角度,可划分为四种家庭消费决策倾向:

(1)重智力倾向家庭。表现为重智力投资,购买大量书籍、报刊;购置各种贵重乐器和音像出版物;购买电脑,以提高家庭成员的个人素质。

(2)重用品倾向家庭。表现为注重购买各种家用电器和设备,且不断更新,以在满足自身享受的同时,显示自己的地位。

(3)重健康倾向家庭。表现为注重家庭成员的健康,注意改善饮食,增加营养;儿童培训锻炼消费支出较多;爱好旅游。

(4)重爱好倾向家庭。表现为家庭成员有某种爱好,家庭消费支出比较集中于所爱好的某一方面。

3.家庭成员角色

据2011年发布的《中国家庭教育消费白皮书》显示,73%的小学生家长和62%的初中生家长关注孩子课外辅导和兴趣培训。家庭中女性更加关心孩子的教育,这反映在选择培训学校时,有将近一半的家庭由妻子决定,占到46.6%;但大多数家庭也会给孩子相对自由的发展空间,在选择培训课程时,超过1/3的家庭都是孩子具有最终的决定权。

(二)父母方面

1.家庭收入

涂瑞珍和林荣日(2009)对上海293户城乡居民的问卷调查发现,家庭总收入对家庭教育支出存在较大正向影响。我国家庭历来重视教育,普通家庭的教育支出占家庭支出的比例越来越高,中等收入阶层及以上的家庭更注重教育。2013年城镇居民家庭人均消费性支出为18 487.5元,文教消费支出占比12.4%,为2 294.45元;同年,农村居民家庭的人均消费性支出为6 625.5元,文教消费支出占比7.3%,为483.7元。根据中国产业信息发布的报告显示:2015年近五成家长每年家庭教育支出达6 000元以上,其中约1/3的家长投入过万元。随着家庭整体收入的提高,家庭对教育的投入也日益增加。根据艾瑞咨询公司发布的《2016年中国家庭教育消费者图谱》中按收入等级分,以城镇居民家庭文教消费情况为例,分别选取中等收入户(20%)、中等偏上收入户(20%)、较高收入户(10%)、最高收入户(10%),可看出在中等及以上收入层次的家庭,教育的消费市场广阔,中等阶层可视为教育消费的重点客户。

家庭收入也是影响是否上培训班的主要因素。调查显示,随着家庭收入的增长,孩子上培训班的比例明显提高。2012年发布的《中国家庭教育消费白皮书》显示,教育消费占到中国社会中坚阶层家庭收入的1/7,并且该比例预期还将持续增长。而家庭收入越低者对教育的投资占比反而越高。在收入较低的"入门阶层"(年收入10万元及以下)中,教育消费占年收入的比例高达17.3%,而"小富阶层"(年收入30万元及以上)的这一比例则下降到12%。

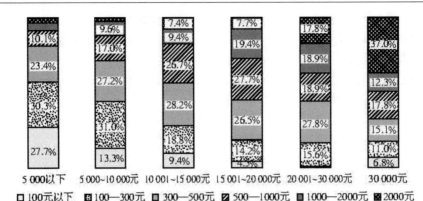

图3 2016年子女为0—18岁的中国家庭月收入及平均月教育产品支出情况

资料来源:艾瑞咨询《2016年中国家庭教育消费者图谱》报告。

2. 父母年龄

艾瑞咨询公司发布的《2016年中国家庭教育消费者图谱》显示(见图4),参与此次调研的家庭,儿童年龄阶段分布在0—18岁,其中学龄前(0—6岁)占37.0%,小学阶段(7—12岁)占35.4%,中学阶段(13—18岁)占27.6%;而其中"70后"和"80后"为家长主体人群,共计占比89.2%。不同代际的父母,对于儿童培训消费的关注度和关注方向存在不同。一方面,不同年龄的父母的代际特征会影响家庭儿童培训消费的选择;另一方面,父母的不同年龄阶段与子女的年龄也是对应的,子女所处阶段对于培训班的选择有明显影响。

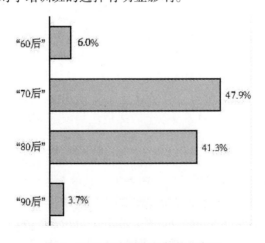

图4 2016年中国家长年龄分布图

资料来源:艾瑞咨询《2016年中国家庭教育消费者图谱》报告。

未来儿童培训市场的主力将会是父母为"80后"的家庭,下面对其进行详细分析(见表3)。"80后"作为中国计划生育背景下的第一批独生子女,他们当中的大部分已经组建了自己的家庭,并步入为人父母的行列,承担起教育下一代的责任。"80后"父母与老一辈父母在教养的理念和方法上,既有传承的一面,又有其独特的一面。考虑到"80后"父母的受教育情况、成长环境与老一辈父母的巨大差别,其世界观、人生观、价值观不尽相同,直接决定了其在子女教育上的方式、方法、资源也呈现出不同于老一辈的特点。书籍、网络、父母经验,成为"80后"父母教育子女的资源。"80后"父母或多或少地都让孩子上早教班。父母对孩子早于正常育龄进入培训班没有太多的制止。部分"80后"父母表示,虽然不太认同过早教育,事实上还是送孩子接受了一些才艺培训。大多数"80后"父母觉得上早教班是趋势,如果不参加就和社会脱轨,不但孩子间差距变大,连大人间也没有共同语言。另一个更主要也是最无奈的原因是工作忙,无暇顾及孩子。如今"80后"父母在社会上已经成为单位的骨干,白天工作繁杂,晚上已经没有过多的时间教育孩子。上早教班,成为让孩子较系统地提前接受教育的一种选择。

表3 不同年龄父母的代际特征

代际细分	主要特征
"60后"	传统、严格、事业有成、看重孩子的成绩、觉得和孩子有代沟、为孩子规划未来
"70后"	成熟、社会中坚、收入较高、最关注升学类资讯、乐于与孩子交流、民主化教育、教育支出意愿高
"80后"	高学历、第一代独生子女、为理想打拼、对网络接受度高、遇困惑会上网交流、工作忙照顾孩子少、注重素质教育
"90后"	认为作为家长还不够成熟、对孩子成绩关注不高、初为人父/母、收入不高、热衷新事物、追求个性

3. 父母职业

李红伟(2000)发现,科研技术、房地产业、文艺广电业、卫生福利业和地质水利业的家庭,人均教育支出较高,而采掘业、商业饮食业、农林牧渔业和社会服务业相对较低,且父母为司局级干部的家庭教育支出最多,其次是处级干部家庭,依行政级别降低而递减。

4. 父母受教育程度

在家庭教育中,采取何种教养方式和父母的文化程度密切相关。一个人的文化修养与其受教育程度直接相关,不仅如此,父母的受教育程度直接影响孩子的教育。Qian and Smyth(2010)对2003年中国32个城市的调查显示,受过高中或大学教育的母亲对家庭教育支出具有显著正影响,该类家庭比母亲受教育水平较低的家庭的教育支出高60%。Glick and Sahn(2000)1990年对几内亚1 725位住户的调查发现,父亲受教育程度越高,家庭的子女教育支出越高,而母亲受教育程度只对女儿的家庭教育支出具有正向影响。Huy and Quang(2012)对2006年越南家庭生活水平调查数据使用Tobit估计方法进行实证检验,结果发现,户主受教育水平更高和户主专业技能更强的家庭教育支出更高。

(三)儿童方面

儿童年龄、儿童性别、儿童学习成绩和儿童自身兴趣是儿童方面对于家庭儿童培训决策的主要影响因素。Li et al. (2006)在中国的调查发现,家庭在子女教育投资方面存在性别差异,女孩获得更多的家庭教育投资,这可能是由于在经济转型过程中,女性受教育水平提升的更快和母亲在家庭内部发挥更多的作用所致。该调查还发现,不同年龄段儿童参加培训班的比例不同。3岁以下儿童由于年龄太小基本上不会参加培训班。4—6岁的小朋友参加培训班的比例明显增长,近四成儿童参加。小学阶段的儿童是参加培训班的主体,7—13岁正是培养特长或兴趣的年龄,同时他们有一定的独立能力,又有更多的自由时间,因此有近2/3的小学生参加培训班。14—16岁的儿童由于学习压力增加,自由时间减少等,参加培训班的比例有所下降,但仍有一半的儿童参加。

(四)需求决策

1. 培训需求类型

据中国产业调研网发布的《中国教育培训行业发展回顾与市场前景预测报告(2015—2020年)》显示,城市家庭平均每年在子女教育方面的支出,占家庭子女总支出的78.3%,占家庭总支出的36.5%,占家庭总收入的32.7%。调查显示,81.4%的家庭对于课外培训或辅导的选择侧重于语文、数学、外语等学科类辅导;33.9%的家庭支出涉及音乐、舞蹈、绘画、书法等艺术类培训;14.7%的家庭教育支出涉及武术、游泳等儿童培训类训练;另有3.6%的家庭让孩子参与航模、机器人等科技类培训。根据调查,儿童培训班类型有英语、美术、音乐、舞蹈、数学、游泳、跆拳道等,其中,对英语培训班的需求是最大的。

2. 儿童培训消费经验

2013年11月15日,十八届三中全会通过《中国中央关于全面深化改革重大问题的决定》对外宣布了单独二孩政策,单独二孩政策实施以后,我国将出现新一轮人口增长。据艾瑞咨询预测,2015年之后,国内新生儿数量每年将增加100万—200万,教育消费支出也将呈现上升趋势。

3. 培训消费信息

根据艾瑞咨询公司公布的《2016年中国家庭教育消费者图谱》显示(见图5),家长从网络媒体渠道、育儿书籍上获得的教育类资讯最多,分别是65.8%和51.2%。其次是亲友介绍和电视节目,分别是37.6%和28.7%。父母获取教育类资讯的方式与父母的生活习惯、职业、教育背景相关,这也会对其儿童培训决策行为产生影响。

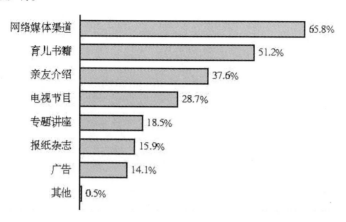

图5 子女为0—6岁的中国家长教育类资讯获取渠道

（五）培训机构方面

根据2011年发布的《中国家庭教育消费白皮书》显示，家庭在选择培训机构时关注的因素主要有：教学效果、师资力量、上课时间、地点方便程度、教学环境、价格、服务态度和售后服务。本研究在此基础上，将教学效果、师资力量、教学环境等综合看作一个影响因素，即培训质量，另外，添加培训机构品牌影响因素（见图6）。

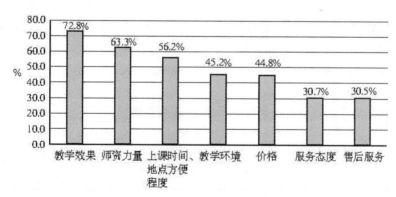

图6 选择培训机构时关注的因素及其所占比例

（六）其他方面

1. 区域发展水平

根据艾瑞咨询公司公布的《2016年中国家庭教育消费者图谱》显示，受城市间家庭收入差异的影响，一线城市家庭平均月教育消费支出水平明显高于二线城市和三、四线城市，其中一线城市，二线城市和三、四线城市平均月教育产品支出大于1 000元的比例分别为32.8%、17.2%和7.0%。当然,家庭收入是直接影响家庭教育产品支出的主要因素。调查显示,月收入低于5 000元的家庭,有58.0%平均月教育消费支出小于300元;而月收入高于30 000元的家庭,有37.%平均月教育消费支出高于2 000元(见图7)。

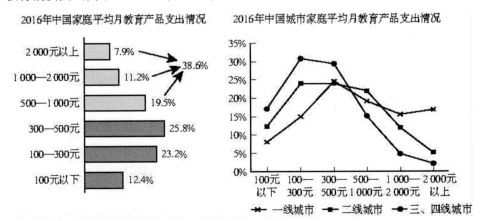

图7　2016年中国城市和家庭平均月教育支出情况

资料来源:WIND资讯。

2. 社会文化环境

中国的家庭历来重视子女教育问题。一个地区的文化氛围或者价值取向会直接或间接影响家庭儿童培训消费决策行为。例如,"素质教育"理念的提出,会让父母更综合关注儿童的全面成长,也会扩大儿童关于素质培训的需求;另外,中国的父母普遍喜欢把子女和周边家庭的子女对比,这无形之中也会对家庭子女培训消费决策产生影响。

五、家庭儿童培训消费决策影响因素ISM模型构建

解析结构模型(Interpretative Structural Modeling)是美国J.沃菲尔德(J.Warfield)教授1973年为分析复杂关联的系统问题而提出的一种关于系统的分析方法。ISM方法主要是运用系统元素之间已经确定的相互依赖关系,展示系统的内部构架,以此来分析因素关系复杂的系统。基本步骤是先用图形和矩阵描述出影响因素间的关系,再通过矩阵运算来构建解析结构模型。

(一)影响因素指标体系的构建

在文献和调查的基础上,我们识别出家庭儿童培训消费行为影响因素指标体系,如表4所示。

表 4　家庭儿童培训消费决策影响因素指标体系

类别	因素	标号
家庭方面	儿童参加培训不同阶段	S1
	消费决策倾向	S2
	消费决策方式	S3
	家庭文化	S4
父母方面	家庭收入	S5
	父母年龄	S6
	父母职业	S7
	父母受教育程度	S8
	父母对子女期望（目标）	S9
儿童方面	儿童年龄	S10
	儿童性别	S11
	儿童学习成绩	S12
	儿童自身兴趣	S13
	儿童的参与度和影响力	S14
决策过程方面	培训班需求类型	S15
	儿童培训消费经验	S16
	培训消费决策偏好	S17
	培训消费信息	S18
	参照群体的影响	S19
培训企业方面	培训企业品牌	S20
	培训产品价格	S21
	培训产品质量	S22
	培训消费方便程度	S23
其他方面	区域发展水平	S24
	社会文化环境	S25

（二）构建邻接矩阵

由于家庭儿童培训消费决策的各影响因素之间是相互联系、相互影响的一个复杂系统，只有理清它们之间的关系，才能做出正确的分析评价。在文献分析和专家咨询的基础上，通过两两比较，直观地确定了各要素间的二元关系，如表5所示，要素间的逻辑关系用 V、A 和 X 表示。其中，V 表示方格图中的行（或上位）要素直接影响到列（或下位）要素，A 表示列要素对行要素有直接影响，X 表示行列两要素相互影响。然后，根据要素间二元关系（即表5）得到邻接矩阵 A。

表 5　家庭儿童培训消费决策影响因素方格图

					V			V	V	V		A	V					V					V	S1 儿童参加培训不同阶段
A								V				V						A	A					S2 消费决策倾向
A							V	V	A	A	A					A	A						A	S3 消费决策方式
A	A				V		V	V			V					V	A	A	A				A	S4 家庭文化

（续表）

							S5 家庭收入		
								S6 父母年龄	
			V	V		V		S7 父母职业	
			V	V		V	S8 父母受教育程度		
A			V	A	A	A	S9 父母对子女的期望（目标）		
			V	V	V	S10 儿童年龄			
			V	V		S11 儿童性别			
			V	V	V	S12 儿童学习成绩			
A			V	V	S13 儿童自身兴趣				
			V	S14 儿童的参与度和影响力					
A			A	A	S15 培训班需求类型				
			V	V	S16 儿童培训消费经验				
A	V	V	A	A	S17 培训消费决策偏好				
A			A	S18 培训消费信息					
A			S19 参照群体的影响						
	A	A	S20 培训企业品牌						
A		A	S21 培训产品价格						
	S22 培训产品质量								
	S23 培训消费方便程度								
X	S24 区域发展水平								
S25 社会文化环境									

根据表 5 中各要素的二元关系方格图，可得邻接矩阵如下：

$A = [0,1,1,0,0,0,0,0,1,0,0,0,1,1,1,0,0,0,1,0,0,0,0,0,0;$
$0,0,0,0,0,0,0,0,1,0,0,0,0,1,0,0,0,0,0,0,0,0,0,0,0;$
$0,0,0,0,0,0,0,0,0,0,0,0,0,0,1,1,0,0,0,0,0,0,0,0,0;$
$0,1,1,0,0,0,0,1,0,0,0,1,0,1,0,1,0,1,0,0,0,0,0,0,0;$
$0,0,0,1,0,0,0,0,0,0,0,0,0,0,0,0,0,0,0,0,0,0,0,0,0;$
$0,0,0,1,0,0,0,0,0,0,0,0,0,0,0,0,0,0,0,0,0,0,0,0,0;$
$0,0,0,1,0,0,0,1,0,0,0,1,0,1,0,0,0,0,0,0,0,0,0,0,0;$
$0,0,1,1,0,0,0,0,1,0,0,0,1,1,0,0,0,0,0,0,0,0,0,0,0;$
$0,0,1,0,0,0,0,0,0,0,0,1,0,1,0,0,0,0,0,0,0,0,0,0,0;$
$1,0,0,0,0,0,0,1,0,0,0,1,1,1,0,0,0,0,0,0,0,0,0,0,0;$
$0,0,0,0,0,0,0,0,1,0,0,0,1,1,1,0,0,0,0,0,0,0,0,0,0;$
$0,0,0,0,0,0,0,0,0,0,0,1,1,1,0,0,0,0,0,0,0,0,0,0,0;$
$0,0,1,0,0,0,0,1,0,0,0,0,1,1,0,0,0,0,0,0,0,0,0,0,0;$
$0,0,1,0,0,0,0,0,0,0,0,0,0,1,0,0,0,0,0,0,0,0,0,0,0;$
$0,0,1,0,0,0,0,0,0,0,0,0,0,0,0,0,0,0,0,0,0,0,0,0,0;$

0,0,0,0,0,0,0,0,0,0,0,0,0,0,1,0,1,1,0,0,0,0,0,0;
0,0,0,0,0,0,0,0,0,0,0,0,0,0,1,0,0,0,0,0,1,0,1,0,0;
0,0,0,0,0,0,0,0,0,0,0,0,0,0,1,0,0,0,0,0,0,0,0,0;
0,0,0,0,0,0,0,0,0,0,0,0,0,0,1,0,1,1,0,0,0,0,0,0;
0,0,0,0,0,0,0,0,0,0,0,0,0,0,0,0,0,0,0,0,0,0,0,0;
0,0,0,0,0,0,0,0,0,0,0,0,0,0,0,0,0,1,0,0,0,0,0,0;
0,0,0,0,0,0,0,0,0,0,0,0,0,0,0,0,1,1,0,0,0,0,0,0;
0,0,0,0,0,0,0,0,0,0,0,0,0,0,0,0,1,0,0,0,0,0,0,0;
0,0,0,0,1,0,0,0,0,0,0,0,0,0,0,0,0,0,1,0,0,0,1;
0,1,1,1,0,0,0,0,1,0,0,0,1,0,1,0,1,1,1,0,0,0,0,1,0]

(三)由邻接矩阵求可达矩阵

可达矩阵反映系统要素之间任意次传递性的二元关系,若 D 是由 n 个要素组成的系统 $S = \{e_i \mid i = 1,2,\cdots n\}$ 的关系图,元素为

$$m_{ij} = \begin{cases} 1, \text{如果} e_i \text{经若干箭线到达} e_j \\ 0, \text{否则} \end{cases}$$

的 $n \times n$ 矩阵 M,成为图 D 的可达性矩阵。如果从要素 e_i 出发经过 K 段箭线到达 e_j,则说明 e_i 到 e_j 是可达的且"长度"为 K。

其求解公式为

$$(A+I) \neq (A+I)^2 \neq \cdots \neq (A+I)^K = (A+I)^{K+1} \quad (K \leq n-1)$$

利用 matlab 软件可求得可达矩阵 P:

P = [1,1,1,0,0,0,0,0,1,0,0,0,1,1,1,1,1,1,1,1,1,0,1,0,0;
0,1,1,0,0,0,0,0,1,0,0,0,1,1,1,1,1,1,0,1,1,0,1,0,0;
0,0,1,0,0,0,0,0,0,0,0,0,0,1,1,1,1,0,1,1,0,1,0,0;
0,1,1,1,0,0,0,0,1,0,0,0,1,1,1,1,1,1,1,1,1,0,1,0,0;
0,1,1,1,1,0,0,0,1,0,0,0,1,1,1,1,1,1,1,1,1,0,1,0,0;
0,1,1,1,0,1,0,0,1,0,0,0,1,1,1,1,1,1,1,1,1,0,1,0,0;
0,1,1,1,0,0,1,0,1,0,0,0,1,1,1,1,1,1,1,1,1,0,1,0,0;
0,1,1,1,0,0,0,1,1,0,0,0,1,1,1,1,1,1,1,1,1,0,1,0,0;
0,0,1,0,0,0,0,0,1,0,0,0,1,1,1,1,1,0,1,1,0,1,0,0;
1,1,1,0,0,0,0,0,1,1,0,0,1,1,1,1,1,1,1,1,1,0,1,0,0;
0,0,1,0,0,0,0,0,1,0,1,0,1,1,1,1,1,0,1,1,0,1,0,0;
0,0,1,0,0,0,0,0,1,0,0,1,1,1,1,1,1,0,1,1,0,1,0,0;
0,0,1,0,0,0,0,0,1,0,0,0,1,1,1,1,1,0,1,1,0,1,0,0;
0,0,1,0,0,0,0,0,0,0,0,0,0,1,1,1,1,0,1,1,0,1,0,0;
0,0,1,0,0,0,0,0,0,0,0,0,0,1,1,1,1,0,1,1,0,1,0,0;

0,0,1,0,0,0,0,0,0,0,0,0,0,0,1,1,1,1,0,1,1,0,1,0,0;
0,0,1,0,0,0,0,0,0,0,0,0,0,0,1,1,1,1,0,1,1,0,1,0,0;
0,0,1,0,0,0,0,0,0,0,0,0,0,0,1,1,1,1,0,1,1,0,1,0,0;
0,0,1,0,0,0,0,0,0,0,0,0,0,0,1,1,1,1,1,1,1,0,1,0,0;
0,0,0,0,0,0,0,0,0,0,0,0,0,0,0,0,0,0,0,1,0,0,0,0,0;
0,0,0,0,0,0,0,0,0,0,0,0,0,0,0,0,0,0,0,1,1,0,0,0,0;
0,0,0,0,0,0,0,0,0,0,0,0,0,0,0,0,0,0,0,1,1,1,0,0,0;
0,0,0,0,0,0,0,0,0,0,0,0,0,0,0,0,0,0,0,1,0,0,1,0,0;
0,1,1,1,1,0,0,0,1,0,0,0,1,1,1,1,1,1,1,1,1,0,1,1,1;
0,1,1,1,1,0,0,0,1,0,0,0,1,1,1,1,1,1,1,1,0,1,1,1]

(四) 可达矩阵的划分

(1) 区域划分把系统分成若干相互独立的或间接影响的子系统。可达性矩阵的可达集和先行集的定义：若系统 $S = \{e_i \mid i = 1,2\cdots n\}$ 的可达矩阵为 $M = (m_{ij})_{n \times n}$，则 $\forall e_i \in S$ 的可达集为 $R(e_i) = \{e_j \mid e_j \in s, m_{ij} = 1\}$，$e_i$ 的先行集为 $A(e_i) = \{e_j \mid e_j \in s, m_{ji} = 1\}$

(2) 层级划分最上级要素的定义：系统 $S = \{e_i \mid i = 1,2\cdots n\}$ 的第一层要素为 $T = \{e_i \mid e_i \in S \text{ 且 } R(e_i) \cap A(e_i) = R(e_i)\}$

求出第一层要素后，把它们暂时去掉，然后用相同方法求下一层要素。系统 S 中一个区域 P 的级别划分可用下式表示：

① $L_j = \{e_i \in P - L_0 - L_1 - \cdots - L_{j-1} \mid R_{j-1}(e_i) \cap RA_{j-1}(e_i) = R_{j-1}(e_i)\}$

这里，$L_0 \neq ?$，L_j 表示第 j 级，$j \geq 1$；

$R_{j-1}(e_i) = \{e_i \in P - L_0 - L_1 - \cdots - L_{j-1} \mid M_{ij} = 1\}$

$A_{j-1}(e_i) = \{e_i \in P - L_0 - L_1 - \cdots - L_{j-1} \mid M_{ji} = 1\}$

② $\{P - L_0 - L_1 - \cdots - L_j\} = ?$ 时，级别划分完毕。

根据以上步骤，家庭儿童培训消费决策影响因素层级可划分为十级，一级因素 $H_1 = \{S20\}$；二级因素为 $H_2 = \{S21, S23\}$；三级因素 $H_3 = \{S3, S15, S16, S17, S18, S22\}$；四级因素 $H_4 = \{S14, S19\}$；五级因素 $H_5 = \{S9\}$；六级因素 $H_6 = \{S13\}$；七级因素 $H_7 = \{S2, S11, S12\}$；八级因素 $H_8 = \{S1, S4\}$；九级因素 $H_9 = \{S5, S6, S7, S8, S10\}$；十级因素 $H_{10} = \{S24, S25\}$。

(五) 绘制多级递阶结构模型

依据以上级别划分的结果，可建立关于家庭儿童培训消费决策的影响因素的解析结构模型如图 8 所示。

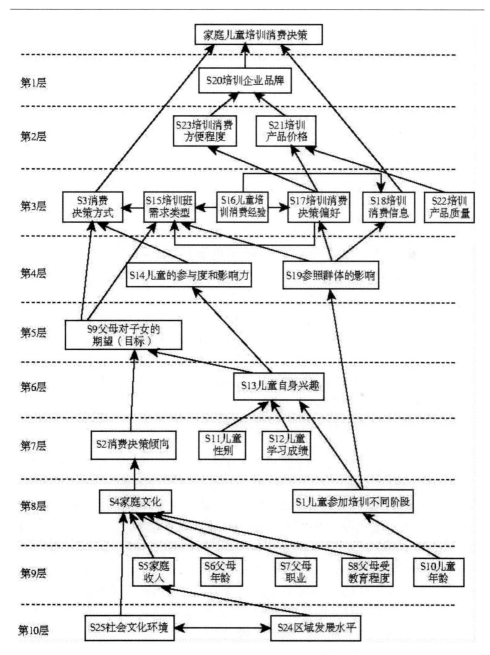

图8 家庭儿童培训消费决策解析结构模型

(六)ISM 模型分析

由图8可知,家庭儿童培训消费决策影响因素体系是一个具有十级递阶结构的复杂系统。这十个层级反映了家庭儿童培训消费决策影响因素之间的关系。结合我国家庭关于儿童参加培训的消费决策实际情况,对其分析如下:

1. 消费决策系统

第1层,包括培训企业品牌,这个方面是影响家庭儿童培训消费决策的最直接原因,也是表层现象原因。如果要促进家庭儿童培训消费可以通过口碑营销来塑造企业品牌。第2层,包括培训产品价格和培训方便程度,这两个方面会影响培训企业品牌,是影响家庭儿童培训消费决策的浅层原因。第3层,包括消费决策方式、培训班需求类型、儿童培训消费经验、培训消费决策偏好、培训消费信息和培训产品质量,这六个方面中,排除培训产品质量外,其他五个方面属于强连接关系,彼此间高度互动,自身容易形成一个封闭系统。这个封闭系统中,有一个重要的因素就是培训班需求类型的确定。需求类型确定后,综合第1、2和3层就组成了家庭儿童培训的消费决策系统。综合考虑第1、2和3层这个系统,最终直接影响家庭儿童培训消费决策的原因有三个:培训企业品牌、家庭消费决策方式和培训消费信息。

2. 原因驱动系统

第4层,包括儿童的参与度和影响力、参照群体两个因素。第5层,包括父母对子女的期望(目标)因素。第6层,包括儿童自身兴趣因素。第4、5和6层是影响第1、2和3层所组成的消费决策系统的浅层原因。这些因素是极具动态变化的,是比较重要的原因分析层。

第7层,包括消费决策倾向、儿童性别和儿童学习成绩三个因素。第8层,包括家庭文化和儿童参加培训不同阶段两个因素。第9层,包括家庭收入、父母年龄、父母职业、父母受教育程度和儿童年龄五个因素。第10层,包括社会文化环境和区域发展水平两个因素,它们具有强连接关系,可以说是影响家庭儿童培训消费行为的根本决定因素。在这两个要素既定的情况下,我国居民的平均消费能力和大致消费习惯,以及儿童培训产品的基本供需水平也就确定下来了。第7、8、9和10层组成消费决策系统的深层次原因。这些因素具有静态特点,一般在一定阶段内是不易发生变化的。

综合考虑第4—10共7个层次分别组成的动态原因子系统和静态原因子系统,两个子系统共同组成了消费决策系统的原因驱动系统。

六、家庭儿童培训影响因素 AHP 分析

(一)影响因素模型构建

AHP(Analytic Hierarchy Process) 层次分析法由美国运筹学萨蒂(T. L. Satty)教授在20世纪70年代提出。相对于其他分析评价方法,AHP层次分析法的特征使该方法尤其适用于对无结构特性的系统以及多目标、多准则、多时期的系统进行评价,且能把难以全部量化处理的决策问题化为多层次单目标问题。首先,我们在 ISM 结构模型的基础上,经过专家综合评价,对影响因素进行筛选和分类,最终确定五个方面共 19 个因素(见图 9)。其次,ISM 结构模型只是展示了影响因素之间的影响层次和路径关系,本文希望运用 AHP 方法计算出各因素权重,进一步比较各种因素的影响程度。最后,我们还将检验在儿童参加培训的不同阶段各种影响因素权重的变化情况。

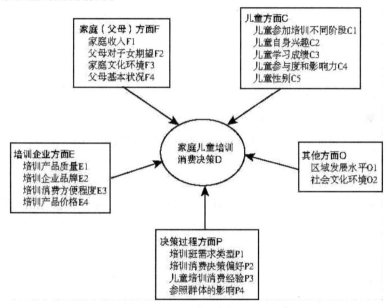

图 9　家庭儿童培训消费决策影响因素模型

(二)影响因素 AHP 分析

我们选择对家庭消费有较深研究的高校老师以及在实际中对子女教育有深刻了解的专家作为调查对象,建立要素两两充分对比的判断矩阵,即对上述同一层因素两两之间重要性进行比较评分,评分采用 Saaty 的 1—9 比例标度法。每个专家构造的矩阵为 6 个,在此不一一列举,并对其做了检验和部分调整,使其均满足于 CR<0.1 的一致性。

(1)对于目标层,F、C、E、P、O 相对于 D 的判断矩阵为:

$$D_D = \begin{bmatrix} 1 & 2 & 4 & 6 & 8 \\ 1/2 & 1 & 2 & 3 & 6 \\ 1/4 & 1/2 & 1 & 2 & 5 \\ 1/6 & 1/3 & 1/2 & 1 & 3 \\ 1/8 & 1/6 & 1/5 & 1/3 & 1 \end{bmatrix};$$

利用 AHP 软件软件,计算出其权重和一致性:

$$W_\mathrm{D} = \begin{bmatrix} 0.4702 \\ 0.2549 \\ 0.1495 \\ 0.0870 \\ 0.0384 \end{bmatrix}, \mathrm{CR} = 0.0206 < 0.1, \lambda_{\max} = 5.0922。$$

(2)对于底层,F1、F2、F3、F4 相对于 F 的判断矩阵为:

$$D_\mathrm{F} = \begin{bmatrix} 1 & 2 & 3 & 6 \\ & 1 & 2 & 4 \\ & & 1 & 3 \\ & & & 1 \end{bmatrix}; 利用 AHP 软件,计算出其权重和一致性: W_\mathrm{F} = \begin{bmatrix} 0.4852 \\ 0.2802 \\ 0.1666 \\ 0.0680 \end{bmatrix},$$

$\mathrm{CR} = 0.0116 < 0.1, \lambda_{\max} = 4.0310$。

(3)对于底层,C1、C2、C3、C4、C5 相对于 C 的判断矩阵为:

$$D_\mathrm{C} = \begin{bmatrix} 1 & 2 & 3 & 5 & 6 \\ & 1 & 2 & 4 & 6 \\ & & 1 & 3 & 6 \\ & & & 1 & 2 \\ & & & & 1 \end{bmatrix}; 利用 AHP 软件,计算出其权重和一致性: W_\mathrm{F} =$$

$$\begin{bmatrix} 0.4258 \\ 0.2760 \\ 0.1821 \\ 0.0740 \\ 0.0421 \end{bmatrix}, \mathrm{CR} = 0.0242 < 0.1, \lambda_{\max} = 5.108。$$

(4)对于底层,P1、P2、P3、P4 相对于 P 的判断矩阵为:

$$D_\mathrm{F} = \begin{bmatrix} 1 & 2 & 4 & 6 \\ & 1 & 2 & 4 \\ & & 1 & 3 \\ & & & 1 \end{bmatrix}; 利用 AHP 软件,计算出其权重和一致性: W_\mathrm{P} = \begin{bmatrix} 0.5479 \\ 0.2404 \\ 0.1472 \\ 0.0646 \end{bmatrix},$$

$\mathrm{CR} = 0.0304 < 0.1, \lambda_{\max} = 4.0812$。

(5)对于底层,E1、E2、E3、E4 相对于 E 的判断矩阵为:

$$D_\mathrm{E} = \begin{bmatrix} 1 & 2 & 4 & 6 \\ & 1 & 2 & 5 \\ & & 1 & 3 \\ & & & 1 \end{bmatrix}; 利用 AHP 软件,计算出其权重和一致性: W_\mathrm{P} = \begin{bmatrix} 0.5028 \\ 0.2857 \\ 0.1495 \\ 0.0620 \end{bmatrix},$$

$CR = 0.0182 < 0.1, \lambda_{max} = 4.0487$。

（6）对于底层，O1、O2 相对于 O 的判断矩阵为：

$D_O = \begin{bmatrix} 1 & 3 \\ & 1 \end{bmatrix}$；利用 AHP 软件，计算出其权重和一致性：$W_O = \begin{bmatrix} 0.750 \\ 0.250 \end{bmatrix}$，$CR = 0.0000 < 0.1, \lambda_{max} = 2.000$。

通过对一致性 CR 进行检验，发现各层次因子间的组合均符合 CR<0.1 的一致性要求，综合上述 5 个矩阵计算出的 19 个底层因子的权数，得出家庭儿童培训消费决策影响因素的权重值，如表 6 所示。

表6 家庭儿童培训消费决策综合评价指标的权重

总目标	类别	权重	影响因素	权重
家庭儿童培训消费决策 D	家庭（父母）方面 F	0.4702	家庭收入 F1	0.4852
			父母对子女期望（目标）F2	0.2802
			家庭文化环境 F3	0.1666
			父母基本状况 F4	0.0280
	儿童方面 C	0.2549	儿童参加培训不同阶段 C1	0.4258
			儿童自身兴趣 C2	0.2760
			儿童学习成绩 C3	0.1821
			儿童的参与度和影响力 C4	0.0740
			儿童性别 C5	0.0421
	培训企业方面 E	0.1495	培训产品质量 E1	0.5479
			培训企业品牌 E2	0.2404
			培训消费方便程度 E3	0.1472
			培训产品价格 E4	0.0646
	决策过程方面 P	0.0870	培训班需求类型 P1	0.5028
			培训消费决策偏好 P2	0.2857
			儿童培训消费经验 P3	0.1495
			参照群体的影响 P4	0.0620
	其他方面 O	0.0384	区域发展水平 O1	0.7500
			社会文化环境 O2	0.2500

资料来源：通过建立层次结构模型、判断矩阵并运用 AHP 软件计算结果得来。

（三）分阶段 AHP 分析

文章根据实际调查，以儿童年龄为依据将儿童参加培训班的过程划分为四个阶段，不同阶段中家庭决策发生主要变化的是儿童方面 C 的儿童自身兴趣 C2、儿童学习成绩 C3、儿童的参与度和影响力 C4、儿童性别 C5 这四个因素（将儿童年龄 C1 删除）。运用 AHP 分别求出不同阶段的四个因素的权重值，对比得出不同阶段家庭儿童决策影响因素变化的主要特征。

(1) 阶段一(0—6 岁)

$C2$、$C3$、$C4$、$C5$ 相对于 C 的判断矩阵为：

$D_C^1 = \begin{bmatrix} 1 & 6 & 9 & 3 \\ & 1 & 1/2 & 1/8 \\ & & 1 & 1/3 \\ & & & 1 \end{bmatrix}$；利用 AHP 软件，计算出其权重和一致性：$W_C^1 = \begin{bmatrix} 0.5834 \\ 0.0944 \\ 0.0472 \\ 0.2750 \end{bmatrix}$，$CR = 0.0305 < 0.1$，$\lambda_{\max} = 4.0815$。

(2) 阶段二(7—9 岁)

$C2$、$C3$、$C4$、$C5$ 相对于 C 的判断矩阵为的：

$D_C^2 = \begin{bmatrix} 1 & 6 & 2 & 9 \\ & 1 & 1/3 & 2 \\ & & 1 & 8 \\ & & & 1 \end{bmatrix}$；利用 AHP 软件，计算出其权重和一致性：$W_C^2 = \begin{bmatrix} 0.5412 \\ 0.0970 \\ 0.3128 \\ 0.0485 \end{bmatrix}$，$CR = 0.0117 < 0.1$，$\lambda_{\max} = 4.0311$。

(3) 阶段三(10—12 岁)

$C2$、$C3$、$C4$、$C5$ 相对于 C 的判断矩阵为：

$D_C^3 = \begin{bmatrix} 1 & 1/2 & 1/7 & 3 \\ & 1 & 1/3 & 6 \\ & & 1 & 9 \\ & & & 1 \end{bmatrix}$；利用 AHP 软件，计算出其权重和一致性：$W_C^3 = \begin{bmatrix} 0.1119 \\ 0.2325 \\ 0.6096 \\ 0.0461 \end{bmatrix}$，$CR = 0.0288 < 0.1$，$\lambda_{\max} = 4.0770$。

(4) 阶段四(12 岁以上)

$C2$、$C3$、$C4$、$C5$ 相对于 C 的判断矩阵为：

$$D_C^1 = \begin{bmatrix} 1 & 1/3 & 2 & 7 \\ & 1 & 6 & 9 \\ & & 1 & 3 \\ & & & 1 \end{bmatrix}$$ ；利用 AHP 软件，计算出其权重和一致性：$W_C^1 =$
$\begin{bmatrix} 0.2444 \\ 0.5932 \\ 0.1176 \\ 0.0448 \end{bmatrix}$ ，$CR = 0.0288 < 0.1$，$\lambda_{\max} = 4.0770$。

通过对一致性 CR 进行检验，发现各阶段儿童方面 4 个因子间的组合均符合 $CR < 0.1$ 的一致性要求，综合上述 4 个阶段矩阵计算出的 4 组底层因子的权数，得出家庭儿童培训消费决策在不同阶段儿童方面影响因素的权重值，如表 7 所示。

表 7　不同阶段儿童方面影响因素权重

影响因素 \ 阶段划分	阶段一	阶段二	阶段三	阶段四
儿童自身兴趣 C2	0.5834	0.5412	0.1119	0.2444
儿童学习成绩 C3	0.0944	0.0970	0.2325	0.5032
儿童参与度和影响力 C4	0.0472	0.3128	0.6096	0.1176
儿童性别 C5	0.2750	0.0485	0.0461	0.0448

根据不同阶段儿童方面影响因素权重值变化图（见图 10）可以看出：（1）阶段一：主要的影响因素为儿童自身兴趣和儿童性别，权重分别为 0.5834 和 0.2750。这和此阶段父母关于儿童培训班的决策特征相符合。这个阶段由于子女年幼，并没有对于事物的认知，父母只能以子女的性别和兴趣为导向大致选择培训班类型。（2）阶段二：主要的影响因素为儿童自身兴趣、儿童参与度和影响力，权重分别为 0.5412 和 0.3128。随着子女年龄的增长，父母越来越关注孩子的意见和看法，会较大程度上尊重孩子的兴趣，并以此来选择培训班。（3）阶段三：主要的影响因素为儿童参与度和影响力、儿童成绩，权重分别为 0.6096 和 0.2325。随着年龄增长，儿童参与度和影响力与儿童成绩的权重逐步增长，父母越来越关注子女的成绩。这一阶段父母为子女报培训班的类型发生本质改变，由阶段一、二以兴趣为主导转变为以技能为重点。（4）阶段四：主要影响因素为儿童学习成绩和儿童自身兴趣，权重分别为 0.5032 和 0.2444。在我国的教育背景下，随着子女年龄增长，学习压力越来越大，虽然子女的认知能力已经成熟，但是，父母在升学压力和对子女期望（目标）的驱使下只会关注孩子的成绩，为子女选择培训班。当然，经过阶段一、二和三的发展，子女的兴趣由广泛尝试到逐步聚焦，到了阶段四，子女的兴趣基本固定。在我国应试教育背景下，有些父母甚至将子女的兴趣转化为

子女的"技能",并希望得到特殊照顾或加分。(5)儿童成绩随着年龄的增长,在四个阶段中的影响程度越来越大,这也符合我国应试教育的特点。(6)随着儿童年龄增长,儿童参与度和影响力在家庭消费决策中影响力越来越大。这也符合美国报业协会在 1996 年的调查结论:儿童的影响会随着年龄的变化而不同,儿童影响尝试的次数和母亲的屈服之间有显著的相关关系;随着年龄的增长,儿童提出购买的次数减少,父母的"屈服"次数增多。但是,到了阶段四,儿童的参与度和影响力瞬间降低,父母将更多的注意力放在了子女学习成绩上,这与我国的教育实际相符合。

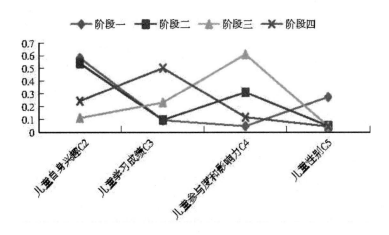

图 10　不同阶段儿童方面影响因素权重

七、结论

本文依据家庭儿童培训消费决策的特点,从家庭、父母、儿童、需求决策、培训企业等方面入手,构建了家庭儿童培训消费决策影响因素评价指标体系。家庭儿童培训消费决策是一个动态过程,分析的重点在于识别出主要影响因素并理清它们之间的关系,用解析结构方法(ISM)能有效解决这一问题。首先,利用解析结构法对所选的 25 个影响因素之间的关系进行分析,构建 ISM 递阶模型图,把影响因素分为 10 层,并划分确定消费决策系统(第 1、2、3 层)和原因驱动系统(第 4、5、6、7、8、9、10 层)两个层面,其中原因驱动系统进一步细分为动态原因子系统(第 4、5、6 层)和静态原因子系统(第 7、8、9、10 层),更易于多层分析。其次,经过对 25 个影响因素筛选和分类,确定层次分析的影响因素为 5 类 19 个因素,并运用 AHP 层次分析法确定影响因素的权重。最后,针对儿童参加培训的不同阶段变化,运用 AHP 分析法对儿童方面的 4 个主要因素进行分阶段求解权重,以展示不同阶段家庭儿童培训消费决策影响因素、影响程度及决策侧重点的变化情况。

参考文献

董明,《城市满巢期核心家庭子女对家庭消费决策影响力分析——以山东省烟台市为例》,西南财经大学,2009。

李红伟,"中国城镇居民家庭教育消费的实证研究",《中国统计》,2000,11:14-17。

刘焱、宋妍萍,"我国城市3—6岁儿童家庭学前教育消费支出水平调查",《华中师范大学学报（人文社会科学版）》,2013,52(1):155-160。

申昆玲,《全国高等医药院校教材:儿科学》,高等教育出版社,2009。

孙彩虹,"重庆市中小学生家庭教育消费支出差异分析",《重庆工商大学学报（西部经济论坛）》,2003,1:37-40。

涂瑞珍、林荣日,"上海城乡居民家庭教育支出及教育负担状况的调查分析",《教育发展研究》,2009,21:21-25。

王虎,《兰州市家庭文化消费及其影响因素的实证研究》,西北民族大学,2007。

王晞,《城市居民子女教育消费行为的经济学分析——以福州市为例》,福建师范大学,2006。

杨慧萍,"河南省幼儿教育消费支出水平分析与建议——以大班幼儿家庭为例",《学前教育研究》,2013,8。

张艺玲,"我国学前儿童家庭教育消费支出研究述评",《教育实践与研究》,2015,13:7-11。

周静,《我国家庭购买决策行为研究》,厦门大学,2007。

Ahuja, R. B. D. and K. M. Stinson, "Female-headed Single Parent Families: An Exploratory Study of Children's Influence in Family Decision Making", *Advances in Consumer Research*, 1993, 20:469-474.

Benson, C. S., *The Economics of Public Education*. Boston: Houghton Mifflin, 2010.

Burns, D. J., "The Consequences of Generation", *Journal of Memory and Language*, 1992, 31(5):615-633.

Davis, H. L., "Dimensions of Marital Roles in Consumer Decision Making", *Journal of Marketing Research*, 1970, 7(May).

Foxman, E. R., P. S. Tansuhaj and K. M. Ekstrom, "Adolescents' Influence in Family Purchase Decisions: A Socialization Perspective", *Journal of Business Research*, 1989, 18(2):159-172.

Gilly, M. C. and B. M. Enis, "Recycling the Family Life Cycle: A Proposal for Redefinition", *Advances in Consumer Research*, 1982, 9:271 – 276.

Glick, P. and D. E. Sahn, "Schooling of Girls and Boys in a West African Country: The Effects of Parental Education, Income, and Household Structure", *Economics of Education Review*, 2000, 19(1):63 – 87.

Hawkins, D. I., R. J. Best and K. A. Coney, Consumer Behavior: Building Marketing Strategy. Irwin / McGraw Hill, 2001.

Lackman, C. and J. M. Lanasa, "Family Decision – making Theory: An Overview and Assessment", *Psychology and Marketing*, 1993, 10(10):81 – 93.

Li, H., X. Yao, J. Zhang, et al., "Parental Childcare and Children's Educational Attainment: Evidence from China", *Applied Economics*, 2006, 37(18):2067 – 2076.

Maurin, E., "The Impact of Parental Income on Early Schooling Transitions Re – examination Using Data over Three Generations", *Journal of Public Economics*, 2002, 85: 301 – 302.

Park, J., P. Tansuhaj, E. R. Spangenberg and J. Mccullough, "An Emotion – based Perspective of Family Purchase Decisions", *Advances in Consumer Research*, 1995.

Qian, J. X., and R. Smyth, "Educational Expenditure in Urban China: Income Effects, Family Characteristics and the Demand For Domestic and Overseas Education", *Applied Economics*, 2010, 43(24):3379 – 3394.

Qualls, W. J., "Changing Sex Roles: Its Impact Upon Family Decision Making", *Advances in Consumer Research*, 1982.

Quang, V. Huy, "Determinants of Educational Expenditure in Vietnam", *International Journal of Applied Economics*, 2012, 9(1): 59 – 72.

Schultz, T. P., "Investments in the Schooling and Health of Women and Men: Quantities and Returns", *Journal of Human Resources*, 1993, 28(4): 694 – 734.

Stafford, M. R., "Marital Influence in the Decision – making Process for Services", *Journal of Services Marketing*, 2013, 10(10):6 – 21.

Strutton, D., L. E. Pelton and J. R. Lumpkin, "Personality Characteristics and Salespeople's Choice of Coping Strategies", *Journal of the Academy of Marketing Science*, 1995, 23(2):132 – 140.

AA 制家庭购买决策研究初探

朱华伟*

摘要：作为购买决策主体，家庭是一种非常特殊的组织，随着中国女性在工作和收入上的独立，AA 制家庭成为越来越多家庭的经济承担形式。访谈研究发现，AA 制家庭在家庭购买决策上与共有收入家庭有所不同，AA 制家庭在某些产品的购买上妻子的决策地位有所提高，而丈夫的支付金额分配比例高于妻子等，这一研究结果可能为我国的 AA 制家庭购买决策提供一定的理解基础。

关键词：家庭购买决策，夫妻角色，AA 制家庭

一、引言

家庭作为一种基本的社会单元，以婚姻或血缘为纽带，使得各个成员间具有更深刻和持久的情感联系。较之于其他社会群体，家庭成员之间更具合作性。家庭成员间的合作性使得群体中的各个成员因分工不同而被赋予不同的角色。作为一个消费单位，家庭作出购买决策取决于家庭成员在购买、消费以及产品影响力等方面的不同角色。家庭决策过程是如何进行的，家庭角色间如何互动与影响，是学术界长期关注的问题。一般而言，夫妻双方在经济、社会地位等方面存在差异，由此可能影响双方在家庭购买决策中的相对影响力。在我国家庭中，夫妻在购买决策过程中如何分工，他们在不同产品领域的各自相对影响力如何，鲜有研究给予回答。

在我国，随着父权、夫权等传统观念的日益淡漠，男女平等的思想观念开始深入人心，女性社会地位快速提升，她们开始走出家庭接受高等教育、参加工作，拥有的资源相对增加，在工作和收入上逐渐独立，使得家庭中两性对彼此的经济依附越来越少。近些年，我国社会中涌现出越来越多的夫妻 AA 制的家庭，从一个侧面反映了这种情况。夫妻 AA 制，是指一种新的家庭经济承担模式，主要包括两种形式，一种是夫妻双方每月各交一部分钱作为"家庭公款"，以支付房租、水电费等共同家庭支出，其余各自料理；另一种是请客、购物、打车等费用都自理，只在买房、投资之类的大项目上夫妻平均负担或约定出资比例，财产署夫妻两个人的名字，

---

* 武汉大学经济与管理学院。通信地址：湖北省武汉市武汉大学经济与管理学院，430072；E-mail：whuzhuhuaweu@126.com。

夫妻间可能不知道彼此的详细收入,也不清楚各自拥有的银行存款,却分得清每一件家产的所有人。AA 制家庭不论是在家庭理财理念还是在家庭经济承担形式等方面上均与共有收入家庭呈现出不同的模式,AA 制夫妻之间可能出现性别角色错位或传统角色的模糊化,由此使得家庭购买决策中的夫妻角色与共有收入家庭有所差别。对于 AA 制家庭而言,如何制定家庭购买决策,购买何种产品、为谁而购买以及如何将支出在夫妻之间进行分配是一个值得我们特别关注的问题。

二、文献综述

1. 家庭购买决策理论

家庭购买决策理论是指两个或三个家庭成员直接或间接作出购买决定的过程(Sheth,1974)。作为一种集体决策,家庭购买决策在诸多方面与个人决策有较大差别。在整个家庭购买过程中,家庭角色的性质、家庭决策的方式以及家庭决策的影响方式备受研究者的关注。

家庭是社会的基础性消费单位,家庭的各个成员在购买、消费等方面的不同角色与家庭购买决策的制定有着密切联系。家庭决策的角色可以分为倡导者、影响者、决策者、购买者和使用者等,一个人在购买过程中可能扮演多种角色,也可能一种角色由几个人组成。大多数文献都把夫妻看作一个家庭购买决策群体,即使有时孩子对某些商品的购买能产生一定影响,但实际上,夫妻仍是家庭购买决策的主要制定者,他们最终负责家庭中的大多数重要购买决策。

张建平和王军(2010)就提出家庭购买决策过程中,家庭成员各自承担怎样的角色始终备受关注。戴维斯(Davis,1970)将家庭购买决策中的夫妻角色分为四种类型:(1)妻子主导型:在决定购买什么的问题上,妻子起主导作用;(2)丈夫主导型:在决定购买什么的问题上,丈夫起主导作用;(3)自主型:对于不太重要商品的购买,可由丈夫或妻子独立作出决定;(4)联合型:丈夫和妻子共同作出购买决策。研究发现,在不同的购买决策中家庭成员各有分工,保险类产品通常属于丈夫主导型决策;度假、子女教育、购买和装修住宅通常由夫妻共同决定;食品、清洁用品等购买通常属于妻子主导型决策;饮料、花园用品等则通常由夫妻各自决定,而最终的购买决策可能由家庭成员共同作出。近期的研究显示,在家庭决策制定上,夫妻角色发生了一些变化,越来越趋向于共同制定决策。奎尔斯(Qualls,1982)研究了传统上很少由夫妻共同制定的产品决策,发现在孩子教育和购买房子的决策中转向了共同决策。此外,其他的一些研究也表明,丈夫对传统上由妻子占主导的决策施加了更大的影响力,而妻子在传统上由丈夫占主导的决策中施加了更大的影响力,夫妻在家庭购买决策中的角色随着社会的变革在逐渐改变。应当指出,夫妻双方在决策中的影响力并不是一成不变的,而是随着某些因素的变化而变化。

一些研究从家庭人员的相对影响力来解释家庭决策的影响方式。奎尔斯(Qualls,1987)的研究识别了三种因素:家庭成员对家庭的财务贡献;决策对特定家庭成员的重要性;夫妻性别角色取向。一般而言,家庭成员对家庭的财务贡献越大,他或她在家庭购买决策中的发言权也越大。同样,该决策对特定家庭成员越重要,他或她对该决策的影响就越大,原因是家庭内部亦存在交换过程,即某位家庭成员可能愿意放弃在这一领域的影响而换取另一领域的更大的影响力。性别角色取向是指家庭成员多大程度上会按照传统的关于男、女性别角色的分工来采取行动。研究表明,较少传统和更具现代性的家庭,在购买决策中会更多地采用联合决策。除了上述因素,研究表明,影响家庭购买决策的因素还包括文化或亚文化、角色专门化、家庭生命周期、个人特征、介入程度及产品特点。

2. 家庭购买冲突管理

与个人购买决策相比,家庭购买决策会存在更多冲突。一般认为,协商妥协和政治组合是应对家庭购买冲突的两种常用策略。关于家庭购买决策的冲突管理,存在两种截然相反的观点:其一是在家庭决策中夫妻尽量避免产生冲突,格兰布伊斯(Granbois, 1971)提出妥协、连续妥协、中途妥协、创造性的妥协等是解决冲突可能采取的行为。其二则强调家庭购买决策的冲突性或零和性,家庭决策中经常涉及明显的和潜在的冲突,只有冲突解决,夫妻双方才能达成一致的购买决定。戴维斯(Davis, 1976)提出的家庭决策模型认为,说服和谈判是解决家庭决策冲突的两种基本模式。在家庭决策过程中,夫妻双方通常会使用一些以赢得自身预期购买结果为导向的影响策略。与此同时,夫妻也会考虑使用这些影响策略所带来的相关成本,从而在整个决策过程中作出更理性的选择。理性选择主要有三个特征:第一,夫妻是权力型感知者,他们会权衡自己的优势与劣势。如收入、职业地位相对较高的一方,心理上会感知到自己在家庭决策中具有更大的话语权,他们更倾向于使用强制性行为来达到他们的预期目标。第二,夫妻双方是以偏好为导向的,若他们对决策结果有强烈偏好,他们会积极参与到决策中,更倾向于使用一些强制性的影响策略来获得另一方的认同。第三,夫妻双方之间承诺保持以爱情为基础的长久的婚姻关系,付出更多感情的一方意味着对对方有更多的理解与包容,他或她更能容忍对方的强制行为,并愿意放弃自身利益来满足对方的需要。

3. 家庭生命周期

家庭生命周期(family life cycle)由朗特里(Rowntree,1903)提出,指一个家庭从最初形成、不断发展到最后解体的全过程。家庭在其生命周期中具有以下特征:个人和家庭的需要在生命周期中不断变化,产品消费的模式也随之改变;家庭决策的方式在家庭生命周期中也是变化的,在家庭生命周期的不同阶段,家庭的消费需求和消费行为呈现明显的不同特征。此外,早期的研究表明,家庭生命周期在解释家庭产品消费和支出上是一个有价值的工具,同时也表明家庭生命周期是个有价值的分类系统,这为家庭生命周期在营销中的应用奠定了坚实基础。划分家庭生命周期阶段的标准主要包括婚姻状况、家庭成员年龄、家庭子女的情况、家庭成员的工作状况等参数。

Gilly 和 Enis 提出 Gilly-Enis 模型,该模型与美国实际的人口统计数据有较高程度上的匹配,该模型对家庭耐用品的消费具有强大的解释能力,其解释力仅次于调整后的家庭收入变量。Wikes(1995)利用美国劳动统计署的消费支出统计数据对家庭生命周期理论进行检验,结果表明,家庭生命周期是分析消费者支出的有效工具,且在控制收入与其他相关变量的条件下,家庭生命周期对家庭消费具有较大影响。于洪彦和刘艳彬(2007)等根据我国特有的人口统计特征,建立起更适合我国的家庭生命周期模型(CFLC 模型),其在解释我国家庭的消费特征更具有适应性。这一模型包括我国特有的、主干家庭占比较大的事实,同时考虑我国家庭消费以子女为中心的现状,并把单身家庭排除在家庭生命周期之外,因此更加符合我国的实际。

三、研究方法

由上述文献回顾可知,AA 制家庭的购买决策研究是一个极具研究价值的课题。对于 AA 制家庭而言,如何制定家庭购买决策,购买何种产品、为谁而购买以及如何将支出在夫妻之间进行分配是一个值得我们深入探讨的问题。通过文献检索发现,目前国内外研究中极少有关于 AA 制家庭购买决策行为的研究,基于此,本文拟采用定性方法,对 AA 制家庭购买决策作初步探讨,以期为后续更深入的研究奠定基础。

1. 文献研究法

基于笔者的日常观察和思考,本文选取 AA 制家庭购买决策为研究对象,通过广泛收集家庭购买决策和消费者行为方面的相关文献,从整体上把握国内外学者所取得的研究成果并加以梳理和评价,对这一研究领域的最新成果与可进一步研究的方向有了一定的了解。

2. 访谈法

访谈法是一种通过访员和受访人员面对面交谈以了解受访人员的心理和行为的研究方法。较之其他研究方法,访谈法在研究中具有以下优势:(1)访谈法较方便易行;(2)访员可在访谈过程中对受访人员的态度与动机有深层次的了解,易于发现问题;(3)访谈内容由受访人员亲口说出,具体性强且具有较高的准确度;(4)当基础性研究缺乏时,访谈法能迅速且有效地收集到多方面的工作资料。

随着家庭中妻子在工作和收入上的独立,AA 制成为越来越多家庭青睐的支出方式。为对 AA 制家庭的购买决策行为有一个更加深入的了解,笔者采用访谈法对 20 户家庭的夫妻收入情况、支出比例、AA 制的实施情况等进行了较为深入的调查。

四、访谈分析

通过文献分析,我们确定访谈包括以下几个基本问题:(1)夫妻收支状况与收支处理模式。例如,夫妻二人基本的收入情况、基本的支出比例、是否为 AA 制家庭等。(2)AA 制夫妻购买决策行为。例如,在购买何种类型的产品时选择 AA 制,购买过程中出现冲突或者产生分歧时如何处理,夫妻 AA 制的支出分配比例等。(3)AA 制家庭与共有收入家庭的购买行为对比。比如,AA 制是提升还是抑制了家庭的购买行为。(4)AA 制对夫妻关系婚姻的影响。

通过拦截式访谈,对在某一公交站点先后经过的 20 位对象进行了访谈,其中男、女受访对象各 10 名。在接受访谈的 20 户家庭中,AA 制家庭 11 户,共有收入家庭 9 户;男性受访对象中,实行夫妻 AA 制的家庭 5 户;女性受访对象中,实行夫妻 AA 制的家庭 6 户。因访谈数量较少且不符合随机抽样的原则,这一数据不能代表 AA 制家庭与共有收入家庭的实际比例。

1. 共有收入家庭

在共有收入家庭中,大多数男性受访对象认为夫妻作为一个经济共同体,在经济上应不分你我,共同制定家庭的购买、投资等经济决策;少数受访对象认为夫妻 AA 制可取,但在实际生活中执行难度较大。共有收入家庭的女性受访对象对夫妻 AA 制的看法各异,部分女性受访对象与大多数男性看法一致,即不赞成夫妻 AA 制;部分认为夫妻 AA 制有利有弊,存在执行难度大、影响夫妻关系等问题;部分认为实行夫妻 AA 制的夫妻是家庭生活不幸福和睦的夫妻;也有部分认同合理的夫妻 AA 制,因为这一家庭经济处理模式的实施有效地避免了家庭的经济矛盾。

2. AA 制家庭

以下将从年龄与地理位置、收入与支出、产品类型、购买过程以及夫妻关系五个方面探讨 AA 制家庭的购买决策行为。

(1)年龄与地理位置

从年龄上看,实行夫妻 AA 制的家庭以 30—40 岁年龄段的夫妻居多。主要表现为这一年龄段的夫妻大多是双方均有较稳定的收入,但是夫妻之间相处、磨合时间较短,易于产生经济上的冲突(尤以相亲结婚的夫妻为典型),实施夫妻 AA 制的可能性较大。而对于年龄较大的夫妻,实行 AA 制的比例则较低。一方面实行 AA 制对他们而言是一种较为新潮的家庭经济处理模式,较难适应,另一方面年长夫妻相处时间较长,比起年轻夫妻可能更能有效地处理家庭的经济矛盾。从地理位置上看,地理位置对家庭是否实施夫妻 AA 制有一定影响。访谈中发现,夫妻双方若因工作等原因不在同一地生活,夫妻双方经济独立的可能性较大,在购买决策上各自主导的机会更多,实行 AA 制的可能性更大。

(2)收入与支出

访谈表明,绝对收入不是家庭采取夫妻 AA 制的决定性因素,即并非高收入家庭就采取夫妻 AA 制,低收入家庭就不采取夫妻 AA 制。对比而言,夫妻二人的相对收入对家庭是否采取 AA 制的影响更大。当夫妻双方均有较高且稳定的收入以及收入差距较小时,夫妻 AA 制的实施效果更好,反之,夫妻 AA 制在实行过程中可能受到更大的阻力,易于引发家庭购买矛盾。相对资源理论(relative resource theory)认为,家庭分工和决策取决于家庭成员所拥有的资源对比,占有资源较多的家庭成员将拥有较大的家庭决策权力,并承担较小的家庭责任(Blood and Wolfe,1960)。妻子收入的提高使其拥有更多的社会资源,在家庭购买决策过程中有了更大的影响力。相较于丈夫收入高于妻子收入较多的 AA 制家庭,夫妻双方收入相当在一定程度上保证了妻子在家庭购买中的同等决策权。AA 制家庭中,夫妻双方的支出比例并不等于夫妻二人的收入比例,通常丈夫在家庭中的支出不少于妻子的支出,多数家庭中丈夫的家庭支出高于妻子。分析认为,一方面,即使不少 AA 制家庭强调男女性别平等,丈夫和妻子共同承担家庭的经济责任,但传统的夫权制文化对于我国社会的影响仍然存在,"男主外,女主内"的传统思想使得丈夫在家庭经济中承担更多的部分,另一方面,家庭中丈夫的收入水平通常高于妻子。

(3)产品类型

访谈结果显示,在购买大件产品、子女开销等支出金额较大的花费上,夫妻采取 AA 制,如购买商品房、汽车、家电、孩子学费和生活费等支出,由于此类金额支出较大,相较于金额较小的产品更易分配。在购买金额较少、对家庭的重要程度较低的商品时,一般不采取 AA 制。一方面,这类产品金额较小,不需要夫妻双方同时的高介入度,通常由一方决定即可;另一方面,这类商品较多且琐碎,金额不易在夫妻二人间分配,执行此类严格的夫妻 AA 制不仅不能实现夫妻 AA 制的初衷,即经济独立、避免经济纠纷,反而会因处处计较而带来家庭矛盾。AA 制家庭中,夫妻二人在购买上的共同支出使得大件产品、子女开销等家庭购买从传统上由丈夫主导型或妻子主导型决策转变为夫妻共同决策型。如之前由丈夫占主导决策地位的汽车购买、妻子占主导决策地位的家具购买,在 AA 制家庭购买中多由夫妻二人共同决策,相当的财务贡献使得夫妻双方具备相当的决策权。此外,访谈发现,地理位置会影响 AA 制家庭对哪些产品采取 AA 制的选择。在异地生活的 AA 制夫妻中,日常支出如生活费、水电费等不少选择 AA 制,夫妻的异地生活使得这部分支出在夫妻之间的消费不均等,因此即使金额较低也可能实行 AA 制。

(4)购买过程

在购买过程中出现冲突或者分歧时,不同的 AA 制家庭有不同的处理方式。在大件商品的购买上,夫妻双方相当的影响力使得其多采用夫妻协商的方式,但受到夫妻角色影响力差异的影响,某些产品的购买决定可能由夫妻中的某一方做主,如出现购买冲突时,丈夫在汽车的购买上更占主导地位,妻子在家具的购买上更占主导地位。此外,金额较小的商品则多由夫妻中的一方决定,若其重要程度较低,为减少家庭冲突,在一定情况下也可能选择干脆不买。

AA 制家庭与共有收入家庭在购买行为上存在一定差异。AA 制家庭中夫妻二人经济独立,购买某些产品时由夫妻二人共同支付,在大件商品购买上多由二人协商决定,夫妻双方同时在产品上有较高的介入度,更可能做出更合适于家庭的购买决策。但另一方面,如果夫妻双方要求在购买过程中享有同等的决策权,家庭购买可能会因产品利益冲突而影响决策效率,引发购买矛盾。

(5)夫妻关系

访谈中发现,如果家庭中夫妻双方均有较高且稳定的收入,夫妻 AA 制能有效避免家庭经济纠纷,给夫妻二人足够的独立空间,保持经济独立,对双方关系与婚姻都有良好的促进作用;如果夫妻收入水平不高,或者收入上存在较大差距,夫妻 AA 制则有利有弊。一方面,AA 制在一定程度上避免了经济矛盾,另一方面,AA 制的支付分配比例无法让各方满意,由此会给夫妻关系带来负面影响。对于较低收入的家庭,收入上的限制使得个人物品与家庭共用物品的界限模糊,整体来看,这种情形下夫妻 AA 制对夫妻关系的正面影响不及高收入家庭。

五、结论与局限性

本文通过访谈法对 AA 制家庭的购买决策行为进行了初步的探讨。研究发现,AA 制家庭与传统的共有收入家庭的家庭购买决策行为存在不少差异:AA 制家庭中妻子在传统上由丈夫占主导的家庭购买决策中决策地位有所提高,但是在出现购买冲突时,性别角色差异会对这一现象产生调节作用。AA 制家庭中并非所有家庭购买均采取夫妻 AA 制,多数家庭仅在商品房、家电、子女教育等大额开销上选择 AA 制。受我国传统的夫权文化影响,夫妻 AA 制在支出分配比例上并非夫妻双方各承担一半支出,通常丈夫较妻子承担更多的家庭购买支出。夫妻 AA 制对家庭关系或婚姻的作用受到夫妻双方绝对收入和相对收入的影响,当夫妻二人绝对收入较高、收入差距较小时,夫妻 AA 制对家庭关系的促进作用比较明显。

本研究的局限性在于:受访对象是以个人为单位,而非家庭户,这样可能使得男性和女性样本之间存在一定的系统性偏误;受访对象数量较少,样本的代表性有所不足,访谈法本身存在的缺陷使得受访对象易受到访问人员的影响,访谈结论上准确性不足。

未来的研究方向是,以家庭户为单位采取问卷调查法收集数据进行定量研究,以更深入地了解我国夫妻 AA 制及其对其家庭购买决策的影响。

参考文献

于洪彦、刘艳彬,"中国家庭生命周期模型的构建及实证研究",《管理科学》,2007,20(6):45 - 53。

张建平、王军,"家庭购买决策中的夫妻角色研究文献综述",《妇女研究论丛》,2010,2:79 - 82 + 90。

Blood, Robert O., Jr. and Donald M. Wolfe, *Husbands and Wives: The Dynamics of Married Living*. Glencoe, IL: Free Press, 1960.

Davis, H. L., "Dimensions of Martial Roles in Consumer Decision Making", *Journal of Marketing Research*, 1970, 7(May).

Davis, H. L., "Decision Making within the Household", *Journal of Consumer Research*, 1976, 2(4):241 - 60.

Gilly, M. C. and B. M. Enis, "Recycling the Family Life Cycle: A Proposal for Redefinition", In Mitchell, A. M. (Ed.), *Advances in Consumer Research*, 1982(9), Association for Consumer Research, Michigan: Ann Arbor.

Granbois, D. H., "A Multilevel Approach to Family Role Structure Research", *Advances in Consumer Research*, 1971.

Qualls, W. J., "Changing Sex Roles: Its Impact Upon Family Decision Making", *Advances in Consumer Research*, 1982, 9:267 - 270.

Qualls, W. J., "Household Decision Behavior: The Impact of Husband's and Wives' Sex Role Orientation", *Journal of Consumer Research*, 1987,14:264 - 279.

Rowntree, B. S., *Poverty: A Study of Town Life*. London: Macmillan, 1903,102.

Sheth, J. N., *A Theory of Family Buying Decision*. New York: Harper & Row, 1974.

家庭耐用品的处置问题研究

赵冰　曹晓芳[*]

摘要：本文以耐用品管理理论和资源稀缺性及最大化利用的经济学理论为基础，从企业和家庭的视角构建了家庭耐用品处置整合机制的理论框架，采用实地访谈和问卷调查搜集数据，探讨了家庭耐用品的不同处置方式及背后的动因，同时分析了不同处置方式所产生的社会后果。另外，也分析了家庭耐用品处置方式在不同社区的差异，并试图对这些差异性做出理论解释。

关键词：家庭耐用品，产品处置，社区差异

一、研究背景

（一）时代背景

经济系统是一个生态圈，而在生态圈模式中，价值是被不断创造出来的，其运营的每个环节都为系统贡献不同的价值。同样，家庭耐用品的末端处置也是其流通环节中最重要的一环。受国内消费结构升级、人们思想观念转变、人口结构变化等因素的影响，在成熟市场上，消费群体对家庭耐用品的功能性、款式、产品内涵、科技手段、售后服务及其处置更为关注。其中，家庭耐用品的处置对消费者的购买决策和用户体验起着至关重要的作用。

在科技迅速发展的今天，人们的生活更加丰富化、多元化，他们更注重生活的品质和趣味性。各种家庭耐用品朝自动化、智能化的方向发展，大量的家庭耐用品不断更新换代。在购买新的耐用品之前必然要对超期服役的、自然寿命终止的、使用效率低下的、维修困难或维修费用太高的家庭耐用品进行处置。以往对废旧耐用品处置的主要方式是掩埋或焚烧，随着人们消费文化水平的提高、环保意识的增强和工业产业链系统的完善，对家庭耐用品的处置方式也逐渐呈现多元化，如以旧换新、返回二手市场再次买卖、送往旧家电拆解场、捐助公益等。

北京环卫部门相关负责人表示，"十三五"期间北京将规划建设"一南一北"两大固废垃圾处理循环经济园区，其中城市南部以位于大兴的安定垃圾填埋场为中心进行规划建设，城市北部以位于昌平的阿苏卫为中心规划建设。两个园区不再

---

[*] 首都经济贸易大学工商管理学院。通信作者及地址：赵冰，北京市丰台区花乡张家路口121号首都经济贸易大学；100070；E-mail：zhaobing@cueb.edu.cn。

是仅仅处理单一的生活垃圾,而着眼于处理整个城市的固废种类垃圾。同时,还将通过"分质处理"技术,对京内现有填埋场进行技术升级,解决新建填埋场占用大量土地资源的问题。通过分类和技术处理不仅可以合理有效处置废旧物品,还可以改善环境。

"绿色处置"已经成为时代发展的必然趋势,有关家庭耐用消费品处置问题的研究对实践者和研究者都有非常重要的意义。以往的讨论主要是关于中国城乡家庭耐用品的消费行为和特点,以及一些其他相关因素对家庭耐用品消费的影响。对于家庭耐用品的处置也有一些边缘化的研究,但是关于家庭耐用品处置的较为全面、系统、深入的研究却很少。

本研究主要通过实地访谈和问卷调查,分析耐用消费品处置的态度和满意度,进一步了解家庭对耐用消费品的购买观念、行为、使用情况以及耐用品处置时对消费者购买决策的影响。我们尝试从消费者认知和消费者行为两个视角出发,运用实证研究,在理论上对现有文献进行补充,为丰富和完善家庭消费行为研究理论起到一定的推动作用,并在实践上帮助企业更好地引导消费者购买决策。

(二)理论背景

1. 耐用品的经济学研究

耐用品在市场经济周期性波动中起着显著的调节作用,因此,西方大多数国家把耐用品的生产和消费变化作为衡量经济波动的重要指标。历史上,对耐用品理论的研究可以追溯到威克赛尔(1893),他分析了生产性设备的耐用度选择问题。在1960年以前,对替换问题和耐用度的讨论都是关于资本品的。20世纪60年代,垄断厂商对耐用品的耐用度选择及其效率问题成为研究重点,其主要结论是,垄断厂商会选择低于完全竞争条件下的耐用度。70年代初,Swan(1970,1971)否定了前面的结论,他证明了耐用度的选择与市场结构无关,提出了最优耐用度理论。与此同时,Coase(1972)发现了耐用品垄断厂商面临"时间不一致性"问题,并提出了著名的科斯猜想。同时期的Akerlof(1970)引入了逆向选择理论。

如上所述,70年代的这些研究成果奠定了耐用品理论研究的基础,具有重要的意义。但是,我们发现70年代及之前的理论模型都比较抽象,假设条件也相对简单,脱离实际。通过对相关文献的全面回顾,我们注意到有一些研究者已经开始结合经济发展中的现实条件,对耐用品的回购问题进行分析,并对之前的理论进行修正和拓展,使之更切合实际。例如Reynaldo and Ertel(2009)综合考虑了废旧耐用品的回购、拆解等各阶段的相互关系,建立了混合整数线性规划模型,并在一定的约束条件下分析耐用品回购、分配决策问题。Widmer and Oswald - krapf(2005)从生产、回购的不同视角构建模型,并对回购决策提出相关的理论建议。李芳等(2011)的研究中建立了由单个制造商和单个回购商构成的逆向供应链系统,考虑了同时存在道德风险和隐藏回收成本信息情况下的回购供应链激励机制设计问题。孙浩和达庆利(2011)主要研究了闭环供应链集中式决策和分散式回购渠道的最优决策,并通过数值仿真探讨了不同成本结构对系统决策和回收渠道的最优决策和选择影响,为制造商提供了有效的回购渠道策略支持。

2. 国家政策对耐用品处置的影响

上述研究对耐用品的回购做了不同程度的相关因素分析,具有一定的理论和现实意义,但是在研究过程中没有考虑国家政策对回购体系的影响,而社会政治大环境对经济体系运营的影响作用之大显而易见。

Fullerton and Wu(1998)、Choe and Fraser(1999)以及 Hiroaki(2011)等学者主要对政府政策对回购体系的影响进行了研究。其中 Fullerton and Wu(1998)在其数理模型中引入了控制成本的概念,集中分析押金退还政策能够使各项决策最优化。而 Choe and Fraser(1999)、Hiroaki and Fno(2011)扩展了 Fullerton and Wu(1998)等人的研究,在企业合作的基础上,考虑了政府税收、废旧产品处理补贴、废旧产品处理收费、非法处理的监管等环境政策,对废旧耐用品处置和回收利用的最优环境政策进行了深入分析,为政策制定提供了指导性意见。耐用品的回收和政治大环境固然重要,但是其回收利用可能更具有实践意义。

费威(2009)认为政府实施以旧换新政策对于扩大消费者需求更有利,他通过数理模型的构建对照了家电制造商的自身激励与政府实施以旧换新补贴政策的社会激励,通过比较研究发现以旧换新的政策能够促进制造商对旧产品的回收,从而进一步促进循环经济的发展。孔令辉和姚从容(2010)对比了家电以旧换新政策实施前后的产业格局,提出了适应我国国情的产业可持续发展模式及对策。

综上所述,从耐用品研究开始至今的发展历程上看,其理论框架是不断完善成熟的。除了在生产理论方面的应用,针对耐用品的特殊性质对消费者决策的影响,一些学者还致力于耐用品消费理论的研究。但是关于家庭耐用品全面、系统的处置问题研究的相关文献资料却没有。本文针对这一问题展开深入研究,并在此基础上提出影响家庭耐用品处置的因素和家庭耐用品不同处置方式对社会的影响,为丰富和完善耐用品消费理论起到一定的推动作用。

(三)研究目的

家庭耐用品是人们日常生活的重要组成部分,是评判人们生活质量的重要指标,其购买和使用也给人们带来与众不同的情感体验和享受。但是任何物品都有一定的寿命期限,都有一个由新变旧的过程,当超过其能承载的最大负荷,它们的寿命就此终结。本研究的主题是废旧家庭耐用品该如何处置,通过访谈和问卷的形式分别对丰台区花乡万年花城小区、海淀区万柳中路万城华府龙园小区、西城区三里河三区和昌平区花样年华小区的居民进行调研,对他们如何处置家庭耐用

品的调查结果进行深入分析,以期达到如下目的:

第一,了解促使家庭做出不同处置方式的动因。人们面临某种决策时,影响其最终决断的因素有很多,包括个人对所评判事物的认知、周围环境的干扰、社会舆论的压力、政府政策的引导等。通过对相关人员的访谈,我们将对此问题展开具体阐释。

第二,总结不同处置方式对社会各层面的影响。恰当的处置方式可以节约资源、保护环境、引导消费,还可以促进生态圈的良性循环、企业的可持续发展,对社会产生积极的影响;而不恰当的处置方式则可能导致产业生态链的恶性循环。

第三,深入了解居民处置家庭耐用品的方式。通过对比不同年龄、收入水平、文化程度的居民处置家庭耐用品的差异,分析家庭对耐用消费品处置的态度和满意度。进一步了解家庭对耐用消费品的购买观念、行为、使用情况及不同处置方式对消费者购买决策的影响。我们也可能从问卷信息中了解到新颖且环保的耐用品处置方式,并对此进行传播,供更多的家庭使用。

二、实证研究设计

(一)研究框架

本文以耐用品管理理论和资源稀缺性及最大化利用的经济学理论为基础,从企业和家庭的视角构建了家庭耐用品处置整合机制的理论框架,在此基础上深入探讨了家庭耐用品的不同处置方式及其制约因素和影响。本文的研究问题主要包括:

(1)探讨影响家庭耐用品不同处置机制的因素。

(2)了解不同家庭耐用品的处置方式对社会造成的影响。

(3)分析家庭耐用品的处置方式有哪些。

研究框架图如图1所示。

(二)研究方法

本文研究的主题是家庭耐用品的处置,为获取一手的更为真实的资料,我们采取实地访谈和发放问卷两种方式进行实证研究。

1. 访谈法

访谈法是一种常用的数据收集方法,通过这种方法我们可以直观地了解到被访群体的真实想法,便于获取一手数据。而将此方法用到这里,可以很好地发挥它的优势。

(1)访谈对象简介

访谈对象包括政府官员、环保部门相关人士、企业职员和小区居民代表共7人,具体信息如表1所示。

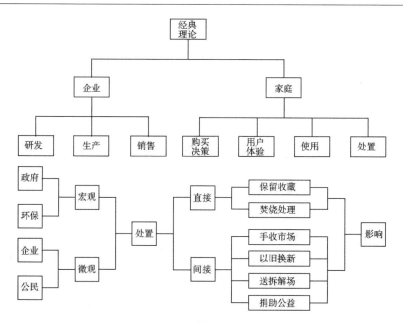

图 1　研究框架图

表 1　访谈人员基本信息表

分类	序号	姓名	职位	性别	年龄	学历	访谈时间	访谈时长
政府部门	1	李某	办事员	女	31	硕士	2016.4.18 10:05-11:00	55min
环保部门	2	李某	调研员	男	40	本科	2016.4.18 14:30-15:15	45min
企业职员	3	刘某	质检技术总监	女	35	本科	2016.4.19 10:30-11:30	60min
居民	4	曹某	上班族	女	35	研究生	2016.4.19 13:20-14:30	70min
居民	5	武某	个体户	男	36	本科	2016.4.19 15:40-17:05	85min
居民	6	陈某	护士	女	26	本科	2016.4.20 9:30-10:15	45min
居民	7	戚某	退休人员	女	65	高中	2016.4.20 13:20-15:00	100min

(2) 访谈大纲

本研究采用一对一深度访谈的形式收集信息,为避免在访谈中形成对被访者的引导,我们在收集信息前制定了统一的访谈大纲。具体信息如表2:

表2 访谈提纲

问题编号	提出问题
1	请您举例说明政府制定过哪些政策加快家庭耐用品的更新换代
2	您怎么看待"互联网+"对耐用品处置的影响
3	环保部门对家庭耐用品的处置持什么态度
4	环保政策对家庭耐用品的处置有哪些影响
5	企业拆解技术水平的提高对耐用品处置的影响
6	您认为该如何提升家庭耐用品的回收效率
7	您在购买过程中更关注家庭耐用品的哪些性能
8	您对废旧家庭耐用品的回收利用持什么态度
9	您如何看待个人素养对家庭耐用品处置的影响
10	当您购买新的耐用品后一般是怎么处置旧耐用品的

2. 问卷调查法

(1) 问卷设计结构

以调查目的为导向,结合实际情况设计了指标评价体系和调查问卷。具体分为以下四部分:

① 被调查对象的基本情况。按调查需求设计了被调查者部分的基本信息问题。

② 居民对家庭耐用品的处置。以常见家庭耐用品分类为基础,调查耐用品的使用情况及居民的处置动机和处置方式。这部分包含家庭耐用品的共性特征,为不同处置方式的进一步分析做铺垫。

③ 家庭耐用品进入二手市场和以旧换新的具体细分。这两种处置方式是所有处置方式的典型代表,具体包括实体二手市场和网上二手市场优劣性的对比,居民对以旧换新折价标准的满意度调查等。对其他的处置方式包括送往家电拆解工厂、捐助公益等进行了简要分析。

④ 家庭耐用品的处置方式对消费者下次购买的影响。将商品流通的末端环节和初始购买环节进行衔接,形成一个闭环,从而更好地引导居民的消费。

(2) 问卷设计原则

① 在保证问卷内容全面的基础上,控制问卷题目数量,使其尽量控制在一到两张A4纸内(正反面)。

② 语言表述方面尽量通俗易懂,简明扼要,主要采用选择题形式,极少用填空题。
③ 为保护个人隐私,我们采用匿名方式填写问卷。

(三)数据收集及有效性控制

1. 对象控制

调查对象的选择直接决定了调查结果的准确性。问卷调查中挑选的对象分别是丰台区花乡万年花城小区、海淀区万柳中路万城华府龙园小区、西城区三里河三区和昌平区花样年华小区四个小区的居民,逐个上门发放问卷,为避免选取对象区域上的不平衡性,对大街上一些流动性人群也进行了问卷调查。为使调查形式多样化,我们还采用问卷星的形式在网上收集部分问卷,以确保调查人群的随机性和丰富性。

在访谈过程中,我们挑选的对象分别是各个行业代表性的人员,职位分布有层次性,大都是比较有经验、对社会的热点问题比较关注并且个人观点和态度比较明确的人。综合以上,我们确保了被调查人员的基本素质,为实证调查结果的准确性做铺垫。

2. 过程控制

在发放问卷和进行访谈时,我们与被访者面对面交流,使其了解调研的意图,确保他们认真填写问卷,回答相应问题,使数据更具有效性。

三、访谈结果分析

为了解居民、企业、政府、环保部门对家庭耐用品处置的参与度、关注度及认知情况,我们做了前期访谈,此次访谈的对象分别是政府部门的办事员李某、环保部门调研员李某、企业的质检技术总监刘某和一些居民代表共 7 人。访谈涉及的范围较广,针对访谈问题,他们做了详尽的回答。其中,政府部门制定国家宏观层面的政策,如家电下乡等,并对政策落实加以引导;环保部门制定具体应对环境威胁的策略,对居民和企业行为有一定的制约作用;企业对耐用品处置尤其是回收利用流通环节起着至关重要的作用;居民作为耐用品处置的主体,个人和环境因素是促使他们做出不同决策的直接动因。前期的深入访谈为后期的调查问卷做铺垫和补充。

(一)影响耐用品处置的因素

1. 政府政策推动作用

政府政策往往顺应时代发展需求,高瞻远瞩,可以宏观调控整个行业甚至整个国家的发展趋势。政府部门的李某提到,前几年国家制定的家电下乡政策对家庭耐用品处置就有着积极的推动作用。政府对一些家电实施13%的财政补贴,具体补贴限额财政部有明确规定,电动车的补贴限额为 260 元,电视机为 445 元,抽油烟机为 338 元,燃气灶为 195 元,电压力锅为 78 元等,大大激发了人们处置旧家电,购买新家电的热情。

在当时的形势下,全国范围内推广家电下乡对于扩大内需、保持经济平稳较快增长具有重要意义,这还是贯彻落实党中央、国务院加强和改善宏观调控决策部署、实施积极财政政策的重要举措。家电下乡政策有利于拉动农村消费,促进行业发展,有利于改善民生,落实节能减排,完善农村生产和流通服务体系。

随着"互联网+"国家政策的出台,各行各业纷纷响应。它是把互联网的创新结果和经济社会各领域深度融合,推进技术进步、效率提升和组织变革。提升实体经济创新力和生产力,形成更广泛的以互联网为基础设施和创新要素的经济社会发展新形态。"互联网+"的提出对家庭耐用品的处置提供了更为便利的条件,各实体耐用品行业纷纷在网上活跃起来,人们可以直接在网上二手市场或相关平台处理废旧耐用品,而且有些厂家还会提供上门服务,居民不用出门就可以轻松做出处置和购买决策。

2. 环保部门的制约

环保部门对企业和居民个人的行为有一定的制约作用。消费者在处置家庭耐用品时,出于相关法律条文和社会舆论的压力,会考虑某种处置行为是否会污染环境;企业基于保持绿色生产的品牌形象,以及排污对成本造成的影响等因素也会节制自身行为。环保部门调研员李某提到:"环保部门的主要职责是负责环境监测,组织排污申报登记,排污许可、排污收费环境影响测评,环保宣传教育工作,保护特殊价值自然环境等。现在的环境问题虽然得到相关部门和社会的高度关注及重视,但是政策在实施过程中也遇到很多障碍,我们会尽最大努力克服困难,同时也呼吁全社会的人们都积极行动起来,为保卫我们的家园贡献各自的力量。"

我国环保的三大政策分别是:预防为主;谁污染谁治理;强化环境管理。这就在一定程度上限制了厂家生产有污染的产品。环保部门会定期到一些企业行污染测评,对于超标企业进行各种罚款和警告,严重的还会采取行政措施甚至迫使其关闭。对于公民,环保部门则是进行环保宣传和教育,设置可回收和不可回收废旧品处理点,对他们进行积极引导、督促,进而形成良好的社会风气。

3. 企业技术层面的促进作用

企业除了积极响应国家和环保部门的号召,进行绿色产业链生产和供应,其自身技术水平对家庭耐用品的处置也有着至关重要的作用。比如,废旧电器拆解工厂,相关拆解设备的精密程度和技术含量直接关系到废旧耐用品零部件可回收利用的程度。我们访谈的某企业的总经理说,技术创新是企业生存和发展的基本前提,当前竞争形势严峻,就工业企业来说,产品的竞争力,包括性能、质量、成本、价格、服务等,核心是技术创新。由此可见,产业结构调整升级,不仅要靠技术创新推进高新技术产业化,而且也是目前传统产业的振兴之路。

企业技术水平的提高缩短了产品的生命周期,加快产品更新换代,尤其是互联网的迅速崛起和发展,为消费者和厂家提供了更广阔的买卖市场。这在一定程度上也加快了人们处置旧产品,购买新潮耐用品的步伐。新技术、新产品利用社交媒体的迅速推广也使得人们对产品的性价比、美观程度等要求更高,这进一步推进企业的创新发展。

4. 居民个人素养的影响

居民个人素养、内涵对耐用品处置起着直接的推动作用。通过调查问卷和深入访谈可知,受教育程度不同,收入水平不同,居民的观念相差很大。高学历的人考虑问题更为缜密、科学,做出的决策可以顾及各层面的影响;而学历水平较低、道德水准不高的人思考问题就比较简单、直接。

居民个人素质影响到其生活的各个层面,比如,在进行购买决策时会考虑是否为绿色产品,对身体是否有危害,是否切实可以满足自身需求等。研究表明,高素质的消费者购物过程更加理性,他们不仅注重实用性还注重精神层面的享受。教育观念对个人的消费行为有着深远的影响,因此提升公民素养可以加快消费产业链的良性循环。

(二)耐用品处置对社会造成的影响

1. 直接处置的影响

收藏的耐用品一般是具有文化气息、艺术价值的高档物品,这既是一种艺术行为,又是一种投资方式,更是一种精神上的享受。收藏的耐用品一般具有不菲的经济价值,不难看出,收藏行为已经成为现代社会的一种投资行为,若收藏的珍品具有独特的价值,日后必可以换取丰厚回报;这种处置方式还可以培养收藏家的兴趣爱好,提升自身文化修养,对于文化的传承也有着重大意义,作为一种带有鲜明文化特征的行为,艺术品收藏的价值取向会受到收藏者自身文化修养、收藏品文化内涵以及所在地文化背景的影响。

直接焚烧给环境带来破坏性的灾难。环保部门李某表示,直接焚烧可产生大量有害气体、颗粒物和有机物,对人体危害很大。尤其是露天焚烧可以向大气中排放有害污染物至少20多种,包括人们熟知的苯、丙酮、多环芳烃、二噁英等。因为露天焚烧往往是不完全燃烧,残留物还含有大量的重金属和硝酸盐,这些物质会随着雨水进入地下,污染土壤和地下水。包括温室效应和雾霾与废品的直接焚烧有关。政府、环保部门还有企业都应积极响应,并采取一系列措施来预防和应对。

2. 间接处置的影响

耐用品回收产业的发展给二手市场、以旧换新企业、废品回收小商铺和电器拆解工厂等行业提供了新的就业机会,大大缓解了社会就业压力。尤其是网上回收站的兴起更加活跃了二手市场,带动了一个新兴行业的发展。

不同处置方式的回馈效果促使政府做出更为理性、更利国惠民的政策。企业积极响应十八届五中全会的号召,坚持绿色发展、节约资源保护环境的基本国策,坚持可持续发展,坚持走生产发展、生活富裕、生态良好的文明发展道路,加快建设资源节约型、环境友好型社会,形成人与自然和谐发展的现代化建设新格局,推进美丽中国建设,为全球生态安全做贡献。

捐赠是以一项有利于国家和社会的公益活动,是兴办公益事业的重要物质基础。家庭废旧耐用品以捐赠的方式处理给社会带来积极的影响,对于很多贫困的的家庭来说,别人的爱心可以让他们感受到这个社会的温暖,可以帮助他们暂渡难关;有利于弘扬中华民族传统美德,倡导团结互助、关爱奉献的精神;有利于增强社会责任,增进社会各阶层之间的理解、交流和合作,营造团结友爱、和谐相处的关系。

四、实证问卷结果分析

本次调查结果主要是通过访谈和问卷调查所得。分别对丰台区花乡万年花城小区、海淀区万城华府龙园小区、西城区三里河三区和昌平区的花样年华小区四个小区的居民共发放问卷200份,街上流动人群发放问卷60份,采用问卷星形式网上发放问卷60份。总共发放问卷320份,回收312份,剔除无效问卷(问卷填写不完整、逻辑不合理等),最后得到有效问卷300份,有效回收率为93.75%。

(一)样本基本情况分析

1. 样本性别分析

调查问卷以家庭为单位,其中女性群体占64%,男性群体占36%。结合前期访谈和男主外女主内的中国传统,我们了解到女性在日常家庭耐用品购买、处置决策中占有主导地位。

2. 样本年龄分析

如图2所示,在所有调查对象中,18—28岁的样本比例达14%,50岁以上的比例达到18%。结合后期访谈,我们了解到年龄较小或较大的人群对耐用品的处置敏感度较低。可能是由于以下原因:年龄在18—28岁的人群中多数人没有结婚,他们的生活被工作、娱乐、交际等活动占据,要么是在上学要么是刚上班,资金方面不是很充足,基本生活耐用品和必备品能满足日常需求即可,对其在生活中的地位不是很关注;而50岁以上的人群大都吃过苦头,知道当今幸福生活的来之不易,基于这种体验,他们对用旧的、用坏的家庭耐用品要么收藏,不舍得扔,要么送人,让其再次利用。占调查对象大多数的在29—50岁的群体,他们的特征是组建了家庭,高度重视生活质量和品质,对家庭耐用品购买、处置决策的参与度高,消费能力强,也有充足的资金满足其处置后的再购买。

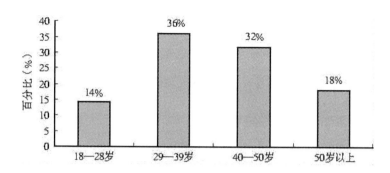

图 2　调查对象的年龄构成

3. 样本人口组成分析

由图 3 的人口比例图表,我们发现所调查的人群中有 70% 的家庭是由 3 或 4 个成员组成的,属于小规模家庭。从表 3 中可以看到,三、四口家庭对耐用品的使用周期均小于耐用品的平均周期,可以看出,小家庭消费对家庭耐用品的购买、处置决策效率高,执行力强,消费方式更为灵活。

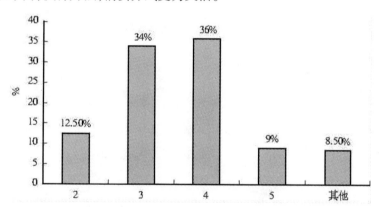

图 3　调查对象的人口比例

表 3　家庭耐用品平均使用寿命

类别	平均使用寿命(年)	三、四口家庭的平均使用寿命(年)	大于四口之家的平均使用寿命(年)
家电类	8—10	6.2	9.2
家具类	6—8	5.8	7.3
汽车	6—10	4.2	8.5

资料来源:问卷统计加权所得。

4. 样本受教育程度分析

由图4得知,我们所研究对象的受教育程度以大专、本科、硕士居多,而不同区域居民的受教育程度比例不同(图5)。其中海淀区、西城区居民的学历本硕更多,这两个区域高学历居民分布较为集中,丰台区学历布局较为均匀,而昌平区学历中低层次的居民较多。分析原因可能是昌平区外来打工居民占多数,人口流动性大,人才良莠不齐。

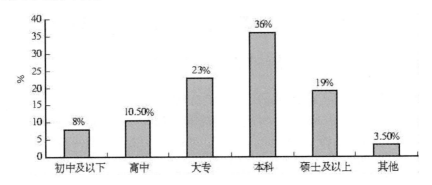

图4　样本受教育程度整体分布

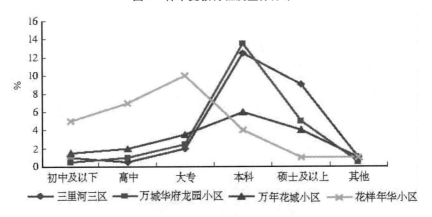

图5　样本受教育程度各小区分布

5. 样本家庭月收入分析

一个家庭的月收入直接决定家庭的消费能力和生活质量。如图6所示北京这四个居民小区的整体收入水平集中在15 000—40 000元,其中收入在15 000—20 000元的占所调查人口的24%,在20 000—28 000元区段的人口比例达到32%,收入介于28 000—40 000元的家庭占比21%。然而各小区的居民收入水平也不尽相同,如图7所示,三里河三区和万城华府龙园小区的居民家庭月收入水平整体较高,这与以上分析的学历水平的趋势相同,一定程度上说明高学历人群有更为稳定、高水平的薪酬待遇;万年花城小区居民收入水平较为均匀,整体适中;而花样年华小区居民收入水平整体不高。

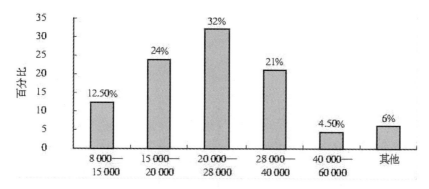

图6 调查对象家庭月收入整体分布

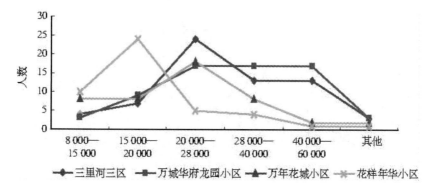

图7 调查对象家庭月收入各小区分布

(二)家庭耐用品处置的整体分析

通过对调查问卷的数据分析,我们得知,近三个月处置的家庭耐用品中家电类占比45%,家具类占32%,车子占15%。这样的结果跟不同家庭耐用品的属性有关,家电类耐用品包括电视、电脑、冰箱、洗衣机、微波炉等,平均使用寿命是5.6年;而家具类例如床、茶几、沙发等使用寿命为6.8年;车子使用寿命更长为7.2年。

1. 家庭耐用品的处置动因分析

人们基于各种因素对耐用品进行处置(图8),其中由于耐用品寿命周期终结而处置的家庭占到34.5%,结合区域分布图(见图9)我们发现,花样年华小区由于此因素对耐用品进行处置的居民占比远远高于其他区,说明这个小区居民的生活方式相比较其他区更为节俭,这与他们的收入水平直接相关。而因为喜欢新款式而对耐用品进行处置的居民占到 9.5%,他们的年龄段在 25—32 岁的居多,这部分人热衷于追随时代潮流,对新鲜事物有强烈的好奇心,对新款式产品有强烈的购买欲望,是时尚购物的传递者和引领者。居民由于耐用品使用效率低下而处置的占到 24.25%,因为家庭常用耐用品使用效率低下会引发人们的多种负面情绪,严重影响到人们的生活质量。

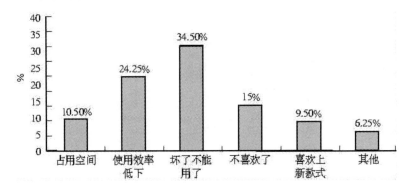

图 8 处置动因整体分布

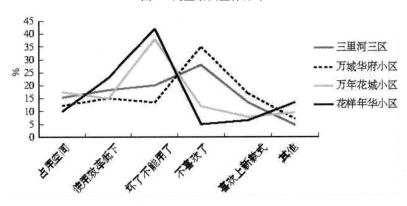

图 9 处置动因各小区分布

从各区的耐用品处置动因分布图来看,三里河、万年花城和万城华府三个小区受各个因素影响的波动范围小。其中高收入人群处置的因素大多是不喜欢原来的产品或喜欢上某种新款的耐用品,他们也有足够的经济能力购买自己喜欢的物品。而花样年华小区居民在进行处置时会同时受多种因素干扰,比如废旧耐用品是否占地方、为买一款新产品的资金是否充足等。

2. 家庭耐用品的处置方式分析

家庭耐用品的处置方式多种多样,大体分为两类(见表 4)。一种是直接处置,另一种是间接处置。

表4　家庭耐用品不同处置方式统计数表　　　（单位：人/百分比）

处置＼小区	三里河三区	万城华府小区	万年花城小区	花样年华小区	总计
保留,做纪念品	10(8.20%)	12(8.89%)	14(9.46%)	18(9.73%)	54(9.17%)
扔了或焚烧处理	4(3.28%)	7(5.19%)	12(8.11%)	19(10.27%)	32(5.43%)
二手市场再次买卖	28(22.95%)	32(23.70%)	24(16.22%)	47(25.41%)	131(22.24%)
以旧换新	12(9.84%)	18(13.33%)	28(18.91%)	30(16.22%)	88(14.94%)
送往废旧家电拆解工厂	24(19.67%)	20(14.81%)	16(10.81%)	12(6.49%)	81(13.75%)
小商贩低价回收	8(6.56%)	9(6.67%)	16(10.81%)	21(11.35%)	54(9.16%)
送给普通打工出租房用	8(6.56%)	10(7.41%)	13(8.78%)	21(11.35%)	52(8.82%)
捐助公益	21(17.21%)	19(14.07%)	18(12.16%)	10(5.41%)	68(11.71%)
其他	7(5.7%)	8(5.93%)	7(4.73%)	7(3.78%)	29(4.92%)

注：问卷结果为多选（最多选3项）。

直接处置包括保留收藏，直接扔弃或进行焚烧处理。这两种直接处置方式的占比分别为9.16%和5.43%。

结合前期访谈资料我们发现，居民将耐用品保留收藏大致出于两种原因：

一是怀旧、舍不得扔。这种处置方式的居民大多是老年人，经历过艰苦岁月的他们更懂得生活的不易，习惯精打细算，他们对旧物有着十分强烈的依恋之情。这些老人喜爱囤积旧物，并非以后用得上，只是一种心理需要。

二是有珍藏的时代意义。不同的物品代表了一个时代的印记，有的收藏品承载了历史、文化、艺术气息，可以陶冶情操，修身养性。采取这种处置方式的人大多收入水平较高，家境较富裕。

有的人则选择将耐用品直接丢弃或者焚烧处理。数据统计表明，这类人群文化层次不高，他们的认知能力不强，目光短浅，意识不到这样的处置方式给环境和人们的身体带来的危害。

间接处置的方式占比85.41%，整体来看，人们对废旧耐用品的回收再利用的意识比较强。具体处置包括以下几方面：将还有利用价值的耐用品在二手市场进行再次流通，让它们变废为宝，找到新主人，还可以节约社会资源避免浪费，这种处置方式的占比最高，为22.24%；响应国家或企业号召对一些旧的、坏的家庭耐用品以旧换新,厂家统一回收进行环保无害化处理,还可以抵消一部分购买新产品的费用,这种方式占 14.94%;把一些不用的电器送往废旧家电拆解工厂,这样既能使零件加工后再次得到利用,还可以避免盲目扔弃对环境造成的污染,这种处理方式占比 13.75%;还有一种有意义的做法是捐助公益,居民将家里的闲置又占地的物品捐赠给有需要的人,让社会充满爱心,这种方式占比 11.71%;还有一些处置方式包括小商贩低价回收等等。

家庭耐用品的各种处置方式在三里河三区、万城华府、万年花城和花样年华这四个小区的整体变化趋势相同,基本上都是耐用品返回到二手市场进行再次流通的比例最大,进行焚烧处置的比例最小。但是有些处置方式在不同小区间还是有差别的,例如采用捐助公益、送往废旧家电拆解工厂这两种处置方式的人在三里河三区和万城华府小区的比例明显高于花样年华小区,而采用以旧换新、进入二手市场买卖和小商贩直接回收这些处置方式的人,花样年华小区的比例明显高于其他区域。

3. 家庭耐用品不同处置方式态度分析

采用五点量表对问题的评分划分为五个等级,分别为非常支持(5分)、比较支持(4分)、一般支持(3分)、不太支持(2分)、很不支持(1分),其中3分为及格。对于问卷中不同处置态度评分的平均值,这里给出一个评判标准:

很不支持的平均分小于1分;不太支持的平均分在1—2分(包括2);一般支持的平均分在2—3分(包括3);比较支持的平均分在3—4分(包括4);非常支持的平均分在4—5分(包括5)。

由表5可知,居民处置态度评分的平均值集中在"不太支持"到"比较支持"的范围内。其中,直接处置中的三项评分均较低,尤其是焚烧处理,评分仅有1.56,说明人们对这种处置方式认可度很低。间接处置中的五项评分分值中等偏上,而捐助公益评分最高,其他四项分值较均匀,属于中等水平,说明居民对家庭耐用品的回收再利用这种处置方式更为认可,对其评价也较高。

表5 家庭耐用品处置态度评分表

序号	处置方式	评分平均值	评分的区间				
			很不支持(0—1)	不太支持(1—2)	一般支持(2—3)	比较支持(3—4)	非常支持(4—5)
1	怀旧,舍不得扔	2.14			√		
2	珍藏	1.95		√			
3	直接扔弃或焚烧处理	1.56		√			

(续表)

序号	处置方式	评分平均值	评分的区间				
			很不支持(0—1)	不太支持(1—2)	一般支持(2—3)	比较支持(3—4)	非常支持(4—5)
4	二手市场再次买卖	3.65				√	
5	以旧换新	3.45				√	
6	送往废旧家电拆解工厂	3.27				√	
7	小商贩低价回收	3.23				√	
8	捐助公益	3.94				√	

(三)家庭耐用品二手市场分析

随着耐用品产业的飞速发展和高新技术的不断进步(如电子商务的出现使买卖双方的交易时间、成本大幅下降),由耐用品新产品市场衍生出的耐用品二手市场也逐渐发展壮大。二手市场是产业链中的重要一环,目前我国二手市场进入一个新的发展时期,例如:二手车市场、二手家电市场、二手家具市场等都迅速崛起,并很快融入人们的日常生活。目前,耐用品二手市场对新产品市场有以下两方面影响:一方面,家庭耐用品经购买、使用后仍有一定残值,使得一部分原本计划购买新产品的消费者将注意力转移到二手市场,新旧产品在一定程度上形成竞争局面;另一方面,二手市场的存在为已经购买新产品的消费者提供了一个处理旧产品的平台,并且还可以获得部分残值收入,从而促使高端消费者购买新产品的动力增强,这样看来,二手市场在一定程度上促进了新产品的销售。

1. 二手市场耐用品比例分析

如图10,通过对比分析,我们发现家电类产品在二手市场所占比例最大,为43%,家电是生活必需品,更多地承载了人们对更高生活品质的追求。与其他种类耐用品相比,家电产品有平均寿命短、换代更新速度快、智能化程度高、产品种类丰富等特点。家具类产品在二手市场占比为26%,而车子所占比例仅为12%,这种结构分配可能与汽车、家具类产品的生命周期较长有关。

2. 二手市场处置家庭耐用品优势分析

由图11可知,24.48%的人认为在二手市场处置耐用品可以使其重新发挥使用价值,变废为宝,26.46%的人更看重其变卖后可取得的残值收入,而18.5%的人做出同样选择则是基于节约社会资源,另外22.55%是出于环保的考虑。不同小区和收入层次不同的居民对二手市场处置优势的敏感度不同。如图12所示,花样年华小区的居民会更多地考虑产品变卖带来的资金收入,而三里河三区的居民则更多地考虑环保。整体而言,通过二次流通对资源进行再次配置可以充分利用其原有价值,提升资源有效利用率,不仅可以满足不同层次的消费需求,还可以促进二手市场的可持续发展。

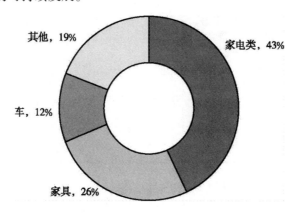

图 10　不同类家庭耐用品二手市场处置所占百分比

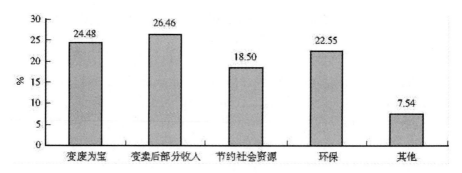

图 11　二手市场处置优势整体分析

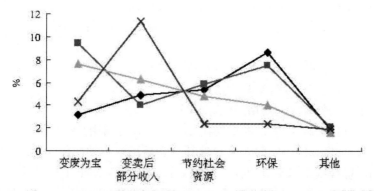

图 12　二手市场处置优势各小区分析

3. 二手市场网上交易

网上二手市场的迅速崛起与国内电商平台的发展密切相关,实证调查中人们熟知的网站有全球二手网、58 同城二手网、赶集二手网、百姓二手网等。网上二手市场交易有交易成本低、交易周期短、兑现快等特点,因此备受人们青睐。如图13所示,有46.5%的人认为网上二手市场交易使得信息的获取更加便捷,渠道更加丰富,极大缩短了交易时间;32%的人认为网上交易可以进行价格比较,处置耐用品前可以在二手市场网站搜索与自己所售物品类似的其他产品的价格,这样便于制定更为合理的价格,更能吸引买家的注意力。此外,二手市场网站的发展壮大极大地提高了二手市场买卖的活跃性,丰富和方便了人们的生活。

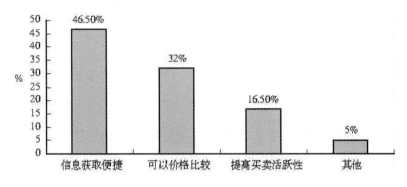

图13 二手市场网上交易优势比较

(四)家庭耐用品以旧换新分析

对于消费者来说,目前很多城市家庭中的中、高端耐用消费品,尤其是家用电器,使用寿命大多集中在6—10年,有的到了更新换代的时候人们却舍不得扔,觉得还能用,丢了可惜,而以旧换新为旧产品提供了一个折价的机会。对于厂家而言,直接降价会损害品牌形象,引起消费者对产品质量的怀疑,或担心降价会引起同行业竞相降价的价格战,而以旧换新相当于变相降价,这样既能起到促销的作用,又可以避免价格战带来的负面影响。因此,无论从消费者还是厂家的角度,以旧换新对他们都有着重要的意义。

1. 以旧换新优势分析

以旧换新是指当消费者在购买新产品时,将同类型的旧产品交给固定对象,就能在一定程度上享受折扣和优惠。这种处置方式的实质是变相降价,从而很大程度上促进了消费者的购买热情。调查数据统计结果显示(见表6),有18%的人认为以旧换新的活动可以消除废旧耐用品的安全隐患和对身体的危害(家用电器不是使用时间越长越好,超过使用年限的废旧家电容易发生安全事故,对人体造成一定危害);50.5%的人认为以旧换新可以降低廉价处理带来的损失和降低购买新产品的费用,厂家会根据使用年限等标准对旧产品进行折价,以此来抵消一部分购买新产品的费用;15.5%的被调查者认为以旧换新可以满足人们追求时尚潮流新产品的需求,其中万城华府和三里河三区的居民对购买新潮产品、处置旧产品的积极性最高;此外通过以旧换新,厂家可以统一回收旧产品,并对其进行归类无害化处理,对环保做出一定贡献。

表6　以旧换新优势统计分析

优势＼小区	三里河三区（人）	万城华府小区（人）	万年花城小区（人）	花样年华小区（人）	总计（百分比）
消除安全隐患和对身体危害	23	20	19	10	18.0%
厂家统一回收,环保无害化处理	21	19	15	7	15.5%
减少廉价处理带来的利益损失	18	16	20	30	21.0%
降低购买新产品的费用	21	18	23	56	29.5%
满足人们追求时尚潮流需求	29	18	10	5	15.5%
其他	0	1	0	1	0.5%

注:问卷选项为6选2。

2. 以旧换新折价标准和满意度分析

如图14所示,67.75%的人认为影响家庭耐用品折价标准的主要因素是使用时间的长短和产品新旧程度,其他人则认为耐用品的质量和品牌知名度也很关键。但是不同厂家具体折价方式不同,有的厂家技术水平高,用相关精密仪器进行检测,折价结果误差相对较小;而有的厂家只能人工估摸计价,估价结果相差很大。

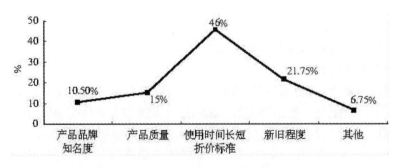

图14　以旧换新折价标准对比

注:由问卷数据处理所得。

不同环境、条件及不同技术含量的耐用品最终导致人们对其折价测评结果的满意度不同。统计分析发现(见表7),对折旧结果一般满意到非常满意的比例达到76%,其中一般满意的人群占到39%,而不满意和很不满意的达到24%。不同小区的折价满意度也不同,万城华府和三里河三区的居民对折价满意度整体水平较高,这可能跟他们的心理预期及收入水平、生活质量相关。这两个小区居民收入普遍较高,生活质量相对较好,他们对家庭耐用品的处置态度更多的是出于环保或者节约社会资源等,对其所处置耐用品的折价期望度低,所以满意度就相对较高。而万年花城和花样年华两个小区的居民更希望通过折价抵消耐用品购新所必要的支出,这部分群体处理耐用品的态度更多的是基于减少廉价处理带来的经济损失,因此他们对折价的期望度很高,当厂家的折价不能达到他们的心理预期时,他们对折价的满意度就很低。

表7　不同小区以旧换新满意度调查表　　（单位:%）

满意度＼小区	万城华府小区	三里河三区	万年花城小区	花样年华小区	总计
非常满意	9	7	3	2	21
比较满意	7	5	3	1	16
一般满意	10	13	9	7	39
不太满意	1	1	5	8	15
很不满意	0	1	2	6	9

3. 以旧换新回收点设置及回收产品去处分析

如图15所示,69%的家庭认为将以旧换新的回收点设在小区附近更方便人们的生活,尤其是家里的大件、易碎、不易长途运输的家庭耐用品;剩余群体认为在耐用品直营店和网站平台设置回收点也是不错的选择。当代社会,互联网已经成为人们生活必不可少的一部分,现在风靡的O2O线上线下案例不胜枚举,包括"饿了么"、"滴滴打车"等。因此在网上设置收购平台有很大的发展潜力,它可以实现上门服务,也就是说人们在家就可以完成各项交易。

但是很多家庭对耐用品的去处不是很了解,问卷结果显示(见图16),只有不到30%的人对耐用品的去处有一定了解,其余家庭都不怎么了解或了解得很少。这就出现一个严重问题,那就是会有部分群体认为厂家是否将收回的旧产品重新翻新再以高价卖给他们呢。这直接影响到那些以旧换新企业的声誉和人们对那些品牌的忠诚度。企业进行以旧换新促销的目的是加快产品的更新换代,而回收的旧产品对企业的作用并不大,大多数是进行统一无害化处理。相反,这种促销方式还给厂家带来很多弊端,例如:提升了促销成本、需对旧产品进行评估,加大了促销程序的复杂性,而回收的旧产品占用空间且利用率低。因此,企业应积极地与消费者沟通并且让他们了解到回收产品的去处,增强消费者对企业和品牌的信任和拥护。

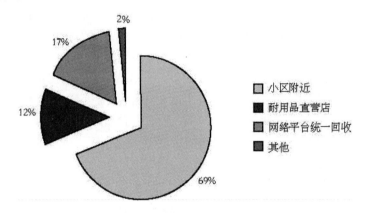

图15 以旧换新回收点设置情况

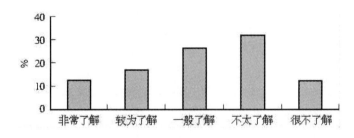

图16 耐用品去处调查

(五)家庭耐用品拆解优势分析

调查结果显示(图17),31%的人认为经拆解加工的零部件可重新返回生产线二次利用,如一些无害金属或材料稀缺的零部件就可重复利用。20%的人赞成将耐用品送往拆解工厂,对有害零部件统一无害化处理。如:有些电器材料中有铅、汞、砷等重金属,废弃家电若处理不当渗入饮用水,会引起重金属慢性中毒,严重的甚至会威胁生命健康。

国家统计局数据显示,中国每年废旧家用电器数量达一亿多,但是由于废旧家电产品含有有毒物质,对技术和环保要求特别高,就全国范围而言,拆解厂家的数量不多。结合前期访谈环保部门相关人员的解释,"国家严格控制拆解厂的数量,审批过程对各方面指标要求都相当严格,主要是为了避免拆解企业间恶性竞争和出现二次污染"。因此拆解技术水平的提升对改善环境质量和促进企业长期发展都有重要的意义。

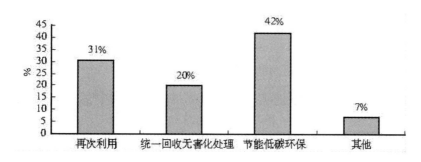

图 17　零部件拆解优势分析

（六）家庭耐用品处置对下次购买的影响

决定家庭耐用品购买的因素有很多，消费者个人因素（收入水平、消费习惯、消费者的受教育水平和职业）、消费环境因素和产品因素等。调查结果显示，家庭耐用品的处置方式对耐用品的购买决策至关重要。如图 18 所示，其中，有 21% 的人认为耐用品的处置方式对下次的购买决策影响很大，39% 的人表示影响较大，仅有 5% 的人认为不受影响。比如，有的消费者想买一个兼具储藏功能的床，并且期望在五年后重新购置新家具时这个床还可以当藏衣柜，因此他在抉择时，会根据耐用品废旧后处置方式的不同来考虑购买决策并进行相关体验。

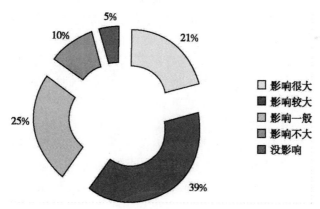

图 18　耐用品处置对下次购买影响的调查

五、结论

（一）研究结论

本文采用实证研究法来探究家庭耐用品的处置方式、处置动因及处置影响三个问题。以此进一步了解家庭对耐用品的消费观念、行为、使用情况及耐用品的处置对下一次购买产生的影响。结果表明，居民对耐用品处置方式大致分为两类：直接处置和间接处置。直接处置中焚烧对环境、社会造成的危害较大，政府、环保部门秉持着"无害化""资源化""技术化"的方针对这一现象进行预防、整治,并尽可能规避,将社会损失减到最小;间接处置方式包括二手市场买卖、以旧换新、送往废旧家电拆解工厂、小商贩低价收回和捐助公益等,这些处置方式的特点是节约社会资源、环保、还可以带来部分收益等,促使企业进行绿色生产,提高二手市场活跃性。影响耐用品处置的因素很多,包括个人的、环境的、社会的、政府企业等,这些因素促使他们做出不同的处置决策,并对社会产生一定的影响。

(二)研究意义

1. 理论意义

关于耐用品的研究可追溯到威克赛尔(1934),他分析了生产性设备耐用度选择的问题,之后有关耐用品的研究课题陆续展开,政府政策对回购体系的影响、耐用品回购拆解等各阶段的相互联系等曾一度成为研究者的热门话题,但是关于耐用品的处置问题至今仍未涉及。本文在前人相关研究的基础上,对家庭耐用品的处置方式做了系统的、较为完善的探究,并在此基础上提出了影响家庭耐用品处置的因素和不同处置方式造成的影响,为丰富和完善耐用品消费理论起到了一定的推动作用。

2. 营销实践意义

了解消费者对家庭耐用品的不同处置方式不仅可以帮助企业更好地认识消费者的需求以及对产品的要求,还能促使企业朝着绿色产业链方向发展;对于政府而言,可以把握国家宏观调控方向,制定更切合民众的惠民政策,积极引导大众绿色消费;对于环保部门而言,可以响应国家号召,加大公民环保宣传力度,制约企业污染环境的行径;对于社会公民而言,可以促使他们加强自身文化、道德修养,形成良好的社会风气,进一步促进社会生态文明建设。

(三)局限性与未来研究展望

本文采用实证研究法可以获取第一手资料,有数据做支撑,使得整个研究过程更为客观、科学。但是问卷调查也有其固有的缺陷,比如问卷问题的设置直接影响所研究问题的针对性,还有调查人群做问卷的态度,比如有些问卷填写不完整、不真实,会直接影响到调查数据的客观真实性。因此必须尽量控制客观因素对问卷质量的影响,我们的数据分析才更科学合理。

我们研究的人群是北京市小区的居民,虽然我们也尽量控制采用不同层次、不同收入水平、不同小区的居民样本进行调研,但是受到地域限制和文化氛围的影响,北京市居民消费和处置行为可能会受到特定区域的影响,研究结果是否可以同样适用于中国其他地区还有待考证。

参考文献

费威,"家电以旧换新补贴政策的数理模型分析",《北华大学学报(社会科学版)》,2009,10(6):14-19。

高永全、谭德庆、苏昊,"存在易耗部件的耐用品垄断厂商策略研究",《预测》,2012,31(1):70-74。

洪佳、李芳,"关于闭环供应链废旧品回收分级定价策略研究",《物流科技》,2015,38(12):94-96

黄伟,《基于耐用品消费的经常项目动态分析》,复旦大学,2008年。

金晓严,"'以旧换新'家电产品回收物流模式选择分析",《现代商贸工业》,2013,4:28-29。

孔令辉、姚从容,"'家电以旧换新'与废旧家电回收处理产业可持续发展——基于家电以旧换新政策实施前后调查",《工业技术经济》,2010,29(7):31-35。

林永华,"三星以旧换新再放大招 业绩回暖仍需深挖细分市场",《通信信息报》,2016-03-16(A12)。

刘双,"360奇酷推出'以旧换新'",《深圳商报》,2015-09-01(A07)。

牛筱颖,"耐用品理论研究综述"《经济学动态》,2005,10:99-104。

孙浩、达庆利,"回购成本结构对需求不确定闭环供应链系统决策的影响分析",《软科学》,2011,25(2):47-52。

谭德庆、高永全,"耐用品二手市场信息对垄断厂商决策影响研究",《系统工程学报》,2013,28(4):446-453。

威克赛尔,《价值、资本和地租》,蔡受百等译,商务印书馆,2013。

吴春霞、杨为民、邓蓉,"中国农村居民家庭耐用品消费特点及购买行为探究",《消费经济》,2010,2:49-52。

伊志宏,《消费经济学》,中国人民大学出版社,2004。

张翔、谭德庆、苏浩,"基于消费者类型的耐用品销售定价研究",《预测》,2010,29(3):26-30。

Akerlof, George A. , "The Market for Lemons: Quality Uncertainty and the Market Mechanism", *Quarterly Journal of Economics*, 1970, 84(3):488-500.

Atasu, A. , L. B. Toktay and Luk N. Van Wassenhove, "How Collection Cost Structure Drives a Manufactures Reverse Channel Choice", *Production and Operations Management*, 2013, 22(5):1089-1102.

Carranza, J. E. , "Consumer Heterogeneity, Demand for Durable Goods and the Dynamic of Quality", 2006.

Choe,C. and L. Fraser, "An Economic Analysis of Household Waste Management", *Journal of Environmental Economics and Management*, 1997, 38(2):234-246.

Coase, R. H., "Durability and Monopoly", *Journal of Law and Economics*, 1972, 15(1):143-149.

Cruz-Rivera, R. and J. Ertel, "Reverse Logistics Network Design for the Collection of End-of-life Vehicles in Mexico", *European Journal of Operational Research*, 2009, 196(196):930-939.

Envis, N., "Urban Municipal Solid Waste Management", http://www.nswai.com/images/news2006.pdf. 2010

Esteban, S. and M. Shum, "Durable-goods Oligopoly with Secondary Markets: The Case of Automobiles", *The RAND Journal of Economics*, 2007, 38(2):332-354.

Fullerton, D. and W. Wu, "Policies for Green Design", *Journal of Environmental Economics and Management*, 1996, 36(2):131-148.

Ghose, A., "Used Good Trade Patterns: A Cross-country Comparison of Electronic Secondary Markets", NET institute Working paper 05-19, 2005.

Giligan, T. W., "Lemons and Leases in the Used Business Aircraft Market", *Journal of Political Economy*, 2004, 112(5):1157-1186.

Goering, G. E. and Michael K. Pippenger, "Exchange Rates and Concurrent Leasing and Selling in Durable-goods Monopoly", *Atlantic Economic Journal*, 2009, 37(2):187-196.

Goering, G. E., "Durability Choice with Differentiated Products", *Research in Economics*, 2007, 61(2):105-112,

Guiltinan, J., "Consumer Durables Replacement Decision-making: An Overview and Research Agenda", *Marketing Letters*, 2010, 21(2):163-174.

Ino, H., "Optimal Environmental Policy for Waste Disposal and Recycling When Firms are not Compliant", *Journal of Environmental Economics and Management*, 2010, 62(2):290-308.

Li, C. and X. Geng, "Licensing to a Durable-good Monopoly", *Economic Modelling*, 2008, 25(5):876-884.

Nahm, J., "Durable-goods Monopoly with Endogenous Innovation", *Journal of Economics and Management Strategy*, 2004, 13(2):303-319.

Swan, P., "Durability of Consumption Goods", *The American Economic Review*, 1970, 60(5):884-894.

Swan, P., "The Durability of Goods and the Regulation of Monopoly", *The Bell Journal of Economics*, 1971, 2(2):347-357.

Ullerich, C. and U. Buscher, "Flexible Disassembly Planning Considering Product Conditions", *International Journal of Production Research*, 2013, 51(51):6209 – 6228.

Waldman, M., "Durable Goods Theory for Real World", *Journal of Economic Perspectives*, 2003, 17(17):131 – 154.

儿童在购买决策中的影响力研究
——代际比较视角

费显政　吴清清[*]

摘要：儿童在购买决策中扮演着重要的角色。本研究从代际互动的视角出发，以社会资源理论框架为指导，深入探究家庭购买决策中，母亲与儿童在感知儿童影响力过程中的来源差异、权重差异及结果差异，以此构建家庭购买决策过程中的儿童影响力模型。笔者进行了大范围的现场问卷调查，获取了大量的一手数据，总结出儿童在购买决策中的影响力有四种作用途径，并提出了母亲与儿童对于儿童的购买决策影响力在不同购买阶段的感知差异。文章末尾总结了本研究的创新与不足之处。

关键词：家庭购买决策，儿童影响力，代际比较

一、引言

家庭是一种以血缘和婚姻为基础的社会生活组织形式，是基本的消费单位和购买单位。20世纪80年代，就有学者开始强调将家庭作为经济决策的基本单位（Singh et al.，1986），提出了家庭购买决策这一研究命题。营销界和消费者行为研究专家都将家庭看成是最重要的决策制定和购买单元（Assael，1987）。

作为家庭成员，儿童在购买决策中扮演着重要的角色（Foxman and Tansuhaj，1988；Mangleburg，1990；Labrecque and Richard，2001）。McNeal（1964）首先提出了将儿童作为一个消费者的看法，但是这一想法却没有受到企业家的重视，他们还没有意识到儿童消费市场的潜力。McNeal（1964）认为，儿童市场实则是由三个市场所构成：(1)直接消费市场；(2)未来消费市场；(3)影响者市场。有学者曾经做过相关研究，结果表明：儿童可能会根据自己的喜好去直接影响或公开地纠缠父母购买某些产品；对于其他一部分产品，父母在做出购买决策的过程中，儿童的偏好也将是父母重点考虑的一个因素，而这一过程很可能是不自觉的。Datamonitor研究机构曾在2003年做过总结，指出四种因素共同提升了儿童"纠缠力"的有效性：(1)家庭收入的增加；(2)家长的愧疚感；(3)争取儿童的喜爱；(4)奖赏。

---

[*]　中南财经政法大学工商管理学院。通信作者及地址：费显政，湖北省武汉市南湖大道182号中南财经政法大学工商管理学院，430073；E-mail：feitairan@163.com。

本研究重点关注母亲与儿童都参与其中的家庭消费决策过程。以往有学者试图测量家庭成员的相对影响力(Belch et al.,1985;Corfman and Lehmann,1987;Beatty and Talpade,1994),却忽略了影响力的本质。Davis(1976)等人发现,由于家庭购买决策过程隐含着整合个体偏好的差异,冲突在家庭购买决策过程中十分普遍,而家庭成员会采取多种影响策略去解决决策过程中的冲突,Lee and Collins(2000)、Levy and Lee(2004)将家庭成员的影响行为及影响策略总结为五种——经验、权威、联盟、情感、协商,这为我们后续对儿童及其母亲进行深入访谈提供了重要的借鉴。

Lewin 于1951年提出了社会资源理论。该理论认为,社会资源是人们对他人产生影响力的根本来源,人们的资源主要包括专家资源、强制资源、参照资源、奖赏资源和权力资源五个维度,社会资源也可以看成是人们左右他人的"权力"。社会资源理论提供了一个概念框架,有助于研究营销领域中的协商及冲突解决过程。本文在社会资源理论框架的指导下,从母亲与儿童互动的视角,通过深度访谈及问卷调查,测量母亲及儿童双方的数据,探讨家庭购买决策过程中儿童影响力的来源差异、权重差异及结果差异,在此基础上探究家庭购买决策中儿童影响力产生差异的深层次原因。

二、文献回顾

(一)作为消费者的儿童及其在家庭决策中的影响力

人们在消费过程中可以扮演三种角色:决策制定者,购买者,以及最终消费产品或服务的用户。有学者对儿童消费能力的发展做了详尽的研究,从年龄的角度探讨他们在家庭购买决策制定过程中的成长历程:儿童在学步时期,就会产生对食物、穿着及玩伴的偏好(Bartsch and Wellmen,1995)。在陪同父母购物时,2岁儿童就能将电视广告中的产品和商场中的实物联系起来,并表达自己的需求及偏好。据统计,这一能力被大约60%的3岁儿童所掌握,4岁儿童中,这一比例达到了84%,5岁为88%(Valkenburg and Janssen, 1999)。另外,在这一阶段,由于儿童"谈判"能力的提升,父母与儿童之间的冲突减少了,"协商"成为家庭沟通中的主要方式,儿童已然掌握了一系列有效的协商技巧(Kuczynski and Kochanska,1990;Kuczynski et al., 1987;McNeal, 1992),以往的经验告诉他们,一味地对父母表达不满、发生正面冲突不如理性协商的效果好。当儿童成长到5岁时,他们逐渐开始独立的购买行为,第一次的独立购买经历一般是在父母的陪同下,发生在超市或百货公司(McNeal, 1992)。Valkenburg and Janssen(1999)的研究发现,21%的5岁儿童,35%的7岁儿童及48%的8岁儿童可以在没有父母的陪同下独立购买;同龄人的意见对8—12岁的儿童行为有很大的影响,此时,儿童对细节和质量的审美能力得到提升,能够批判性地评估和比较产品及信息,不同于之前的几个时期,此时的儿童对于现实和可信的事物才有兴趣,他们开始迷恋现实世界(Mielke,1983),而强烈抵触那些不真实的娱乐节目及商业广告(Acuff,1997;Gunter et al.,1991)。另外,这一阶段的儿童也能很容易发觉和解读他人的情绪变化,所以他们对其他儿童的想法、意见、判断和评估变得非常敏感,此时他们非常在意"酷"和"时髦"。尽管在青少年和成人时期,人们的消费能力会继续提升,但12岁的儿童已经基本掌握了消费行为所包含的所有内容,他们能感知自己的需求和偏好,搜寻、选择和购买产品来满足这一需求,还能对所购产品或服务做出评价(Mowen and Minor,1998)。

Beatty and Talpade(1994)定义了青少年儿童在家庭购买决策中的影响力的公式:十几岁青少年的影响力 = f[青少年特征(能力、动机) + 父母/家庭特征 + 需作出决策的特征]。有学者又对父母和儿童所感知的儿童在家庭购买行为中的"话语权"或是影响力是否一致这一问题进行了研究,发现无论是父母还是儿童,都认为儿童在多种产品的购买决策上有影响:在比较便宜和供儿童使用的产品上,儿童有更大的发言权。然而相比于父母,儿童更加高估自己的影响;在感知儿童影响力时,父母之间的差异小于他们和儿童之间的差异(Foxman et al.,1989a)。Foxman et al.(1989b)的另一项研究从社会化的独特视角探讨了青少年儿童在家庭消费决策中的角色和作用,发现对于他们在家庭购买决策中的影响力的评价,取决于评价主体是谁。儿童和母亲认为影响较大,而父亲则认为较小。

对于影响儿童在家庭决策过程的影响力大小的因素而言,以往学者的研究成果表明,在家庭购买决策中,儿童的影响力会受到社会文化、家庭特征、父母及儿童个人特征及购买情境的影响。

第一,社会文化因素。Aviv and Vassilis(2003)对比以色列及美国家庭购买决策中儿童的影响力大小发现,以色列(低权力距离)相较于美国(高权力距离[①])而言,儿童的购买影响力更大。Pavleen and Raghbir(2006)做了一个关于西方国家和印度家庭中儿童对购买决策的影响力的比较分析,发现儿童影响力的大小有所差异,这可能是由于印度和西方国家在家庭组织和结构、价值观、道德规范的不同所导致的。

第二,家庭特征。Labrecque and Ricard(2001)研究表明,非传统家庭的儿童,对于外出就餐和餐馆选择的影响更大。时代的发展带来了家庭结构的变化,Julie et al.(2008)以英国三类家庭——传统家庭[②]、单亲家庭及重组家庭为例,探讨了

[①] 权力距离是用来表示人们对组织中权力分配不平等情况的接受程度。一般而言,东方文化影响下的权力距离指数较高,人们对不平等现象通常的反应是漠然视之或忍受。在全球范围来看,美国的权力距离指数处于较低水平,但是以色列的权力距离指数更低。

[②] 指亲生父母和子女组成的家庭。

不同家庭结构类型对购买行为的影响。结果表明：与儿童相关的购买决策是家庭关系复杂性和家庭结构类型的函数，即家庭关系越是简单（如单亲家庭），儿童越是对家庭购买决策过程有影响；而家庭关系越是复杂（如重组家庭），儿童对家庭购买决策的涉入度越小。

第三，个人特征。通过梳理文献，笔者发现儿童及父母的个人特征都会影响到家庭购买决策中儿童的影响力。首先是儿童的个人因素，如较优异的学习成绩，或者丰富的产品知识和信息等，这些都会提升其在家庭消费中的影响力（Foxman et al.，1989a；Beatty and Talpade，1994）。Elizabeth et al.（2007）以家庭购买汽车、度假和家居用品的消费为例，研究了儿童对家庭购买决策的影响，结果表明，儿童对产品知识和信息了解得越多，则对家庭决策影响越大。其次是父母的教养风格。Moschis 和 Moore（1979）从社会导向（socio - orientation）和概念导向（concept - orientation）两个维度描述了父母和儿童的家庭消费沟通模式，其中，在社会导向的沟通模式下，父母让儿童顺从其购买决策，避免矛盾和冲突，并营造和谐愉快的家庭关系；在概念导向的沟通模式下，父母则更加鼓励儿童建立自己的观点，他们与儿童讨论消费选项的优缺点，允许儿童自由参与讨论具有争议性的决策。Caruana and Vassallo 在 2003 年使用 2×2 模型对这两个维度做了进一步分析，研究证实家长的社会导向沟通模式和儿童的感知购买影响力正相关，与概念导向沟通模式不相关。来自开放式家庭沟通模式（高概念导向、低社会导向）的儿童，感知自己的购买影响力最大，来自保守式家庭沟通模式（高社会导向、低概念导向）的儿童则感知影响力最小。

第四，购买情境。有学者研究发现，儿童更有可能在和他们直接相关的产品购买决策中，或是在相对便宜的产品购买决策中有更大的话语权（Foxman et al.，1989a；Hall et al.，1995）。Labrecque and Ricard（2001）则从某一具体的购物情景——外出就餐这一事件，来具体地探究在家庭消费决策制定过程中，儿童的影响力究竟有多大，其研究结果表明：儿童在选择具体饭馆时的影响力比决定外出就餐与否的影响力要小；儿童和父母所感知的，儿童在决定外出就餐与否和选择具体餐馆上的影响力的看法不同。Elizabeth et al.（2007）以家庭购买汽车、度假和家居用品的消费为例，研究了儿童对家庭购买决策的影响，结果表明，儿童对高介入度的产品有更为积极和重要的影响力。

（二）作为消费者的儿童施加影响力的交互方式

通过对已有文献研究的梳理，研究者发现，家庭购买决策活动不是完全独立进行的，家庭成员之间存在各种形式的互动。在家庭购买决策活动中，当儿童努力改变父母的想法、感情或行为时，会使用一些策略与父母进行互动，使父母支持或同意他们的购买行为，而对于儿童的"影响努力"，父母会采取相应的对策作出回应。

Isler and Popper(1987)的研究了家庭内儿童索要东西、母亲的响应方式与感知的动态过程,结果表明,儿童会使用各种请求方式(仅仅提出要求、恳求、讨价还价等)以期得到母亲的响应(从立即同意到直接拒绝),母亲做出回应之后,儿童会再次做出相应的反应,同样,这又会引起母亲随后的反应,这是一个连续作用及反作用的过程。Palan and Wilkes(1997)运用内容分析法将青少年儿童影响父母的策略分为七类:讨价还价、劝说、情感法、请求、专家法、合规性和指导,并且讨价还价和劝说的策略更受到青少年儿童的青睐。Jayantha(2004)认为儿童承认父母的权威,同时他们通过总结以往经验,掌握了一定的策略来劝说父母同意他们的购买要求,他们更倾向于使用咨询、交流、鼓舞人心的呼吁和取悦逢迎等策略来影响父母的购买决策。

父母是承认儿童对购买决策的影响力的,他们中的绝大多数会同意儿童以"礼貌"的方式提出的购买决策,即使是"无理要求",拒绝率也会很低,因为一方拒绝另一方通常预示着冲突和不愉快。Shoham and Dalakas(2006)进一步指出,儿童选择影响父母的策略中,感性策略(如生气吵闹)效果最差,理性策略(如提供有逻辑的解释说明)或者直接提出购买要求更有效,当他们选择的影响策略与父母的决策风格一致时最有效。

(三)社会资源理论与儿童购买过程影响力

社会资源的概念首先由 Lewin 于 1951 年提出,后被 Cartwright(1959),French and Raven(1959)、Wolfe(1959) 等人在组织动力学的一系列研究中拓展。该理论认为,社会资源是人们对他人产生影响力的根本来源,它也可以看成是人们左右他人的"权力"。社会资源理论提供了一个概念框架,有助于研究营销领域中的协商及冲突解决过程。人们的资源主要包括专家资源、强制资源、参照资源、奖赏资源和权力资源五个维度,每个人都有一个由这五种资源混合而成的"资源池"。

社会资源理论进一步将人们利用这五种资源以获得左右他人的"权力"的方式分为主动和被动两种,使用"权力"来施加影响力通常是主动行为,行为结果也是有意为之,但有时候它也可能是被动使然(French and Raven, 1959),这发生在施加影响力的主体并没有主导行为结果的意图时。因此,主动及被动的社会资源均会使人们获得满足自己偏好、主导行为结果的能力,这对于儿童在影响家庭购买决策时同样适用。

儿童的主动社会资源是由他们直接控制的,为了施加主动的影响力,他们首先会对自己的社会资源进行一个评估,然后选择能够匹配自己资源的影响方式,以达到最终目的(French and Raven,1959),因此影响方式很大程度上是由他们自我感知的社会资源所决定,以往学者也对此进行过总结,发现经常被儿童使用的方式包括:直接索要、恳求、交易、直接告知、示范、糖衣炮弹、威胁和装可怜(Atkin,1978;Isler et al.,1987; McNeal, 1992; Williams and Burns,2000)。举个例子来说,当儿童决定使用主动社会资源去影响一个休闲决策时,比如说想去看电影,他就会向父母承诺,用做家务来获得父母的同意,这个时候的影响方式就是"交易",儿童利用的正是自己的奖赏资源。

儿童的影响力也可能是被动的,这发生在他们没有明确表达自己意愿的时候,因此在这个意义上,被动资源只要产生效果,它就被启用了(Corfman and Lehmann, 1987)。换而言之,当父母去推断儿童的偏好,并以此作为行为依据,而不需要儿童自己表达时,儿童的被动资源就发挥了作用。有学者认为,随着儿童年龄的增长,他们对于家庭购买决策的影响方式更偏向于被动,因为通过平时的互动过程,父母已经逐渐熟知他们的喜好(John, 1999)。

从上面的论述可以看出,影响力是一个通过"资源"以获得所期望结果的过程,因此影响力是两方(或以上)互动过程之后产生的一个结果。考虑到影响过程所具有的天然的互动属性,我们有必要从决策制定过程的所有参与者的角度来测量影响力(Olson et al.,1975),他们的感知可能相似,但势必会有差异。聚焦到本文的具体研究情境,在儿童的自我感知影响力及父母感知的儿童影响力之间势必会存在某种联系,前者会影响到儿童在家庭购买决策中做出影响努力的信心,后者则很大程度上决定了父母对儿童购买要求的"屈从",两者共同作用于儿童在家庭购买决策中的"话语权"。

(四)现有研究的不足

现有文献的不足具体体现为以下三个方面。首先,对于代际之间的互动,学者们关注较少(June and Stacy, 2004)。其次,我们已经了解到,文化背景的不同会使家庭购买行为产生差异。已有的研究更多的是国外学者探讨家庭购买决策中儿童的影响力机制,研究也是基于国外情境。家庭购买决策是一个文化/亚文化相关的概念,不同文化背景下的决策行为的影响机制必然会产生差异。因此在中国文化情境下,进一步探讨家庭购买决策过程中的儿童影响力机制是一个重要的课题。最后,目前对于儿童家庭购买决策影响力的研究主要集中在浅层次的描述性领域,主要包括以下几个方面:儿童消费者的概念(界定了什么是儿童消费者)、儿童影响力的一般性分析(通过观测到的几个影响力前置变量,作初步的探索性研究)、具体消费情境的儿童影响力研究等。尽管已有学者开始关注家庭购买决策中儿童与父母的互动过程,但不可否认的是,其研究视角略显单一、不够深入,也缺乏理论深度,因此有必要用实证研究的方法,深入探究这一过程。

三、研究模型及研究设计

(一)模型建立

在购买儿童产品时,儿童的影响力有多大,父母和儿童的感知是否存在差异?造成两方感知儿童影响力产生差异的因素有哪些,父母和儿童在感知这些因素的时候,是否存在差异?这些因素在作用于感知儿童影响力时,所占权重是否一致?以上三个问题将是本文研究重点。图1和表1描述了这三个问题的相互关系和具体内容。

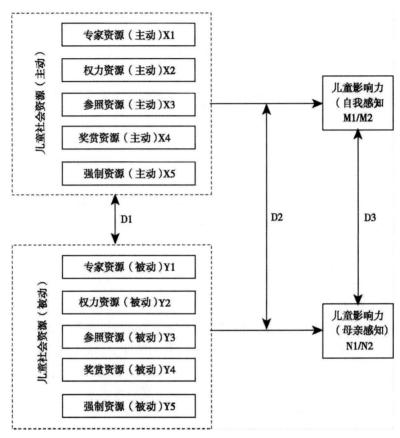

图1 本文概念模型

表1 模型解释(三条路径的差异比较)

D1:来源差异比较:在评估儿童拥有的某一影响力资源的大小时,儿童与母亲的结果是否不同?
D2:权重差异比较:五个维度的影响力资源是如何作用于"感知儿童影响力"的,母亲和儿童看法是否相同?
D3:结果差异比较:儿童自我感知影响力与母亲感知儿童的影响力是否有差异?

(二)研究设计

1. 深度访谈研究

有研究指出,处于分析阶段(8—11岁)的儿童是适应性决策制定者,他们能独立地作出决策并进行自我评估,他们还可以使用一些影响技巧来与他人进行协商,以达到购买目的(McNeal,1992;Roedder-John,1999)。因而,本研究选择这一阶段的儿童作为调查对象。

本研究的情境是儿童与母亲在家庭购买决策中的互动过程,强调了儿童的参与性。因此在进行研究设计时,研究材料选择的是在购买过程中,儿童具有高参与度、并被其使用的产品——玩具(儿童在购买玩具过程中所具有的"话语权"得到了广泛认可)。

研究者分别与母亲和儿童进行深入访谈,所获取的信息为后续形成调查问卷打下了坚实的基础。选择母亲作为研究对象是基于以下几点原因:首先,有研究表明,相较于父亲而言,儿童更多地向母亲施加影响努力(Cowan and Avants,1988;Cowan et al.,1984);其次,家庭的采买经常是由母亲负责的,因此在家庭购买决策制定过程中,母亲和儿童的互动更多;最后,基于本文的研究模型考虑,如果有两个以上的调查对象,可操作性方面会大打折扣。

本研究从武汉市选取了 20 位母亲及其孩子(2—5 年级)的组合作为访谈对象,向其阐明此次的访谈目的之后,进行半结构化的深入访谈。这一过程,母亲与儿童是分开进行的。这是为了保证双方观点的独立性,尤其对于儿童来说,当妈妈在场时,他们更可能会保留自己的真实想法,抑或是受到母亲观点的影响(Morrow and Richard,1996)。

2. 问卷设计

笔者通过改编 Swasy(1979)的社会资源量表(见表2),形成了测量儿童及母亲感知儿童的社会资源的量表。笔者引导儿童想象自己想要买一个玩具的情境,回答以下测量语句,母亲们则想象自己为孩子购买玩具时候的情境(包含孩子实际未提出购买要求的情况),测项均采用 7 级里克特量表。结合前期深度访谈过程中所获取的一些有效信息,本量表中也改造出了适合中国情境的测量语句。

表 2　影响力来源差异量表

变量	对母亲的测项	对儿童的测项
专家资源	● 我家孩子是玩具方面的专家 ● 我家孩子有丰富的玩具方面的知识	● 我是一个玩具专家 ● 我有丰富的玩具知识
权力资源	● 当孩子跟我提他想要的玩具时,我应该给他买 ● 当我作出购买决策时,我孩子有权力影响我 ● 我平时没时间陪孩子,所以他想要的东西我都会尽量满足	● 我有权力告诉妈妈,我想要她买什么 ● 我应该要告诉妈妈,我想她给我买什么 ● 妈妈平时都没时间陪我,所以我要什么,她就得给我买什么

（续表）

变量	对母亲的测项	对儿童的测项
参照资源	• 当我买东西时,我孩子的感觉(是否喜欢)会影响我 • 我经常买一些孩子喜欢的东西	• 我妈妈总是希望知道我喜欢什么,好给我买来 • 我妈妈很在意我的喜好,以便买到我喜欢的东西
奖赏资源	• 当我买一些孩子喜欢的东西时,他总能奖励我 • 我喜欢给孩子买他想要的东西,因为这能让他做一些让我欢喜的事情	• 妈妈买来我想要的东西时,我就能奖励她 • 妈妈买来我想要的东西时,我就能哄她开心
强制资源	• 我的孩子有时候会用哭闹威胁我,所以我会让步,去买一些他想要的东西 • 为了不让孩子哭闹,我有时会去买一些他们想要的东西	• 妈妈不去买我想要的东西时,我就会不听话,直到她给我买为止 • 我能让我妈妈给我买我想要的任何东西,她不买,我就做一些让她不高兴的事

资料来源:Swasy(1979)。

Beatty and Talpade(1994)提出的相对影响力量表(见表3)则可以用来测量儿童及父母所感知的儿童购买影响力。同样,采取7级里克特量表,受试者回答在整个家庭购买过程中,所感知到的儿童的贡献力所占的比例:从1级(儿童几乎没有话语权)至7级(完全由儿童说了算)。考虑到不同阶段,儿童影响力会发生变化,对这一变量的测量,分别从提出购买要求阶段和信息搜寻及最后购买两个阶段来进行。

最终,结合之前文献以及从前期深度访谈中所提取的关键信息,形成问卷,主要包括三个部分的内容。第一部分是背景介绍部分,笔者通过简短的相关案例引导被调查对象——母亲和儿童均需要回忆"儿童企图影响家庭购买决策(此处指玩具的购买)"的情形。第二部分要求母亲根据以往真实的购买过程客观地回答问卷中的问题;对于儿童,则由笔者亲自辅助作答,需要强调指出的是,在这一过程中,笔者只是在儿童有理解困难时,就测项作出客观的解释,而并未对他们的答案进行引导。第三部分主要由母亲完成,收集了受试者儿童的年龄、母亲受教育程度、家庭年均收入和母亲年龄等人口统计信息。

表3 影响力结果差异量表

提出购买阶段	信息搜寻及最后购买阶段
1. 提出要购买这个玩具 2. 让妈妈知道,我想要这个玩具 3. 让妈妈知道,这个玩具是有用的 4. 让妈妈开始考虑购买这个玩具	1. 到商店去找一下这个玩具的不同款式(牌子) 2. 比较一下这个玩具的不同款式(牌子) 3. 从商店买回这个玩具 4. 决定购买哪一个款式(牌子)的玩具 5. 决定到哪个商店去买这个玩具

资料来源:Beatty and Talpade(1994)。

3. 问卷调查

在大规模问卷调查之前,笔者首先进行了一次小范围的预调查,以检验前期研究设计的信度,同时也希望能通过预调查的结果,及时发现调查问卷中的瑕疵及不足之处,以便作出修改,取得最佳的调查结果。

预调查由研究者亲自进行,主要在武汉市光谷第一小学及洪山区楚才小学以拦截的方式进行,预调查阶段,总共发放 40 份成对问卷(一个母亲和一个儿童组成一对,母亲和儿童各 20 份)。对收集的问卷进行筛选,将填写不认真及有漏填的予以剔除之后,最终得到有效成对问卷 34 份(其中学生年龄分布为:8 岁儿童及母亲共 6 份,9 岁儿童及母亲共 8 份,10 岁儿童及母亲共 10 份,11 岁儿童及母亲共 10 份)。需要强调指出的是,调查所获得的问卷都是在征得被调查对象的同意,并保证有充足的时间以认真填写的情况下进行的,有较高的准确率。

信度分析结果显示,在对于权力资源(主动)这一变量的测量过程中,测项"每次我要什么,妈妈就得给我买什么"降低了变量的整体信度,之前这个变量的整体信度为 0.601,而将之改成"妈妈平时都没时间陪我,所以我要什么,她都得给我买什么"之后,变量的整体信度上升为 0.856。本次预调查中所涉及的所有核心变量的 Cronbach-α 值均大于 0.80,而且问卷的整体信度达到了 0.876,因此可以判定所设计的量表的信度较高,具有比较好的内部一致性,可以进行后续的大范围正式调查。

预调查完成之后,笔者选择了武汉和景德镇两个城市的四所小学进行大范围调查,以校外随机拦截及请求校方老师协助的方式获得样本。

四、数据分析

(一)描述性统计分析

问卷收集采取人员调查方法,自 2015 年 1 月 5 日至 2015 年 2 月 25 日,总共发放并成功回收了 200 对(一个母亲和一个儿童组成一对),共计 400 份的调查问卷。

根据以下原则,研究者对问卷进行了筛选:(1)对于那些填写明显不认真、作答随意及卷面不清晰的全部予以剔除;(2)删除对于核心变量的打分都选择同一个数值的调查问卷。只有 110 对(220 份)调查问卷作为有效样本,有效率达到了 55%。

从儿童的性别来看,男孩 53 人,占 48%,女孩 57 人,占 52%,性别基本平衡。从年龄来看,由于研究者选择了 2—5 年级的儿童样本,因此年龄主要集中在 8—11 岁(正是本研究所关注的儿童年龄层),占 99.09%,其中 10 岁和 11 岁人数最多,占 70%。从母亲受教育程度来看,57.27% 为本科以上学历,42.73% 则为高中或中专及以下学历。最后,从家庭月平均收入来看,5 000 元以下、5 000—10 000

元、10 000—15 000 元、15 000—20 000 元和 20 000 元以上的样本所占比重分别为 5.5%、27.3%、31.8%、24.6% 和 10.9%，收入分布也具有很好的代表性。

（二）信效度分析

此次调查总共获得 220 份成对的有效问卷，笔者将数据录入 SPSS 19.0 统计软件后，共有 110 个分析样本（将成对的儿童与其母亲数据合成一个分析样本）。对其进行信度分析得出：此次研究中所涉及的几个核心变量的 Cronbach-α 系数值均超过了 0.70，在 0.707—0.918，具有较好的内部一致性。

1. 儿童自我感知资源效度分析

模型拟合度的检验是运用各种拟合指数对模型进行整体评价，检验参数的显著性，并评价参数的意义与合理性。当整体模型的拟合优度达到可接受程度，才能进行测量模型和结构模型的检验和解释。

从表 4 可以看出，在模型中拟合指数均满足要求，表明该模型拟合较好。

表 4　验证性因子分析整体拟合效果

指标	X^2/df	CFI	NFI	IFI	RFI	RMSEA
参考标准	<3	>0.90	>0.85	>0.90	>0.90	<0.08
模型	1.104	0.98	0.93	0.98	0.90	0.031

2. 母亲感知儿童资源效度分析

从表 5 可以看出，在模型中拟合指数均满足要求，表明该模型拟合较好。

表 5　验证性因子分析整体拟合效果

指标	X^2/df	CFI	NFI	IFI	RFI	RMSEA
参考标准	<3	>0.90	>0.85	>0.90	>0.90	<0.08
模型	1.958	0.98	0.90	0.98	0.90	0.02

3. 儿童自我感知影响力效度分析

从表 6 可以看出，在模型中拟合指数均满足要求，表明该模型拟合较好。

表 6　验证性因子分析整体拟合效果

指标	X^2/df	CFI	NFI	IFI	RFI	RMSEA
参考标准	<3	>0.90	>0.85	>0.90	>0.90	<0.08
模型	1.921	0.95	0.97	0.96	0.95	0.042

4. 母亲感知儿童影响力效度分析

从表 7 可以看出，在模型中拟合指数均满足要求，表明该模型拟合较好。

表7 验证性因子分析整体拟合效果

指标	X^2/df	CFI	NFI	IFI	RFI	RMSEA
参考标准	1.925	>0.90	>0.85	>0.90	>0.90	<0.08
模型	<3	0.97	0.94	0.97	0.91	0.008

(三) 模型检验

这一部分是本实证研究的核心部分,通过比较特定购买情形下(玩具的购买),母亲和儿童两方在感知儿童购买决策影响力时,所产生的来源、权重及结果三个差异,来充分理解感知儿童影响力产生差异的内在机制。本研究通过 SPSS 19.0 及 LISREL 8.70 统计分析软件进行具体的分析。

1. 来源差异比较

这一部分将通过两独立样本的 t 检验来分析儿童和母亲在感知儿童所具有的五个维度的影响力资源时,所产生的差异。

对于表8所呈现的,儿童和母亲所感知的儿童影响力来源的五个维度的资源差异性分析可知,按照 $\alpha=0.05$ 的水准,儿童和母亲间专家资源、权力资源、参照资源、奖赏资源、强制资源差异均有统计学意义($p<0.05$),除权力资源,儿童的其他自我感知影响力资源得分均高于对应母亲所感知的值,说明与母亲所感知的儿童影响力资源相比,儿童往往会高估自己所具有的各项资源。

表8 儿童和母亲感知儿童社会资源差异性分析

维度	组别	n	均值	标准差	t 值	p 值
专家资源	儿童	110	6.01	0.096	9.570	0.000
	母亲	110	4.56	0.117		
权力资源	儿童	110	2.58	0.098	-14.860	0.000
	母亲	110	4.73	0.105		
参照资源	儿童	110	5.79	0.107	34.325	0.000
	母亲	110	1.50	0.063		
奖赏资源	儿童	110	5.04	0.097	21.380	0.000
	母亲	110	2.37	0.103		
强制资源	儿童	110	5.26	0.088	22.362	0.000
	母亲	110	2.37	0.095		

2. 权重差异比较

这一部分采用多元线性回归的方法对感知儿童影响力的权重差异进行分析。

首先,儿童感知影响力影响因素的多元线性回归。

解读表9及表10的数据分析结果可知:(1)共线性诊断结果:各自变量VIF值均小于10,各自变量间不存在严重的共线性问题;(2)整体回归模型检验:$F = 21.956, p = 0.000 < 0.05$;$F = 19.310, p = 0.000 < 0.05$,说明在0.05的显著性水平下,总体样本回归结果通过了F检验,整个回归模型具有统计学意义;(3)调整R^2为0.514和0.694,说明该模型中自变量能解释因变量儿童感知影响力变异的51.4%和69.4%;(4)由各回归系数可知:专家资源、参照资源、奖赏资源、强制资源在0.05的显著水平下均通过了显著性检验,且系数为正,说明专家资源、参照资源、奖赏资源、强制资源对儿童感知影响力具有正向的显著影响($p < 0.05$);且在提出购买阶段,主要是儿童的专家资源及参照资源对其自我感知影响力产生作用,在最后的购买决策阶段,奖赏及强制资源是主要的儿童自我感知影响力来源。

表9 儿童感知影响力(提出阶段)多元线性回归分析

	非标准化系数		标准系数	t	Sig.	共线性统计量	
	B	标准误差	β			容差	VIF
(常量)	-0.482	0.676		0.713	0.477		
专家资源	0.490	0.097	0.457	5.035	0.000	0.558	1.760
权力资源	0.032	0.072	0.031	0.448	0.655	0.981	1.019
参照资源	0.323	0.086	0.336	3.733	0.000	0.578	1.729
奖赏资源	0.040	0.093	0.038	0.429	0.669	0.610	1.639
强制资源	0.077	0.103	0.065	0.741	0.460	0.600	1.666
调整 $R^2 = 0.514, F = 21.956, p = 0.000$							

表10 儿童感知影响力(购买阶段)多元线性回归分析

	非标准化系数		标准系数	t	Sig.	共线性统计量	
	B	标准误差	β			容差	VIF
(常量)	0.198	0.639		0.309	0.758		
专家资源	0.216	0.092	0.220	2.346	0.021	0.568	1.760
权力资源	-0.060	0.068	-0.063	-0.879	0.381	0.981	1.019
参照资源	-0.114	0.082	-0.130	-1.399	0.165	0.578	1.729
奖赏资源	0.299	0.087	0.309	3.419	0.001	0.610	1.639
强制资源	0.456	0.098	0.425	4.669	0.000	0.600	1.666
调整 $R^2 = 0.694, F = 19.310, p = 0.000$							

其次,母亲感知儿童影响力影响因素的多元线性回归。

由表11及表12可知:(1)共线性诊断结果:各自变量VIF值均小于10,各自变量间不存在共线性;(2)整体回归模型检验:$F = 8.681, p = 0.000 < 0.05$;$F = 16.498, p = 0.000 < 0.05$,说明在0.05的显著性水平下,总体样本回归结果通过了

F 检验,整个回归模型具有统计学意义;(3)调整 R^2 为 0.541 和 0.665,说明该模型中自变量能解释因变量家长感知影响力变异的 54.1% 和 66.5%;(4)由各回归系数可知:专家资源、权力资源在 0.05 的显著水平下均通过了显著性检验,且系数为正,说明专家资源、权力资源对家长感知影响力具有正向的显著影响($p<0.05$);且在提出购买阶段,主要是权力资源影响了母亲感知的儿童影响力,在最后的购买决策阶段,母亲则认为儿童的专家资源决定了其"话语权"。

表 11 母亲感知影响力(提出阶段)多元线性回归分析

	非标准化系数		标准系数	t	Sig.	共线性统计量	
	B	标准误差	β			容差	VIF
(常量)	1.536	0.655		2.344	0.021		
专家资源	0.003	0.087	0.003	0.093	0.969	0.884	1.131
权力资源	0.593	0.094	0.537	6.291	0.000	0.934	1.070
参照资源	0.026	0.152	0.014	0.171	0.864	0.993	1.007
奖赏资源	0.020	0.098	0.018	0.204	0.839	0.908	1.101
强制资源	−0.143	0.104	−0.114	−1.379	0.171	0.995	1.005

调整 $R^2 = 0.541, F = 8.618, p = 0.000$

表 12 母亲感知影响力(购买阶段)多元线性回归分析

	非标准化系数		标准系数	t	Sig.	共线性统计量	
	B	标准误差	β			容差	VIF
(常量)	−1.121	0.635		−0.190	0.850		
专家资源	0.714	0.084	0.660	8.467	0.000	0.884	1.131
权力资源	0.069	0.091	0.057	0.754	0.452	0.934	1.070
参照资源	0.081	0.147	0.041	0.554	0.581	0.993	1.007
奖赏资源	−0.127	0.095	−0.102	−1.332	0.186	0.908	1.101
强制资源	0.145	0.101	0.114	1.555	0.123	0.995	1.005

调整 $R^2 = 0.665, F = 16.498, p = 0.000$

3. 结果差异比较

对于儿童和母亲的感知影响力差异性分析可知(见表 13、表 14),按照 $\alpha = 0.05$ 的水准,儿童和母亲的感知影响力差异有统计学意义,$t = 6.989, p < 0.05$;$t = 6.581, p < 0.05$。儿童感知影响力得分高于母亲,说明不论提出购买阶段,还是最终决定购买阶段,儿童都会高估自己的影响力。

表 13 儿童和母亲感知儿童影响力(提出阶段)差异性分析

组别	n	均值	标准差	t 值	p 值
儿童	110	5.19	1.081	6.989	0.000
母亲	110	4.10	1.224		

表 14　儿童和母亲感知儿童影响力（购买阶段）差异性分析

组别	n	均值	标准差	t 值	p 值
儿童	110	4.69	.989	6.581	0.000
母亲	110	3.65	1.335		

五、结论与展望

（一）研究结论

通过实证研究，本文从儿童与母亲互动的视角，比较了在家庭购买决策过程中，两方对于儿童影响力感知的来源、权重及结果差异，本文的具体研究结论如下：

首先，对儿童所拥有的五种影响力资源，儿童和母亲的感知是有差异的。和母亲的感知相比较，儿童往往会高估自己所具有的各项资源（除权力资源），而母亲认为儿童更多地具有专家资源和权力资源。对于儿童的影响力，母亲的感知和儿童自我感知之间也是有差异的，不论在提出购买阶段，还是最终决定购买阶段，儿童都往往高估了自己的影响力。

其次，儿童一般会使用四种资源来发挥自己在家庭购买决策中的影响力，分别是专家资源、参照资源、奖赏资源和强制资源，而且，在提出购买阶段，儿童一般使用自己的专家资源及参照资源来增加话语权，在最后的购买决策阶段，则主要使用奖赏资源及强制资源；另外，儿童并不认为他们的权力资源能使自己获得影响力。例如，儿童认为如果向母亲展示自己在产品方面的丰富知识、用优良表现来讨好母亲，或是挑选一些更契合母亲喜好的产品，则他们提出的购买要求更可能会被同意；另外，通过哭闹等方式来强行让母亲同意购买要求也是一个行之有效的方法。儿童大多不认为自己具有权力资源，这可能和 8—11 岁的儿童在做决策时，还不具备"权力"的意识有关。

最后，母亲认为，在提出购买阶段，主要是儿童的权力资源发挥作用，在最后的购买决策阶段，则主要是其专家资源发挥作用；而参照资源、奖赏资源和强制资源对母亲感知儿童的影响力的作用并不显著。她们认为儿童有权力参与到购买决策过程中来，而儿童所拥有的丰富的产品知识也让他理所应当能做决定。认可儿童的参照资源、奖赏资源和强制资源，会让母亲觉得受到了儿童的摆布，使得自己在孩子面前丧失了母亲该有的权威，因此她们不认为儿童的这三种资源能对其影响力产生作用。

（二）理论贡献和实践启示

在消费者决策研究领域，本研究的理论贡献主要体现在：

首先，以往学者对于儿童在家庭购买决策中的影响力的研究，主要是以欧洲或者美国为研究背景的，其结论对于中国文化背景的适应性不足。本文聚焦于本土化的解释机制,从中国案例入手,在中国环境下研究这一问题,其研究成果还可以用来进行国别的比较。

其次,本文深化并拓展了家庭购买决策(尤其是儿童影响机制)的研究范围及理论深度。本文所关注的"儿童与母亲互动"的视角,学者们较少涉及。本文运用了定量分析方法,做出了家庭购买决策中儿童影响力机制的实证研究,从母亲和儿童的双重视角,找到了儿童在家庭购买决策中影响力的重要来源因素,具有很强的创新意义。

本研究结论的实践启示体现在:

首先,本文研究发现,儿童的专家资源对家庭购买决策过程中儿童的自我感知影响力及母亲感知儿童影响力都有显著影响,因此可以说产品知识是一个很关键的儿童影响力来源因素。因此,商家可以从这个角度出发,创建与儿童沟通的渠道,以此增加儿童的产品知识。

其次,本研究对于儿童产品的广告设计也具有指导意义——如果能通过广告提高儿童的自我感知影响力(增加儿童感知自己所具有的社会资源),则能增强儿童影响父母购买决策的信心,他们就会对影响父母的购买行为付出更多的努力,从而增强以儿童为营销对象的广告效果;如果能通过广告提高父母感知儿童的影响力(增加父母感知儿童所具有的社会资源),则能促进父母对儿童提出购买要求的"屈从"。

(三) 研究局限和展望

由于个人精力所限,本研究不可避免地受到了自身知识体系、研究时间及条件等方面欠缺的限制,使得本文在写作过程中仍然存在许多不足之处,具体为以下几个方面:

首先是样本选择的局限性。本研究最早的调查对象选择的是武汉市区2—5年级的学生及其母亲,在放学之际,以拦截的方式进行。后为扩大调查范围,又在武汉市光谷第一小学、洪山区楚才小学,景德镇市第十二小学及竟成小学各选取2—5年级的一个班进行调查,总共获得有效样本量110个(成对问卷220份)。但就此次的调查目的而言,样本量还是偏小,范围也不够广,这或多或少地对本研究的外在效度产生了影响,希望这个问题能在未来的研究中得以改进。另外,对于儿童样本的选择,未来研究可以将研究对象扩展到更为广泛的儿童年龄层,收集不同层次的样本数据,增加样本的代表性。在区域的选择上,将来的研究可以选择更多的区域进行,增加样本的代表性,提高研究的外部效度。

其次是研究情境的限定。前人研究成果显示,儿童更有可能在和他们直接相关的购买决策中发挥影响力,或是在相对便宜的产品购买中有更大的"话语权"(Foxman et al.,1989a;Hall et al.,1995)。本文只选择了玩具的购买作为特定的研究情境,是具有不足之处的。因此,需要将研究情境扩展,研究家庭在采购其他产品时,本文的研究成果是否还适用;另外,还可以将调查范围扩展到单亲家庭、重组家庭等不同的家庭结构中。

参考文献

戴思慧、沈鹏,"商业化的童年——上海独生子女消费",收录于《中国都市消费革命》(第三章),北京:社会科学文献出版社,2005:65—69。

符国群,《消费者行为学》,武汉:武汉大学出版社,2004。

Acuff, D. S., *What Kids Buy and Why: The Psychology of Marketing to Kids*. New York: The Free Press, 1997.

Adler, R., *The Effects of Television Advertising on Children: Review and Recommendations*. Lexington, MA: Lexington Books, 1980.

Assael, H., *Consumer Behavior and Marketing Action*. Boston: Kent Publishing, 1987.

Atkin, C. K., "Observation of Parent-Child Interaction in Supermarket Decision-making", *Journal of Marketing*, 1978, 42(4):41-45

Aviv, S. and D. Vassilis, "Family Consumer Decision Making in Israel: Role of Teens and Parents", *Journal of Consumer Marketing*, 2003, 20(3): 238-251.

Bartsch, K. and H. M. Wellman, *Children Talk about the Mind*. New York: Oxford University Press, 1995.

Beatty, S. E. and S. Talpade, "Adolescent Influence in Family Decision Making: A Replication with Extension", *Journal of Consumer Research*, 1994, 21(2):332-341.

Becker, W. C., "Consequences of Different Kinds of Parental Discipline, in Review of Child Development", 1964, Vol. 1, M. L. Hoffman and L. W. Hoffman (Eds.), New York: Russell Sage, 169-204 [cited in Carlson and Grossbart (1988)].

Belch, G. E., M. A. Belch and G. Ceresino, "Parental and Teenage Child Influences in Family Decision Making", *Journal of Business Research*, 1985, 13:163-176.

Cartwright, D., "A Field Theoretical Conception of Power", Ann Arbor (MI): Institute for Social Research, 1959:183-220.

Caruana, A. and R. Vassallo, "Children's Perception of Their Influence Over Purchases: The Role of Parental Communication Patterns", *Journal of Consumer Marketing*, 2003, 20(1):55-66.

Corfman, K. P. and D. R. Lehmann, "Models of Co-operative Group Decision Making and Relative Influence: An Experimental Investigation of Family Purchase Decisions", *Journal of Consumer Research*, 1987,14(June): 1-14.

Cowan, G. and S. K. Avants, "Children's Influence Strategies: Structure, Sex Differences, and Bilateral Mother-Child Influence", *Child Development*, 1988, 59: 1303-1313.

Cowan, G., J. Drinkard and L. MacGavin, "The Effects of Target, Age, and Gender On Use of Power Strategies", *Journal of Personality and Social Psychology*, 1984,47(6): 1391-1398.

Davis, H. L., "*Decision Making Within the Household*", *Journal of Consumer Research*, 1976, 2(4): 241-260.

Elizabeth, S. T., W. L. Angus and M. K. Lorna, "Family Purchase Decision Making: Exploring Child Influence Behavior", *Journal of Consumer Behavior*, 2007, July-August: 182-202.

Foxman, E. R., P. S. Tansuhaj and K. M. Ekstrom, "Adolescents' Influencenin Family Purchase Decisions: A Socialization Perspective", *Journal of Business Research*,1989b, 18(2), 159-172.

Foxman, E. R., P. S. Tansuhaj and K. M. Ekstrom, "Family Members' Perceptions of Adolescent's Influence in Family Decision Making", *Journal of Consumer Research*,1989a,15(4): 482-491.

Foxman,E. R. and P. S. Tansuhaj, "Adolescents' and Mothers' Perceptions of Relative Influence in Family Purchase Decisions: Patterns of Agreement and Disagreement",*Advances in Consumer Research*,1988, 15: 449-453.

French, J. R., B. Raven, and D. Cartwright, "The Bases of Social Power", *Classics of Organization Theory*, 1959: 311-320.

Gerald, J. and J. Gorn, "Children's Reactions to Television Advertising: An Experimental Approach", *Journal of Consumer Research*, 1974,1(September), 69-75.

Gunter, B., J. McAleer and B. R. Clifford, *Children's View about Television*. Aldershot, UK: Avebury Academic, 1991.

Hall, J., M. Shaw, M. Johnson and P. Oppenheim, "Influence of Children on Family Consumer Decision Making", *European Advances in Consumer Research*,1995, 2: 45-53.

Henry, A., *Consumer Behavior and Marketing Action*, Thomas Nelson: Melbourne, 1987.

Isler, L., E. T. Popper and S. Ward, "Children's Purchase Requests and Parental Responses: Results from A Diary Study", *Journal of Advertising Research*, 1987, 27(5):28 – 39.

Jayantha, S. W., "A Cross – national Study on Children's Purchasing Behavior and Parental Response", *Journal of Consumer Marketing*, 2004, 21(4):274 – 284.

John, D. R., "Consumer Socialization of Children: A Retrospective Look at Twenty – five Years of Research", *Journal of Consumer Research*, 1999, 26(3):183 – 213.

Julie, T., N. Clive and B. Ian, "Purchase Decision Making and the Increasing Significance of Family Types", *Journal of Consumer Marketing*, 2008, 25 (1):45 – 56.

June, C. and L. W. Stacy, "Families and Innovative Consumer Behavior: A Triadic Analysis of Sibling and Parental Influence", *Journal of Consumer Research*, 2004, 31(1):78 – 86.

Kuczynski, L. and G. Kochanska, "Development of Children's Noncompliance Strategies from Toddlerhood to Age 5", *Developmental Psychology*, 1990, 26:398 – 408.

Kuczynski, L., G. Kochanska, M. Radke – Yarrow and O. Girnius – Brown, "A Developmental Interpretation of Young Children's Noncompliance", *Developmental Psychology*, 1987, 23:799 – 806.

Labrecque, J. and L. Ricard, "Children's Influence on Family Decision Making: A Restaurant Study", *Journal of Business Research*, 2001, 54(2):173 – 176.

Lee, C. and B. A. Collins, "Family Decision Making and Coalition Patterns", *European Journal of Marketing*, 2000, 54(9/10):1181 – 1198.

Lesler, C. and G. Sanford, "Parental Style and Consumer Socialization of Children", *Journal of Consumer Research*, 1988, 15(1):77 – 94.

Levy, D. S. and C. Lee, "The Influence of Family Members on Housing Purchase Decisions", *Journal of Property and Investment Finance*, 2004, 22(4):320 – 338.

Lewin, K., *Field Theory in Social Science*. New York: Harper, 1951.

Mangleburg, T. F., "Children's Influence in Purchase Decisions: A Review and Critique", *Advances in Consumer Research*, 1990, 17:813 – 825.

McNeal, J., "Children as Consumers", University of Texas Bureau of Business Research, Austin, TX, 1964.

McNeal, J., *Kids as Customers: A Handbook of Marketing to Children*. Lexington Books, New York, NY, 1992.

Mielke, K. W., "Formative Research on Appeal and Comprehension in 3 – 2 – 1 CONTACT", *Children's Understanding of Television: Research on Attention and Comprehension, 1983: 241 – 263.

Morrow, V. and M. Richards, "The Ethics of Social Research with Children: An Overview", *Children and Society*, 1996, 10: 90 – 105.

Moschis, G. P. and R. L. Moore, "Family Communication and Consumer Socialization", *Advances in Consumer Research*, 1979, 6: 359 – 363.

Mowen, J. C. and M. Minor, *Consumer Behavior (5th ed.)*. London: Prentice – Hall, 1998.

Olson, D. H., R. E. Cromwell and D. M., "Klein Beyond Family Power", In Cromwell R. E. and Olson D. H. (Eds.), Power in Families. New York: Wiley, 1975: 235 – 240.

Palan, K. M. and R. E. Wilkes, "Adolescent – Parent Interaction in Family Decision Making", *Journal of Consumer Research*, 1997, 24(2): 159 – 169.

Sheth, J. N., A *Theory of Family Buying Decisions*. New York: Harper &Row, 1974.

Shoham, A. and V. Dalakas, "How Our Adolescent Children Influence Us as Parents to Yield to Their Purchase Requests", *Journal of Consumer Marketing*, 2006, 23 (6): 344 – 350.

Singh, I. J., L. Squire, and J. Strauss, *Agricultural Household Models: Extensions, Applications, and Policy*, Baltimore: The Johns Hopkins University Press, 1986.

Spiro, R. L., "Persuasion in Family Decision – making", *Journal of Consumer Research*, 1983, 9 (March), 393 – 402.

Su, C., E. F. Fern and K. Ye, "A Temporal Dynamic Model of Spousal Family Purchase – decision Behavior", *Journal of Marketing Research*, 2003, 40(3): 268 – 281.

Swasy, J. L., "Measuring the Bases of Social Power", *Advances in Consumer Research*, 1979, 6: 340.

Valkenburg, P. M. and S. C. Janssen, "What Do Children Value in Entertainment Programs?: A Cross – cultural Investigation", *Journal of Communication*, 1999, 26, 3 – 21.

Ward, S., T. S. Robertson, D. M. Klees and H. Gatignon, "Children's Purchase Requests and Parental Yielding: A Cross – national Study", *Advances in Consumer Research*, 1986, 13: 629 – 632.

Wells, W. D. and L. A. L. Sciuto, "Direct Observation of Purchasing Behavior", *Journal of Marketing Research*, 1966, 3 (August), 227 – 233.

Willias, L. A. and A. C. Burns, "Exploring the Dimensionality of Children's Direct Influence Attempts", *Advances in Consumer Research*, 2000, 27:64 – 71.

Wolfe, D. M., "Power and Authority in the Family", In Cartwright, D. (Ed.). Studies in Social Power[J]. Ann Arbor (MI): Institute for Social Research, 1959: 99 – 117.

家庭在外就餐决策中孩子的影响
——兼论关系价值的作用

康靖林　符国群[*]

摘要：结合国内家庭在外就餐过程中孩子的影响，本文初步探讨了关系价值在家庭决策中的作用。在个人消费行为研究中，产品感知价值被认为是影响消费者选择的关键因素，而在家庭消费中家庭成员之间存在密切的情感联系，决策者个人对产品本身的感知价值并不能很好地解释其消费选择。本文以带孩子去肯德基就餐为背景，访谈了25户核心家庭，用定性研究方法探讨了影响家庭在外用餐的关键因素。发现家庭在外就餐消费决策中，孩子对家长的决策有重要影响，即关系价值发挥重要作用。在此基础上，本文提出家庭在外就餐决策受到产品价值和关系价值的双重影响。进一步分析表明，产品价值和关系价值的相对重要性受多个因素的调节，包括家长对食物营养感知的高低、孩子的性别、孩子表现好坏、家长与孩子的约定、家庭教育的严格程度等。

关键词：在外就餐，家庭购买决策，关系价值

一、研究背景和意义

家庭在外就餐，占据餐饮业中重要的一部分，然而国内学术界对此研究很少。众所周知，西式快餐在中国十分盛行，其中，又以麦当劳和肯德基影响最大。截至2014年4月底，麦当劳在中国的连锁店超过2 000家，肯德基的门店接近5 000家，两者占中国快餐行业约20%的市场份额（张莎莎，2014）。相较于成人，儿童与青少年尤其钟爱西式快餐。据统计，相比于1998年，2008年在4个城市（广州、上海、济南、哈尔滨）儿童与青少年吃西式快餐的频次明显增加，每周至少吃1次西式快餐的比例从1998年的1.9%上升到2008年的16.2%，而1个月吃西式快餐少于2次的比例从1998年的91.7%下降到2008年的58.5%（马冠生，2012）。虽然不少家长对西式快餐引起的营养和健康问题多有忧虑，但西式快餐的方便、干净和卫生保证，仍吸引了络绎不绝的消费人群，尤其是儿童消费者对西式快餐的偏好明显。很多家长虽然明知西式快餐对孩子健康不一定好，但在孩子的要求下

---

[*] 康靖林，腾讯科技有限公司；符国群，北京大学光华管理学院。通信作者及地址：符国群，北京市海淀区北京大学光华管理学院，100871；E-mail：fugq@gsm.pku.edu.cn。

仍然频频光顾。本文以家长带孩子进肯德基消费为背景,探讨家庭外出用餐决策过程中母亲与孩子的互动,以及在此过程中"关系价值"的影响。具体而言,我们探讨在家庭外出就餐决策中,孩子作用到底有多大,"产品价值"和"关系价值"在决策中的相对影响力如何。

本文其余部分组织如下。首先,在文献综述部分,我们简要介绍国外家庭在外就餐相关研究,描述孩子在家庭消费决策中的影响,论述产品价值与关系价值如何影响家庭购买。其次,在对家庭在肯德基就餐情况进行初步描述的基础上,介绍本研究采用的研究方法,并结合在外就餐的背景,提出影响家庭消费决策的总体框架——家庭决策受产品价值和关系价值两方面的影响,比较了产品价值和关系价值在不同情形下的相对重要性。最后,对本项研究做出总结,并根据研究结果提出营销建议,讨论本文的局限性和未来的研究方向。

二、文献综述

1. 家庭在外就餐

营销领域研究家庭在外就餐的文献不多,国内相关研究更为少见,国外的研究主要围绕孩子与家长在不同决策阶段的角色问题展开。总体来说,孩子在外出就餐决策中具有一定的影响力。Szybillo and Sosanie(1977)的研究表明,80%的家庭表示孩子会参与外出就餐的决策。具体到决策的各阶段,孩子在选择餐厅上比在外出就餐的决定上有更大的影响力(Nelson,1979;JoAnne, 2001)。孩子在家庭外出就餐的整个决策过程都有重要的参与,但家长有最终决定权并决定花费多少(Nelson,1979)。

2. 孩子在家庭消费决策中的影响

孩子在家庭消费决策中的作用受多种因素的影响,已有研究讨论了产品类型、决策阶段、子决策、家长特征、孩子年龄、家庭特征等影响因素(Mangleburg and Tech, 1990)。对于高参与度的购买,孩子是积极的影响者(Mangleburg and Tech, 1990; Elizabeth et al., 2007)。对于相对不昂贵、孩子自己使用的东西(Foxman et al., 1989),以及他们拥有更多知识的产品(Elizabeth et al., 2007),孩子在购买过程中拥有更大的影响力。家庭交流模式(Hsieh et al., 2006; Kim et al., 2009),家庭教养方式(Bao and Gentry, 2007; Carlson and Grossbart, 1988)和家庭类型(Bates and Gentry, 1994; Flurry, 2007)对孩子在家庭消费决策中的影响力有调节作用。

3. 产品价值与购买意愿

产品的属性和价格是市场营销人员用来影响消费者对产品的评价和购买的主要手段。Chang and Wildt(1994)的研究表明,感知价格和感知质量综合起来构成了感知价值,感知价值是影响购买意愿的最主要因素。前人的研究还表明,感知价格的形成是基于实际价格和消费者的参考价格(Winer, 1986; Erickson and Johansson, 1985),感知质量受产品价格和内在产品属性的影响(Monroe and Krishnan, 1985; Olson and Jacoby, 1972)。感知质量和感知价格在感知价值的形成过程中起到重要作用,感知质量与感知价值正相关,而感知价格与感知价值负相关(Sawyer and Dickson, 1984; Zeithaml, 1988)。更进一步,感知价值被认为是影响消费者选择的关键因素,高感知价值会提升购买意愿(Dodds and Monroe, 1985; Monroe and Chapman, 1987)。

4. 关系价值与消费者价值

Sheth *et al.* (1991)认为,消费者价值可分为五类:功能性价值(functional value)、情境价值(conditional value)、社会价值(social value)、情感价值(emotional value)和认知价值(epistemic value)。Lai(1995)进一步补充了该消费者价值的含义,把消费者价值分为八类:功能性价值、社会价值、情感价值、认知价值、美学价值、享乐价值、情境价值和整体价值。

文献中的消费者价值都是直接作用在目标对象上,使得目标对象本身能给顾客带来收益和价值,而本文中的"关系价值"是指通过使与目标对象关系密切的人获得价值而对目标对象产生价值。我们的关系价值区别于"客户关系价值"的概念,客户关系价值是指企业能从客户的关系中获得的利益,与我们提出的"关系价值"没有必然联系。

三、家庭在外就餐决策中的"关系价值"

1. 理论框架

在带小孩在外用餐消费中,家长是最终的决策者。前人的研究已经充分阐述过产品本身的价值对消费者效用、消费者购买意愿的影响。在一个家庭中,家庭成员之间存在密切的情感联系,一个成员的情绪体验会影响到其他成员。在家长带孩子在外就餐情境中,家长作为最终的决策者,他(她)所得到的效用一方面受到产品本身价值的影响,另一方面也受到孩子的影响。孩子获得的效用主要取决于产品价值本身,孩子的效用又通过家长与孩子之间的关系传递给家长,影响家长从消费中获得的效用。当孩子对某个餐厅特别喜欢时,家长也会因为孩子开心而得到情绪上的收益。因此,家长的消费效用受两方面影响,如图1所示,一是产品本身的价值,二是孩子的效用通过与家长的关系传递给家长,我们称之为关系价值。产品价值和关系价值对家长效用产生的影响可以是同向的也可以是反向的,如果是同向的,两者共同增强家长的效用或者共同减弱家长的效用;如果是反向的,可能产品价值占据主导地位,也可能关系价值占据主导地位,在不同的情境中需要具体分析。

设 P 表示家长(parent),C 表示孩子(child),U 表示效用(utility),在前人"产

品价值→消费者效用"原模型的基础上,新模型中家长的效用等于孩子的效用与原模型家长的效用的综合,两者具有不同的权重,如(1)式所示:

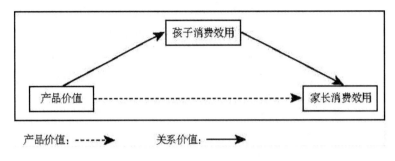

图1 家庭在外就餐效用框架

资料来源:WIND 资讯。

$$U_{new}(P) = \alpha U(C) + U(P) \tag{1}$$

其中,体现了 $\alpha U(C)$ 关系价值和 $U(P)$ 产品价值。

下面我们针对图1提出的理论框架进行具体分析。基于在三个城市的肯德基快餐店对消费家庭进行访谈的情况,选取消费决策的各阶段家长和孩子的角色、家长和孩子产生矛盾时的协商方式、家庭在外就餐选择餐厅的标准这三类问题中得到的数据来诠释我们的理论框架。决策的各阶段包括提议去肯德基、决定是否去肯德基、决定点哪些食物,这三个阶段的提议者和决策者分别是谁;家长和孩子产生矛盾时的协商方式包括听孩子的、家长做主,以及根据事先约定或之前在外用餐频率确定。家庭选择餐厅的标准包括孩子的喜好和一些餐厅本身的属性。

2. 研究方法

我们分别选择大、中、小城市的若干家庭进行了访谈,了解家长与孩子对肯德基的感知情况和他们的消费行为。我们选取的三个城市分别是:湖南省益阳市桃江县城(县级市),益阳市(地级市),长沙市(省会城市),访问的时间分别是2015年1月10日、11日、17日,皆为周末,因为孩子周末放假,在肯德基能访谈到的家庭更多。我们首先挑选了两个家庭进行前期访谈,了解家长和孩子具体的想法和实际的做法,以便更好地理解研究问题和设计初步问卷。考虑到家长和孩子的认知水平差异,为家长和孩子各设计了一份问卷。通过前期访谈和研究者之间的多次讨论,在最初问卷的基础上形成最终问卷。① 我们在三个城市的肯德基门店访谈了28个家庭,得到25个家庭的有效数据。

---

① 感兴趣的读者可向作者索取。

访谈家庭的基本情况见附录"被访家庭基本情况"。内容包括每户被访家庭的家庭人数、父母亲教育水平、家长年龄、孩子年龄、性别构成。我们想了解家长和孩子对肯德基各方面的看法如何，对应的具体消费行为如何。家长和孩子的访谈问卷都分为两个部分：感知部分和行为部分。感知部分以结构性问题为主，包括产品本身和象征意义。行为部分为开放性问题。最后我们对搜集到的数据进行文本分析，编码整理，对影响家庭在外就餐消费决策的因素进行探索与分析。

3. 产品价值与家长消费效用

感知价值被认为是影响消费者选择的关键因素，高感知价值会提升购买意愿（Dodds and Monroe, 1985；Monroe and Chapman, 1987），产品价值本身对家长的消费效用是有重要影响的。以家庭在外就餐为例，在是否去肯德基就餐的决策中，家长的喜好对决策影响很大。被访的25个家庭中，有5个家庭表示是否去肯德基就餐是由孩子决定的，在这5个家庭中有4个家庭的家长自己本身是喜欢肯德基的，实际上真正的决策者是家长。"是否去肯德基就餐由孩子决定"所描述的情况是，当孩子想去时家长每次都同意，从来不拒绝，在5个这样的家庭中有4个家庭的家长自身是喜欢肯德基的；在被访的25个家庭中共有6个家庭的家长自身是喜欢肯德基的，其中4个家庭会完全同意孩子去肯德基的想法；这两点综合体现了产品价值本身对家长消费效用的重要影响。

4. 产品价值与孩子消费效用

如图1中所述，产品价值对消费者效用有重要影响。肯德基在中国儿童市场的营销工作做得深入人心，在25个被访家庭中，大部分家长自身都不喜欢肯德基，却有5个家庭的家长明确表示认为孩子们普遍喜欢吃肯德基，肯德基就是这个年龄段的孩子应该喜欢的东西。在对肯德基进行总体评价时，孩子给出了5.57分的平均分（最高7分），对味道给出了5.94分的平均分（最高7分），表明被访谈的孩子对肯德基的口味是很喜欢的。我们进一步分析了孩子喜欢肯德基的原因，如表1所示，大部分孩子喜欢肯德基的原因是好吃，其次是店里好玩、好看。总体来讲，在我们的访谈中肯德基的产品价值对孩子效用较高。

表1 孩子喜欢肯德基的原因统计

喜欢的原因	家庭数
东西好吃	18
店里好玩	4
店里好看	1

注：有6个家庭的此项数据缺失；有些孩子喜欢肯德基的原因不止一个。

5. 孩子消费效用与家长消费效用

对于高参与度的购买，孩子是积极的影响者（Mangleburg and Tech, 1990；Elizabeth et al.，2007）。对于相对不昂贵并且由孩子自己使用的东西（Foxman et al.，1989），以及他们拥有更多知识的产品（Elizabeth et al.，2007），孩子在购买过程中拥有更大的影响力，而且家长和孩子的关系与孩子的影响力有关（Berey and Pollay，1968）。对于家庭在外就餐，孩子具有高参与度，这是与他们密切相关的东西，并且他们拥有较多的相关知识，孩子的影响力通过家长与孩子的关系传递给家长，即孩子的效用通过家长与孩子的关系传递给家长，孩子感到开心满足，家长也会得到情绪上的收益，我们称这部分为关系价值（图2）。

图2　家庭在外就餐中的关系价值

家长会根据孩子的喜好主动提议去肯德基，因为孩子喜欢，孩子能从中得到收益感和开心，家长也会感到开心，从而得到情绪上的收益。在提议阶段，主要是孩子提议去肯德基，但在知道孩子喜欢肯德基的基础上，家长有时也会主动提议去肯德基。在被访的家庭中，如表2所示，有13个家庭是每次都由孩子提议去肯德基；有1个家庭每次都由家长提议，这个家庭中妈妈自己本身喜欢肯德基，同时认为孩子也喜欢；11个家庭由孩子或家长提议的情况都有，孩子提议的时候居多，家长在知道孩子喜欢肯德基的基础上，再加上一些其他原因会主动提出要去肯德基，具体可分为三种情况：

表2　提议者统计

提议者	家庭数	百分比（%）
孩子	13	52
家长	1	4
两者都有	11	44

（1）足够的时间间隔

1个家庭的家长表示，时间隔得久就会提议。如1103被访家庭（见附录被访家庭编号），一个多月没来，妈妈路过看到人不多就会主动提出来。

（2）奖励

包括过节、过生日和表现好、考试好的时候。2个家庭的家长在过节、孩子过生日的时候家长会主动提议去肯德基用餐；2个家庭的家长在孩子表现好或者考试好时会主动提议，如1102被访家庭。过节的时候，如儿童节，父母会主动提出去吃肯德基。1106被访家庭则是在小孩表现好或考试成绩突出的时候，妈妈主动提出。

(3) 方便

2个家庭的家长在想不到用餐地点的时候会提议,2个家庭的家长在逛街路过时会提议。如1101被访家庭,没地方吃饭时,爸妈会提议要来肯德基。1706被访家庭则认为,小朋友提出来比较多,有时妈妈会提出来,当小朋友不知道吃什么时妈妈会提议吃肯德基。

孩子的提议被满足的有利条件:时间间隔、奖励、方便。是否去肯德基的决定权基本在家长手里,如表3所示,80%的家庭表示是由家长做出是否去肯德基就餐的决定,孩子们的提议是否被满足跟时间间隔、孩子表现、节日生日、是否顺路有关。① 时间间隔:8个家庭的家长表示需要衡量上次到肯德基与这次的时间间隔,间隔达到一定时间段就更可能同意;② 奖励:包括过节、过生日和表现好、考试好的情况。6个家庭的家长表示孩子在儿童节和生日的时候会尽量满足孩子的愿望而同意过来,1个家庭的家长表示孩子表现好或考试成绩好是他们同意与否的重要标准;③ 方便(顺路)。6个家庭的家长表示顺路时过来。

表3 决定者统计

决定者(是否去肯德基)	家庭数	百分比(%)
孩子	5	20
家长	20	80

提议被满足的这三类有利条件跟家长会主动提议带孩子去肯德基的三类条件是一样的,在孩子的效用到家长的效用的转化中,转化程度受到上面所说的三类因素制约,这三类因素越正面,孩子效用到家长效用转化的程度就越高。

6. 产品价值与关系价值

根据前面的分析,家长的效用受两方面影响,一是产品本身的价值,二是孩子的效用通过与家长的关系传递给家长——关系价值。产品价值和关系价值对家长效用产生的影响可以是同向的,也可以是反向的,如果是同向的,两者共同增强家长的效用或者共同减弱家长的效用;如果是反向的,可能产品价值占据主导地位,也可能关系价值占据主导地位,下面根据我们的访谈结果在不同的情境中进行具体分析。

(1) 决策的各阶段

大部分家长虽然自己不喜欢肯德基,但是因为孩子喜欢,所以也会和孩子一起吃肯德基,此时关系价值和产品价值的作用是反向的,关系价值占据主导地位。在访谈的25个家庭中,大部分的家长是不喜欢吃肯德基的,只有6个(占24%)家庭(家庭编号:1009,1010,1103,1104,1701,1703)的家长表示自己喜欢肯德基。对于不喜欢吃肯德基的家长,有2位在接受访谈当天的就餐过程中,没有吃肯德基的任何东西,纯粹是看孩子吃;有 2 位(家庭编号:1001,1004)明确表示"点餐的是孩子,自己完全没有点,孩子剩下什么吃什么";有 2 位(家庭编号:1003,1708)只要了饮料;其余的会吃少量的食物,和孩子一起就餐。

家长普遍认为肯德基营养价值不高,也担心孩子的健康问题,在控制时间间隔的基础上,还是会满足孩子的要求和带他们来肯德基,此时关系价值和产品价值的作用是反向的,关系价值占据主导地位。6 个家庭的家长明确表示担心食品的健康和营养问题,认为吃肯德基对孩子身体不好。例如家庭编号为 1002 的家庭认为,吃肯德基不健康,小孩是吃着好玩,特别想来。虽然建议不要来吃,但小孩特别想来,所以就来了。同样,家庭编号为 1004 的家长也担心食品来源。"看到网上说肯德基这类食品吃了不好,就越来越不愿意带小朋友来了。以前自己也常吃,现在主要为小朋友健康着想"。

在 20 个家长本身不喜欢肯德基的家庭中,12 个家庭对营养的评价为低,7 个家庭对营养的评价为中,仅 1 个家庭对营养的评价为高。当涉及孩子的健康问题时,家长更注重产品价值。

总体看来,点餐体现的主要是孩子的意愿,一个重要原因是孩子喜欢,孩子提议要来吃肯德基的,家长在是否同意让孩子来吃肯德基的阶段已经行使过一次决定权,既然同意孩子来就会满足孩子的意愿,让孩子吃得开心,此时关系价值和产品价值的作用是反向的,关系价值占据主导地位。大部分家庭在点餐的过程中主动权掌握在孩子手中,如表 4 所示,访谈的 25 个家庭中,13 个家庭由孩子决定点什么食物。

表 4 点餐决定者统计

点餐决定者	家庭数	百分比(%)
完全孩子决定	13	52
孩子点餐,家长把关	7	28
家长点餐	3	12
一起点餐	2	8

当家长对营养的评价低时,更可能把产品价值的权重提得更高,此时家长会权衡孩子的意愿和产品的价值。对于孩子健康影响大的食物会阻止孩子点,此时关系价值和产品价值的作用是反向的,产品价值占据主导地位。7 个家庭的家长会对孩子点的食物进行把关,防止孩子点"对身体不好"的食物。如孩子点冰激凌,家长会建议孩子换成别的食物。这 7 个家庭中,有 4 个家庭的家长对营养的评价为低,占营养评价低的家庭总数的 40%;有 2 个家庭的家长对营养的评价为中等,占营养评价低的家庭总数的 14.3%;有 1 个家庭的家长对营养的评价为高,这个家庭的家长把关的点在于小朋友要点米饭妈妈不让,"饭家里有,吃饭到家里去

吃",把肯德基当作西式食物来吃,不跟家里日常能吃到的菜式重复。

(2)家长和孩子产生矛盾时如何协商

在处理矛盾冲突时,家庭中孩子是有重要发言权的,家长在决策时会把孩子的意见当作一个重要的考虑因素,大部分时候会听从孩子的意见,绝大部分的家长即使拒绝孩子的请求,也会向孩子提供合理的解释。

当有一方(家长或者孩子)提议去肯德基,而另一方(孩子或者家长)不同意时,解决方式可以分为三种情况(表5)。

第一种,听从孩子的意见,同意去肯德基。在9个发生意见不一致的家庭中,有5个家庭的提议者是孩子,4个家庭有时由家长提出,有时由孩子提出,但孩子的意见通常都是建议去肯德基就餐,最终家长都同意孩子去吃肯德基。此时关系价值和产品价值的作用是反向的,关系价值占据主导地位。

第二种,家长拒绝。在这种情况下家长会提出拒绝理由,主要的理由是肯德基不健康以及吃得过于频繁。此时关系价值和产品价值的作用是反向的,产品价值占据主导地位。编号为1105的家庭,规定孩子一周只能吃一次肯德基,吃完这一次本周就不吃了。编号为1107的家庭表示,当一个月之内吃肯德基次数太多时,妈妈会说吃了不好,从而对孩子的请求予以拒绝。编号为1707的家庭,很多时候孩子要来肯德基,妈妈不让,理由是吃多了不好。

第三种,取决于表现与约定频率。有些家庭是取决于孩子的表现,包括在学习上和生活上,当表现好、成绩好时,关系价值会占据主导地位,家长会同意孩子的提议。如编号为1001的家庭,妈妈表示在孩子表现不好时就不让去肯德基。有的家庭,家长与孩子约定了固定的频率,编号为1702家庭的家长与孩子约定每周吃一次肯德基。

表5 产生矛盾冲突时解决方式统计

原因	家庭人次	原因	家庭人次
听孩子的	9	看孩子表现	4
家长拒绝(不健康)	8	约定频率	2
家长拒绝(吃得太频繁)	5		

注:有些家庭产生矛盾冲突时的解决方式不止一种,因此家庭人次的总和大于家庭数。

孩子性别的影响:男孩的自主权相对比女孩大。在家长与孩子产生矛盾冲突时(见表6),有10个男孩家庭的解决方式是听孩子的,占男孩家庭总数的5/7,只有1个女孩家庭的解决方式是听孩子的,占女孩家庭总数的1/11,不同孩子性别的家庭有明显的差异,男孩比女孩在家庭中的自主权更大,当涉及孩子的健康问题时,家长更注重产品价值。

表6　孩子性别与产生矛盾冲突时解决方式统计

性别冲\\突解决方式	家长拒绝（不健康）	家长拒绝（吃得太频繁）	约定频率	看孩子表现	听孩子的	无理由拒绝	总计
男	6	2		5	10		23
女	4	2	2	3	1	4	16
总计	10	4	2	8	11	4	39

注：有些家庭产生矛盾冲突时的解决方式不止一种，因此家庭人次的总和大于家庭数。

(3)家庭在外就餐选择餐厅的标准

家长带孩子外出就餐的选择标准主要是安全卫生、孩子喜欢以及营养健康，如表7所示，孩子的喜好是仅次于安全卫生的非常重要的考虑因素。家长带孩子外出就餐，有时是逛街路过做的临时决定，有时是奖励孩子表现好或者儿童节、过生日等想让孩子开心的时候，孩子的喜好对就餐餐厅的选择有重要影响。此时，关系价值和产品价值共同发挥作用。

表7　家长带孩子外出就餐选择标准统计

原因	家庭人次	原因	家庭人次
安全卫生	14	价格	4
孩子喜欢	7	口味	3
营养健康	7	便利	2
总体环境	5	服务	1

注：每个家庭考虑的因素为一个或者多个，因此家庭人次的总和大于家庭数。

家庭教育严格程度的影响：教育越严格的家庭，家长越注重产品价值。对于在外就餐餐厅的选择，越是宽容、民主的家庭，根据孩子偏好取舍的概率越高，此时关系价值占据主导地位；民主氛围不是那么严格的家庭，越是重视食品的营养和安全卫生，选择餐厅时产品价值考虑占据主导地位。

表8　家庭教育严格程度与家长带孩子外出就餐餐厅选择标准统计

严格程度\\选择标准	安全卫生	便利	服务	价格	味道	孩子喜欢	营养	总体环境	总计
2	2			1		2		1	6
3						1			1
4	6	1	1	1	2	2	2	3	19
5	5	1		1	1	1	3	1	13
6						1	1		2
7	2			1			1		4
总计	15	2	1	4	3	7	7	5	45

注：严格程度是在1—7的量表上打分，如果家长认为自己对孩子要求越严格，得分越高，否则得分越低。

四、结论及展望

1. 研究结论与营销意义

针对国内家庭在外就餐研究领域的空白,本文初步探索了家庭在外就餐中影响消费决策的关键因素,并提出了如下理论框架:家长的效用受两方面影响,一是产品本身的价值,二是孩子的效用通过与家长的关系传递给家长——关系价值。孩子的效用主要取决于产品价值本身,孩子的效用又通过家长与孩子之间的关系传递给家长,影响家长的效用,当孩子对某个餐厅特别喜欢时,家长也会因为孩子开心而得到情绪上的回报。产品价值和关系价值对家长效用产生的影响可以是同向的,也可以是反向的,在反向的情况下两者的相对重要性就显得很重要了,可能是产品价值占据主导地位,也可能是关系价值占据主导地位。我们发现,家长对营养感知的高低、孩子的性别、孩子表现好坏、家长与孩子的约定、家庭氛围会影响产品价值和关系价值在家庭在外就餐消费决策中的相对重要性:家长对营养评价低的情况下,产品价值更可能占主导;男孩比女孩在家庭中有更大的购买影响力,孩子是男孩的家庭中,关系价值更可能占主导;孩子表现好的情况下,关系价值更有可能占主导;孩子达到与家长约定的条件时,关系价值更有可能占主导;家庭氛围越民主,家庭购买决策中产品价值更可能占主导。

本文的研究能帮助餐饮企业加深对家庭消费的理解并制定相应的营销策略。总的来说,对于目标顾客包括家庭消费的餐饮企业,应在关注对于家长的宣传和消费体验的基础上,同时关注对于孩子的宣传和消费体验。具体地,在带孩子在外就餐时,家长对卫生条件十分重视,店内环境应时刻保持干净整洁;从食品的角度来说,家长最关注的是食品的安全性和营养健康,因此对于安全营养口碑不佳的品牌,企业应该努力塑造安全卫生、营养健康的品牌形象,比如允许消费者监督食品制作的原材料、食品制作流程、食品制作环境等,消除家长的顾忌。当家长对快餐店营养评价较高时,会更容易接受孩子的提议,因此对于已拥有安全营养形象的品牌应该更专注于打动孩子;孩子最关注的是味道,在针对孩子的宣传上可以更多地强调美味。

2. 研究局限与未来研究方向

本文是一篇定性研究文章,根据对25户家庭的访谈数据提出了一个新的理论框架。其局限性和可进一步探索的工作主要有以下四个方面:一是肯德基的场景较为特殊,家长对食品安全的担忧和孩子对肯德基的喜爱反差明显,矛盾比较突出,下一步可以拓展场景,研究多种类型的餐厅。二是文章所提出的理论框架还需要定量研究的数据支持才更有说服力。三是对于孩子的效用具体如何传递转化成为家长的效用,进而受到哪些因素的影响这一问题,本文只提出了几个可能的因素,不全面,也没有提供定量的证据,下一步的工作可以更全面地探索影响因素并进行定量分析。四是对产品价值和关系价值在不同情形下的一致与不一致,以及由此产生的影响,本文分析得并不全面,当然这跟本文的研究仅在肯德基一个场景之下展开有关系,未来可以在多个场景下更细致全面地分析两种价值的相对影响及作用方式与条件。

参考文献

马冠生、张倩、刘爱玲、刘丹茹、潘淑贤、宓铭、胡小琪,"城市儿童少年西式快餐消费行为10年变化分析",《中国健康教育》,2012,27(12):887-889。

张莎莎,"麦当劳中国门店数超2000家,在中国仅是第三",《新金融观察报》,2014年5月4日。

Bao, Y., E. F. Fern and S. Sheng, "Parental Style and Adolescent Influence in Family Consumption Decisions: An Integrative Approach", *Journal of Business Research*, 2007, 60: 672-680.

Bates, M. J. and J. W. Gentry, "Keeping the Family Together: How We Survived the Divorce", *Advances in Consumer Research*, 1994, 21: 30-34.

Berey, L. A. and R. W. Pollay, "The Influencing Role of the Child in Family Decision Making", *Journal of Marketing Research*, 1968, 5(1):70-72

Carlson, L. and S. Grossbart, "Parental Style and Consumer Socialization of Children", *Journal of Consumer Research*, 1988, 15: 77-94.

Chang, T. Z. and A. R. Wildt, "Price, Product Information, and Purchase Intention: An Empirical Study", *Journal of the Academy of Marketing Science*, 1994, 22(1): 16-27.

Dodds, W. B., and K. B. Monroe, "The Effect of Brand and Price Information on Subjective Product Evaluations", *Advances in Consumer Research*, 1985, 12(1): 85-90.

Erickson, G. M. and J. K. Johansson, "The Role of Price in Multi-attribute Product Evaluations", *Journal of Consumer Research*, 1985, 195-199.

Flurry, L. A., "Children's Influence in Family Decision-making: Examining the Impact of the Changing American Family", *Journal of Business Research*, 2007, 60: 322-330.

Foxman, E. R., P. S. Tansuhaj and K. M. Ekstrom, "Family Members' Perceptions of Adolescents' Influence in Family Decision Making", *Journal of Consumer Research*, 1989, 15(4):482-491.

Hsieh, Y., H. Chiu and C. Lin, "Family Communication and Parental Influence on Children's Brand Attitudes", *Journal of Business Research*, 2006, 59: 1079-1086.

Kim, C., H. Lee and M. A. Tomiuk, "Adolescents' Perceptions of Family Communication Patterns and Some Aspects of Their Consumer Socialization", *Psychology and Marketing*, 2009,26(10): 888 –907.

Labrecque,J. A. and L. Ricard, "Children's Influence on Family Decision –making: A Restaurant Study", *Journal of Business Research*, 2001,54(2): 173 –176.

Lai, A. W., "Consumer Values, Product Benefits and Customer Value: A Consumption Behavior Approach", *Advances in Consumer Research*, 1995,22: 381 –381.

Mangleburg, T. F. and V. Tech, "Children's Influence in Purchase Decisions: A Review and Critique", *Advances in Consumer Research*, 1990, 17(1): 813 –825.

Monroe, K. B. and J. D. Chapman, "Framing Effects on Buyers' Subjective Product Evaluations", *Advances in Consumer Research*, 1987,14(1): 193 –197.

Monroe, K. B. and R. Krishnan, "The Effect of Price on Subjective Product Evaluations", *Perceived Quality*, 1985, 1: 209 –232.

Nelson, J. E., "Children as Information Sources in the Family Decision to Eat Out", *Advances in Consumer Research*, 1979,6(1): 419 –423.

Olson, Jerry C. and J. Jacoby, "Cue Utilization in the Quality Perception Process", the Third Annual Conference of the Association for Consumer Research: Association for Consumer Research, 1972.

Sawyer, A. G. and P. R. Dickson, "Psychological Perspectives on Consumer Response to Sales Promotion", Research on sales promotion: Collected papers, 1984,1 –21.

Sheth, Jagdish N., Bruce I. Newman and Barbara L. Gross, "Why We Buy What We Buy: A Theory of Consumption Values", *Journal of Business Research*, 1991,22:159 –170.

Szybillo, G. J. and A. Sosanie, "Family Decision Making: Husband, Wife and Children", *Advances in Consumer Research*, 1977, 4 (1): 46 –49.

Thomson,E. S., A. W. Laing and L. Mckee,"Family Purchase Decision Making: Exploring Child Influence Behavior", *Journal of Consumer Behavior*,2007, 6: 182 –202.

Winer, R. S., "A Reference Price Model of Brand Choice for Frequently Purchased Products", *Journal of Consumer Research*, 1986,250 –256.

Zeithaml, V. A., "Consumer Perceptions of Price, Quality, and Value: A Means –end Model and Synthesis of Evidence", *The Journal of Marketing*, 1988, 2 –22.

附录 被访家庭基本情况

家庭编号	家庭人数	家长年龄	孩子年龄	性别构成	父亲教育水平	母亲教育水平
1001	4	30	7	母子	初中	高中
1002	4	28	7	母女	高中	高中
1003	3	42	12	母子	高中	本科
1004	4	40	8	父女	大专	大专
1005	3	35	8	父子	本科	本科
1006	4	40	7	母女	初中	初中
1007	4	41	8	母子	小学	小学
1008	3	40	12	母子	本科	中专
1009	3	37	12	母子	高中	高中
1010	4	33	9	母子	高中	初中
1101	3	33	8	母女	本科	本科
1102	3	35	8	母子	本科	本科
1103	4	40	13	母子	初中	高中
1104	3	38	7	父子	本科	大专
1105	3	33	7	母女	本科	本科
1106	3	42	11	母子	高中	高中
1107	4	34	13	母女	高中	中专
1701	3	29	6	母女	高中	初中
1702	3	37	5	母女	本科	大专
1703	3	34	8	母女	高中	高中
1704	3	35	9	母子	大专	大专
1705	4	45	8	母子	初中	初中
1706	3	35	5	母子	本科	高中
1707	3	36	12	母女	初中	初中
1708	3	45	11	母女	初中	高中

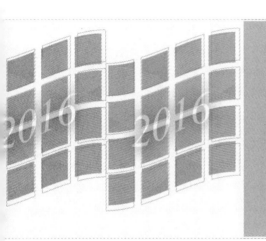

第三部分

家庭金融决策

家庭生命周期与家庭风险金融资产选择
——基于 CFPS 家庭调查

王曾 杨黎 符国群[*]

摘要:过往研究以"户主年龄"来替代或置换"家庭生命周期"概念,并以此考察家庭资产配置尤其是风险性资产配置中是否存在"生命周期效应"。针对之前并不一致的研究结果,本文运用 CFPS 2010 年入户调查数据,同时考察"户主年龄"和显性的家庭生命周期阶段对家庭风险资产配置的影响。结果发现,当以"户主年龄"替代家庭生命周期变量时,家庭风险资产配置与家庭生命周期确实存在"钟形"或"倒 U 形"关系。但当将家庭发展分为单身、结婚无小孩、结婚有未成年小孩(满巢 I)、结婚有成年小孩同住(满巢 II)、空巢 5 个阶段时,我们发现,家庭风险资产配置与家庭生命周期呈"U 形"关系,在满巢 I 达到峰值,在满巢 II 达到低谷。

关键词:家庭生命周期,金融资产选择,风险性金融资产

一、研究背景

最近几年,国内学者运用家庭调查数据探讨家庭资产组合决策的研究逐步增多(史代敏和宋艳,2005;雷晓燕和周月刚,2010;邢春冰,2011),表 1 呈现了该领域具有代表性的文献。这些文献的基本特点是:(1)研究是以家庭而不是个体为基本分析单位;(2)数据也是以家庭为单位来搜集,而且集中于城市家庭;(3)关心的核心问题是家庭各种类型资产在总资产中的比例,尤其是股票、基金等风险性资产比例的配置受哪些主要因素的影响;(4)大多数研究采用西方主流研究中的理论和模型。比较一致的结论是,风险性金融资产在总资产中的比例与家庭财富正相关,与户主教育程度正相关;房产投资对风险性金融资产持有具有"挤出效应";城市居民家庭成员健康状况变差会负向影响风险性金融资产的持有比例。对于西方学者提出的生命周期假说,即家庭会在整个生命期内根据效应最大化原则来配置各种类型的资产,在生命周期的不同阶段持有风险性金融资产的比例会存在

---

[*] 王曾,北京大学光华管理学院博士研究生;杨黎,中山证券股份有限公司;符国群,北京大学光华管理学院。通信作者及地址:王曾,北京市海淀区北京大学光华管理学院,100871;E-mail:wangzeng@pku.edu.cn。
本文获国家自然基金项目资助(项目编号:70972012;71172033)。

明显差别,则没有得出一致的结论。邹红和喻开志(2009)的研究,以及邢春冰(2011)的研究发现了生命周期效应的存在,而吴卫星和齐天翔(2007)、史代敏和宋艳(2005)的研究则发现生命周期效应并不明显。

表1 近年来我国家庭资产组合行为研究代表性文献

作者	成果类型	数据类型与采集时间	样本量	分析方法	主要结论
史代敏、宋艳(2005)	论文	四川省城镇居民家庭财产抽样调查(2002)	500	Tobit模型	股票在金融资产中的比重受家庭资产总量和户主教育程度影响,但不会显著受户主年龄影响
刑大伟(2009)	论文	扬州城区家庭问卷调查(2007)	459	列表分析	女性户主偏向风险性小的金融资产;户主年龄、学历对金融资产选择有影响
邹红、喻开志(2009)	论文	6个城市家庭面访调查(2008)	1 170	Tobit模型	房地产投资对股票投资产生挤出效应;生命周期效应与财富效应不明显
吴卫星、齐天翔(2007)	论文	奥尔多投资咨询中心12城市家庭调查数据	1 349	Probit模型	财富效应、住房挤出效应、生命周期效应不明显
于蓉(2006)	学位论文	10个大中城市家庭问卷调查	不详	回归分析	高收入、高学历、高年龄、低风险厌恶的家庭参与股市更积极
廖理、张金宝(2011)	论文	2010年对全国24个城市家庭入户调查	5 274	列表分析	家庭金融决策行为与生命周期假说不吻合
卢家昌、顾金宏(2009)	论文	2009年在南京做的拦截调查	290	Logit模型	证券类投资与户主年龄负相关
雷晓燕、周月刚(2010)	论文	北京大学中国健康与养老追踪调查(2008年调查数据)	农村1 423,城市1 125	Logit和Tobit模型	健康状况对于城市居民的金融决策行为起着非常重要的作用,健康状况变差会使其减少金融资产,尤其是风险资产的持有。但健康状况在农村的影响不显著
邢春冰(2011)	论文	中国社会科学院经济研究所2002年中国家庭收入调查,12省市城镇家庭数据	6 835	Heckit模型	家庭股市参与的概率与家庭的总财富水平、户主的收入以及教育水平之间存在显著的正相关关系,与户主的年龄呈"倒U形"关系

国外对家庭金融资产配置的研究中,对生命周期效应也未得出完全一致的结论。如 Guiso et al.(2000)对美国、英国、意大利、德国以及荷兰的家庭资产组合

选择的研究都显示,风险资本市场的参与比例随着年龄的增加而呈现出"钟形",与之相对,无风险资产市场的参与比例呈现出"U形"。而 Ameriks and Zeldes(2004)运用 TIAA – CREF 数据进行实证研究发现,人们并不会随着年龄的增加而逐渐减少股票在流动性资产中的份额。

对于家庭资产组合研究中关于生命周期效应的不一致结果,有学者从数据质量和数据代表性角度提出解释,也有学者从家庭总资产定义或界定的不同来解释(吴卫星和齐天翔,2007)。在本文里,我们试图提出另外一种解释。那就是,以往对生命周期效应的探讨,多是以"户主年龄"作为"家庭生命周期"的替代变量,不一定真实反映了家庭生命周期各阶段的真实形态。本研究将根据消费者行为学理论对家庭生命周期的界定,显性地把家庭生命周期纳入数据分析模型,以此考察生命周期效应是否存在。

我们认为,在传统社会,户主年龄确实可以在很大程度上反映家庭所处的生命周期阶段,但在现代社会,随着各种新型家庭与住户形式的出现,以及结婚年龄的推迟,以户主年龄指代家庭生命周期会存在较大的偏差,由此判断家庭资产配置中是否存在生命周期效应,也就失去了坚实的基础。另外,在家庭生命周期的不同阶段,家庭所面临的财务压力也各不相同,比如,在小孩成年并与父母同住的阶段,由于存在要为小孩购房和成家提供所谓"正向代际支持",此一阶段财务压力可能反而比家庭生命周期的后期大,由此假定家庭此一阶段比随后阶段对风险资产投资有更高的参与度也缺乏依据。基于此,我们认为,在探讨家庭风险资产配置的"生命周期假说"时,用户主年龄替代家庭生命周期不一定合适。在本文接下来的部分,我们将进一步阐释在分析家庭资产尤其是风险性资产配置时为何不能简单用户主年龄来替代家庭生命周期,以及采用我们所倡导的"家庭生命周期"概念后,对家庭风险资产配置的"生命周期假说"可能产生的影响。然后,我们会介绍本研究采用的数据、分析结果与结论,最后对本研究的理论与实际意义、未来研究方向做简要总结。

二、家庭生命周期与家庭风险金融资产配置的关系

20 世纪 60 年代 Ando 和 Modigliani 等人提出了个人收入与储蓄安排的生命周期假说,其核心思想是,理性的消费者会根据一生的收入来安排其消费与储蓄,使得一生的收入与消费相等,以达到在整个生命周期内消费的最佳配置和效用最大化。Modigliani and Brumberg (1954) 提出的两阶段模型认为,退休前为财富积累阶段,退休后为支出大于收入的阶段。在人的一生当中,收入有规律地波动,因此个人储蓄行为在很大程度上取决于所处的生命周期阶段。本来用于解释个人储蓄行为的生命周期假说,后来被广泛用于家庭资产组合决策的研究中。然而,以年龄为标志的个人生命周期与家庭生命周期并不是同一概念,所以,用个人生命

周期替代家庭生命周期，并用以分析家庭金融资产尤其是家庭风险性金融资产的配置是否合适，并没有受到关注。

在消费者行为领域，传统的家庭生命周期理论将家庭发展大致划分为五个阶段，它们分别是单身阶段、新婚阶段、满巢阶段（有18岁以下需抚养的小孩）、空巢阶段、解体阶段（Wells and Gubar,1966）。直观上，处于不同阶段的家庭，其在收入和需要解决的消费问题上存在很大差异，其资产配置行为也将因此受到影响，并呈现出相应的模式特点。比如，在单身阶段，由于收入不高，储蓄很少，参与风险投资的比例较低，而随着结婚、生儿育女和子女长大，家庭中风险资产配置比例逐步升高，而到退休之后，收入减少、健康状况下降，风险资产配置将相应降低。根据这种直观逻辑，整个家庭生命周期内，风险性金融资产配置比例应当呈"驼峰"或"钟形"曲线，而非风险性金融资产（如银行存款）配置应呈U形曲线。这种所谓"生命周期效应"已经被一些学者包括中国学者所证实。然而，正如前面所述，也有一些研究并没有发现这种生命周期效应的存在，如，史代敏和宋艳（2005）的研究虽发现户主年龄在36—45岁段的家庭其股票在金融资产中的比重比其他年龄段的家庭低，但其他年龄段的家庭彼此间并没有显著差异。吴卫星等（2010）的研究也没有发现家庭金融资产配置存在显著的生命周期效应。

我们推测，生命周期效应不显著的原因很可能出在用"户主年龄"变量代替"家庭生命周期"变量上。我们可以设想，一个家庭是否配置和多大程度上配置风险性金融资产，主要受家庭财产总量、家庭成员受教育程度、健康状况、家庭不同阶段的消费需要等因素的影响。户主年龄有差异但家庭生命周期处于同一阶段的家庭，较年龄相同但家庭生命周期处于不同阶段的家庭，前者在储蓄和家庭资产配置行为的相似性会更高。我们认为，只有在"户主年龄"能够完全或大体上替代"家庭生命周期变量"的情况下，它才会发挥如"生命周期假说"所预测的影响。

问题恰恰是，在现代社会，我们并没有太大的把握肯定哪个年龄段的男性或女性会处在家庭生命周期的哪个阶段。传统上，30岁以前进入生儿育女阶段非常普遍，但现在很多处于30岁上下的男女可能尚处于未婚阶段。据美国的统计数据，早在20世纪90年代，非家庭型住户（独身者、未婚同居者、同性恋者、单身但有小孩者）已占到了美国住户总数的30%，超过了有小孩的结婚家庭数。正因为这样，传统的家庭生命周期概念被扩展的家庭生命周期概念所取代（见表2）。

另一方面，即使年龄能较好地指代家庭所处生命周期，从理论上讲，应当是家庭生命周期所处阶段而不是户主年龄决定一个家庭是否以及在多大比例上持有风险性金融资产。一个在个人生命周期早期进入股市的消费者，没有理由在中年或老年"金盆洗手"和大幅度减持这类资产的持有比例。我们预期，当显性地将家庭生命周期纳入分析模型，家庭生命周期效应将会显著，而户主年龄对风险性金融资产配置的影响将显著下降。下面,我们将采用北京大学中国社会科学调查中心《2010年中国家庭追踪调查》的数据对这一基本假设进行检验。

表2 家庭生命周期概念的演变

	Gilly and Enis (1982)		Murphy and Staples(1979)		Wells and Gubar(1966)
1	单身	1	单身青年	1	单身
2	新婚	2	已婚青年没小孩	2	新婚夫妇
3	满巢 I	3	其他青年	3	满巢 I
4	满巢 II		(a)离婚青年没小孩	4	满巢 II
5	单亲 I		(b)已婚青年有小孩	5	满巢 III
6	单亲 II		(c)离婚青年有小孩	6	空巢 I
7	单身 II	4	中年	7	空巢 II
8	没小孩的夫妇		(a)中年已婚没小孩	8	鳏寡:尚在工作
9	结合的满巢		(b)中年离婚没小孩	9	鳏寡:退休
10	满巢 III		(c)中年已婚有小孩		
11	单亲 III		(d)中年离婚有小孩		
12	单身 III		(e)中年已婚孩子已独立		
13	空巢		(f)中年离婚孩子已独立		
		5	老年		
			(a)老年已婚		
			(b)老年未婚		

三、数据与模型

(一)数据描述

本研究所用数据来自北京大学中国社会科学调查中心发布的《2010年中国家庭追踪调查》(CFPS)。调查对象是我国(除香港、澳门、台湾以及新疆维吾尔自治区、西藏自治区、青海省、内蒙古自治区、宁夏回族自治区、海南省)25个省、市、自治区的农村和城镇家庭及其成员。调查采用面访问卷调查的方式,最终回收个人问卷33 611份,家庭问卷14 797份。在对缺失及明显错误的数据进行处理后,我们选取6 790个家庭作为本研究的分析样本。表3描述了这些家庭的基本情况。

表3 家庭特征变量与资产组合比例

家庭特征变量		家庭数	风险资产(%)	存款(%)	保险(%)	产业投资(%)	房产(%)
城乡分布	农村(含郊区)	3 996	2.1	33.4	11.1	3.7	69.7
	城市(含城镇)	2 776	15.1%	44.0	16.3	3.6	81.9

(续表)

家庭特征变量		家庭数	风险资产(%)	存款(%)	保险(%)	产业投资(%)	房产(%)
年人均收入	低于 6 250 元	1 519	3.4	21.9	6.9	2.2	72.0
	6 251—22 500 元	2 646	2.6	33.9	9.1	2.7	73.6
	22 501—50 000 元	1 878	10.1	48.2	18.2	4.6	76.9
	50 001—265 000 元	660	28.0	62.1	30.0	7.0	82.0
	265 000 元以上	87	13.8	21.8	10.3	12.6	56.3
最高教育水平	文盲/半文盲	288	1.0	21.5	7.6	1.0	68.1
	小学毕业	696	0.4	29.2	8.3	2.7	72.7
	初中毕业	2 433	2.5	35.7	10.7	3.8	72.2
	高中毕业	1 838	6.5	36.9	13.4	4.4	73.7
	大专毕业	782	18.4	47.2	20.6	4.1	82.5
	本科毕业	695	22.3	49.8	19.7	2.4	81.4
	硕士研究生	51	31.4	58.8	13.7	7.8	88.2
	博士研究生	7	57.1	85.7	57.1	14.3	71.4
家庭财务主管性别	女	1 837	12.7	38.1	13.7	2.2	76.3
	男	4 950	7.4	37.7	13.0	4.2	74.2

注:部分栏有缺失值。

(二)模型以及变量描述

1. 回归模型

$Risky\_Inv = b_0 + b_1 \times FLC + b_2 \times Support + b_3 \times Urban + b_4 \times Income + b_5 \times Realestate + b_6 \times Deposit + b_7 Insurance + b_8 Edu + b_9 Health + \varepsilon$

因变量表示风险金融资产投资(0-1 变量),FLC 表示家庭生命周期变量,Support 表示家庭赡养负担,Urban 表示城乡虚拟变量,Income 表示家庭收入等变量,Realestate 表示房产相关变量,Deposit 表示是否储蓄,Insurance 表示是否购买保险,Edu 表示财务主管受教育程度,Health 表示家庭财务主管的健康状况。因因变量是虚拟变量,本文主要采用 Logit 和 Probit 模型进行分析。

2. 因变量

从行为投资组合理论出发,本文根据陆建清(2011)的方式,把家庭资金分为以下两类:①安全账户,作为保障家庭基本生活水平与财富存量的部分;②风险账户,作为超出基本生活层次需求的资产用作投资和投机的部分。在模型建立中,我们认为储蓄存款与商业保险均属于安全账户的投资。同时,将股票、债券、基金的投资合并为风险账户投资。只要家庭持有股票、债券、基金中任何一种投资,都将变量"风险金融资产"赋值为 1;否则赋值为 0。根据行为投资组合理论和家庭金融需求层次理论,本文将家庭对于安全资产的投资,即储蓄存款和商业保险作为控制变量。

3. 解释变量

在研究影响家庭投资组合中风险账户配置的相关因素时,本文研究所选取的解释变量如下:

(1)家庭结构相关变量

家庭结构方面,本文使用的变量包括:家庭生命周期(重要事件划分法;家庭财务主管年龄替代),家庭年龄结构(赡养负担,即家庭中最年长成员年龄(Age-max)与家庭中最年轻成员年龄(Age-min)之比)等。根据传统的基于重要事件的家庭生命周期理论,本文将家庭的生命周期划分为五个阶段,它们分别是单身、新婚、满巢Ⅰ、满巢Ⅱ、空巢阶段。对于生命周期的划分标准见表4。

表4 生命周期的划分标准(重大事件划分法)以及分布

变量赋值	生命周期	划分标准	频数	频率(%)
单身	FLC(=1)	还没结婚的单身青年	294	4.3
新婚	FLC(=2)	已经结婚,尚没有孩子的家庭	262	3.9
满巢Ⅰ	FLC(=3)	已经结婚,有尚未成年孩子的家庭	4 328	63.7
满巢Ⅱ	FLC(=4)	已经结婚,且孩子已经成年的家庭(但孩子未离家)	1 347	19.8
空巢	FLC(=5)	孩子已经离家的家庭	559	8.2
总计			6 790	100.0

按照本文所划分的家庭生命周期,被调查家庭中,单身家庭占4.3%,新婚家庭占3.9%,满巢Ⅰ期的家庭占63.7%,满巢Ⅱ期的家庭占19.8%,空巢家庭占8.2%。家庭所处生命周期的频数及频率见表4。

使用户主年龄代表家庭的生命周期,忽略了家庭不同的年龄结构特征可能带来的不同投资需求。如,有老人和小孩的家庭可能由于较高的医疗费用和教育支出,而较少投资于股票、债券和基金等。因此,为了反映这一因素给家庭投资结构带来的影响,本文构建赡养负担变量,即家庭中最年老成员年龄(Age-max)和家庭中最年轻成员年龄(Age-min)之比。

(2)家庭其他特征变量

家庭成员最高学历(Edu):受到更高教育的家庭更有可能了解到与投资相关的知识,因此学历可能对家庭的投资组合决策产生影响。调查问卷中将家庭成员的最高学历分为八类:即文盲/半文盲、小学毕业、初中毕业、高中毕业、大专毕业、本科毕业、硕士研究生、博士研究生,分别赋值为1—8。

健康状况(Health):身体状况可能会对家庭的投资组合决策产生影响。健康状况欠佳的投资者可能选择较为保守的投资计划,因为他们需要首先满足他们的医疗需求。在问卷设计中,由于健康状况对于个人而言较为隐私,为了避免可能产生的自我报告的误差,由访问者对受访人的健康状况进行评价。受访人的健康状况为一个 1—7 的分类变量，1 代表健康状况很差，7 代表健康状况很好。

4. 控制变量

(1) 家庭收入

过去的研究表明(如 Uhler and Cragg, 1971；Campbell and Cocco, 2007)，一个家庭的收入水平会对其投资组合决策产生影响。为了获得更精准的收入与支出数据，最大限度地降低缺失值的产生，问卷采取了"逼问法"的方式。"逼问法"的过程为：访员会首先问受访者"总收入是否高于 40 000 元"。如果回答为"高于"，则继续提问"是否高于 60 000 元"。如果此次回答是"低于"，则收入不高于 60 000 元，不低于 40 000 元；如果回答"高于"，则继续提问临近较高一级的数值，直至得到"低于"的答案来确定一个区间的上限和下限。采取逼近法获得家庭的最低收入记录为 Income-min、最高收入记录为 Income-max。在回归模型中，取最低收入与最高收入的平均值代表家庭的收入情况(Income)。家庭收入在 CFPS 问卷中，考虑了出卖家庭财产的收入、生产资料出租收入、工资收入、非工资收入或者农业收入、拆迁补偿金、征地补偿金、礼品/礼金、离/退休金、社会保障金、低保等收入来源，本文同样探究不同来源的收入与风险账户投资可能性的关系。

(2) 安全资产投资

根据行为投资组合理论和家庭金融需求层次理论，本文将家庭对于安全资产的投资，即储蓄存款和商业保险作为控制变量。储蓄存款和商业保险变量均为虚拟变量，即拥有储蓄存款或商业保险赋值为 1；否则为 0。

(3) 房产投资

Cuoco and Liu (2000) 发现，房地产投资显著挤出了美国投资者的股票投资，因此，本文将家庭的房产投资情况作为控制变量。在研究房产是否会挤出家庭的风险投资时，本文引入了家庭是否拥有住房 (Realestate) 变量。住房变量为虚拟变量，即如拥有自住房/投资性房产，赋值为 1；否则为 0。进一步分析过程中，我们还考虑了是否拥有其他住房、住房来源以及住房类型变量，深入讨论住房问题对家庭风险资产配置的影响。

四、模型结果与分析

对家庭生命周期的划分，学术界主要有两种方式：一种是根据家庭重要事件(如结婚、生子、子女长大、子女自立等)进行分类的家庭生命周期变量，检验中国家庭决策随着子女成长周期而各阶段显现出不同特征，即所谓的"子女中心论"观点；另一种是根据户主年龄进行划分。表 5 中模型 1 和模型 2 采用家庭重要事件方式构建家庭生命周期变量，Logit 和 Probit 结果均显示，相对于单身家庭，满巢 II 家庭会显现出更低的风险账户投资参与度，而其他类型的家庭生命周期阶段，风险账户投资参与度并没有呈现出显著性异同。

表5 家庭生命周期与家庭资产组合

变量	模型1 Logit	模型2 Probit	模型3 Logit	模型4 Probit	模型5 Logit	模型6 Probit
新婚	0.217 (0.330)	0.118 (0.174)				
满巢 I	0.243 (0.270)	0.101 (0.140)				
满巢 II	-0.973*** (0.333)	-0.487*** (0.165)				
空巢	-0.444 (0.404)	-0.153 (0.192)				
赡养负担	-0.0141** (0.00556)	-0.00681** (0.00283)	-0.0154*** (0.00545)		-0.0158*** (0.00551)	
城乡	1.194*** (0.131)	0.606*** (0.0626)	1.380*** (0.128)	0.631*** (0.0628)	1.382*** (0.128)	0.629*** (0.0632)
家庭收入	0.540*** (0.0659)	0.184*** (0.0244)	0.567*** (0.0658)	0.202*** (0.0245)	0.567*** (0.0658)	0.203*** (0.0245)
是否经历拆迁	0.840*** (0.127)	0.502*** (0.0701)	0.899*** (0.128)	0.510*** (0.0707)	0.896*** (0.129)	0.512*** (0.0707)
是否土地征用	0.0533 (0.186)	0.0159 (0.0932)	-0.0211 (0.184)	0.0107 (0.0924)	-0.0174 (0.184)	0.0136 (0.0925)
储蓄	0.341*** (0.103)	0.221*** (0.0536)	0.371*** (0.102)	0.215*** (0.0533)	0.368*** (0.102)	0.211*** (0.0533)
房产	0.0518 (0.135)	0.0132 (0.0685)	0.0523 (0.135)	0.0138 (0.0678)	0.0525 (0.135)	0.0132 (0.0678)
是否有别处住房	0.284** (0.119)	0.190*** (0.0629)	0.243** (0.118)	0.184*** (0.0623)	0.253** (0.118)	0.190*** (0.0623)
受教育程度	0.467*** (0.0455)	0.277*** (0.0233)	0.451*** (0.0446)	0.272*** (0.0226)	0.451*** (0.0448)	0.274*** (0.0228)
健康状况	0.148*** (0.0500)	0.0929*** (0.0262)	0.165*** (0.0506)	0.0984*** (0.0264)	0.172*** (0.0505)	0.101*** (0.0263)
年龄(log)			10.25** (4.453)	5.291** (2.267)		
年龄(log)平方			-1.365** (0.590)	-0.690** (0.300)		
家庭规模				-0.122*** (0.0224)		-0.124*** (0.0225)
28岁至30岁					0.426 (0.411)	0.144 (0.208)
31岁至40岁					0.631* (0.324)	0.373** (0.161)

(续表)

	模型 1	模型 2	模型 3	模型 4	模型 5	模型 6
41 岁至 50 岁					0.677** (0.318)	0.396** (0.158)
51 岁至 60 岁					0.623* (0.319)	0.371** (0.158)
61 岁及以上					0.387 (0.339)	0.316* (0.169)
Constant	−11.89*** (0.719)	−5.481*** (0.299)	−31.42*** (8.461)	−15.41*** (4.279)	−12.89*** (0.753)	−5.693*** (0.316)
Observations	6 625	6 625	6 622	6 737	6 625	6 740
Pseudo R-squared	0.271	0.2768	0.260	0.262	0.261	0.263

注：括号内为标准差；***、**、*分别表示在1%、5%、10%的水平上显著。

赡养负担越大的家庭，风险账户投资的可能性越小；城乡差距明显，相对于农村家庭，城镇家庭投资股票、基金和债券市场的可能较大；在中国经济改革背景下，城镇化进程中由于房屋拆迁会使得家庭短期内得到一笔相对巨额的经济补偿，经历过拆迁补偿的家庭会显现出更加积极的风险账户投资参与度；而土地征用的家庭并没有表现出更高的投资参与度。我们发现住房刚需（拥有住房）对家庭投资组合没有产生显著影响，而住房投资（拥有其他房产）产生显著的影响。与其他研究不同的是，我们发现住房投资并不会挤出家庭的股票投资。相反，相较于没有住房投资的家庭而言，拥有房产的家庭对于风险相对较高的股票、基金、债券市场投资参与率更高。另外，我们还考虑了家庭的特征变量（包含家庭的最高学历、健康状况）的影响，教育程度提高促进了对风险账户投资的参与度，家庭成员的健康状况也会显著影响家庭投资决策，健康的家庭更多地投资资本市场。

模型3和模型4，检验家庭财务主管年龄和年龄平方对风险性账户投资的影响，验证倒U形假说。由结果可以看出，财务主管年龄二次项系数显著为负，一次项系数显著为正，存在倒U形现象。模型5和模型6估计中，家庭财务主管42—46岁达到对风险性账户投资偏好的最高点。即在42—46岁之前，户主对风险性账户投资偏好随着年龄上升，之后对风险性资产的投资可能性下降。根据国家民政局关于我国目前平均结婚年龄为27岁的数据和其他相关信息，本文将家庭财务主管年龄分为六组。相对于27岁以下的群体，年龄虚拟变量的参数也存在先升后降的规律，进一步验证了倒U形假说。

更加详细地描述性分解，由表6可以看出，随着家庭财务主管年龄逐渐增长，家庭投资于股票、债券、基金等风险性金融资产的比例呈现先上升后下降的趋势。以财务主管年龄为28—30岁的家庭为基准，年龄较小的家庭和年龄较长的家庭对于金融风险资产的投资比例均有所下降,支持了我们前面模型的分析结果。

表6 家庭财务主管年龄与家庭风险资产投资

家庭财务主管年龄	家庭比例(%)	风险资产(%)
27 岁及以下	2.9	8.5
28 岁至 30 岁	3.0	11.4
31 岁至 40 岁	20.6	9.2
41 岁至 50 岁	30.9	8.7
51 岁至 60 岁	28.8	9.7
61 岁及以上	13.7	6.0

在分析完模型 1—6 后,我们就会发现,以家庭重要事件(如结婚、生子、子女长大、子女自立等)进行分类的家庭生命周期变量对风险性账户投资的影响呈现 U 形,而以家庭财务主管年龄替代的家庭生命周期变量对因变量的影响呈倒 U 形,两种衡量方法为什么截然相反?二者之间存在矛盾吗?为了回答这些问题,我们看看以家庭重要事件分类的家庭生命周期各阶段家庭财务主管的年龄分布,如表7所示:

表7 家庭生命周期与家庭财务主管年龄分布

家庭生命周期	平均数	中位数	标准差	偏度	峰度
单身	38.30625	33	17.24153	0.838254	2.626115
新婚	41.875	38.5	16.15098	0.647665	2.353216
满巢 I	37.96369	38	6.53267	0.637482	4.394509
满巢 II	52.57747	51	8.799681	0.889964	3.793023
空巢	56.66633	57	9.159943	-0.42213	5.138915
总体	48.23368	47	11.55865	0.227957	2.978725

由模型 1—2 可以看出,以家庭重要事件进行分类的家庭生命周期不一定遵循家庭财务主管年龄由小到大依次增长,但总体年龄呈由小到大趋势。家庭财务主管年龄平均在 52.6 岁左右(44—61 岁),即满巢 II 期,该家庭投资风险性账户的可能性最小,与模型 2—4 估计的 42—46 岁之后,风险性投资可能性降低的结论不冲突。而空巢期家庭投资相对于满巢 II 期,风险性投资可能性提高,可能原因是,孩子离开父母后,定期或者不定期对父母实行反馈式代际支持(通常以金钱形式),或者之前的"正向代际支持"由于子女的成家立业而趋于减少,使得父母手头有多余的闲钱来进行风险性投资,这就可以更好地解释现实生活中,证券营业厅里经常看到的"老人炒股"的现象。两种方法结合起来看,在整个家庭生命周期内,风险性金融资产配置比例应当呈"驼峰"曲线(见图1)。可见,以家庭重要事件进行分类的家庭生命周期可以弥补单纯的以家庭财务主管或者户主年龄作为

替代变量的不足。

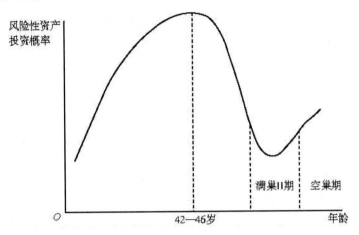

图1　家庭生命周期与资本市场参与可能性

在进一步的研究中,我们重点考虑不同收入来源、借贷款项来源以及房产相关信息对风险性投资账户的影响。在CFPS调研中,主要披露了家庭工资收入,变卖家庭财物收入,出租所得(出租房屋、土地以及其他生产资料),拆迁补偿金,征地补偿金,离/退休金、社会保障金、低保等收入,以及礼品,礼金所得等相关收入,将其纳入本文的分析框架下,由模型7—8的结果(见表8)我们可以看出,基于保值需要,拆迁补偿金,离/退休金、社会保障金、低保等收入,工资收入,礼品/礼金以及租金所得与家庭风险性账户投资概率呈显著的正相关关系。

家庭负债问题也是家庭金融领域受到密切关注的话题,本文从负债来源角度探究不同类型的家庭负债与家庭资产配置之间的关系。家庭负债来源主要包含银行借贷、亲朋借贷、民间借贷以及其他借贷来源,模型9和模型10的结果(见表8)显示,从亲戚、朋友处借钱的家庭,参与股票市场、基金市场、债券市场投资的可能性较小,从银行和民间机构借贷的家庭,并没有显著地显示出参与资本市场的偏好。

模型11(见表8)探究两种房产完全自有(购买房产、自建房产)家庭相对于房产非完全自有家庭的资本市场参与可能性的异同。结果发现,自建房产的家庭参与风险性投资的概率较小。模型12将房产来源进一步细化,主要分为房产完全自有,与单位共有产权,政府、单位免费提供、租房,家人、亲友提供以及其他五种情形。以租房家庭为基准,结果发现,与单位共有产权住房的家庭参与股票等投资的可能性最小,其他的没有显著差别。

表 8 进一步研究结果

变量名称	模型 7 Logit	模型 8 Probit	模型 9 Logit	模型 10 Probit	模型 11 Logit	模型 12 Logit
新婚	0.306 (0.335)	0.159 (0.178)	0.222 (0.330)	0.120 (0.174)	0.170 (0.329)	0.236 (0.331)
满巢 I	0.298 (0.270)	0.139 (0.141)	0.249 (0.270)	0.104 (0.140)	0.239 (0.271)	0.256 (0.274)
满巢 II	-1.062*** (0.342)	-0.528*** (0.171)	-0.956*** (0.333)	-0.477*** (0.165)	-0.872*** (0.336)	-0.957*** (0.337)
空巢	-0.663 (0.424)	-0.293 (0.203)	-0.421 (0.404)	-0.144 (0.192)	-0.405 (0.406)	-0.444 (0.407)
赡养负担	-0.0187*** (0.00616)	-0.00953*** (0.00314)	-0.0138** (0.00556)	-0.00666** (0.00284)	-0.0127** (0.00558)	-0.0138** (0.00558)
城乡	1.270*** (0.142)	0.626*** (0.0684)	1.185*** (0.131)	0.604*** (0.0628)	0.819*** (0.153)	1.219*** (0.131)
变卖家庭财物收入	0.0833 (0.0562)	0.0525* (0.0286)				
拆迁补偿金	0.0675*** (0.0171)	0.0395*** (0.00946)				
征地补偿金	-0.00834 (0.0250)	-0.00386 (0.0124)				
离/退休金、社会保障金、低保等收入	0.0547*** (0.0115)	0.0303*** (0.00620)				
工资收入	0.0424** (0.0190)	0.0199** (0.00943)				
其他收入(非工资性或者农业收入)	-0.0209 (0.0200)	-0.00838 (0.00972)				
礼品/礼金	0.0428*** (0.0145)	0.0211*** (0.00777)				
租金所得	0.0762*** (0.0194)	0.0416*** (0.0105)				
储蓄	0.488*** (0.107)	0.271*** (0.0559)	0.328*** (0.103)	0.216*** (0.0538)	0.341*** (0.102)	0.350*** (0.102)
房产	0.158 (0.146)	0.0645 (0.0739)	0.0560 (0.135)	0.0143 (0.0686)		
其他房产	0.365*** (0.127)	0.195*** (0.0682)	0.287** (0.119)	0.193*** (0.0631)	0.248** (0.120)	0.274** (0.120)
受教育程度	0.562*** (0.0458)	0.303*** (0.0241)	0.467*** (0.0456)	0.277*** (0.0233)	0.444*** (0.0463)	0.467*** (0.0460)

(续表)

	模型7	模型8	模型9	模型10	模型11	模型12
健康状况	0.148*** (0.0517)	0.0866*** (0.0273)	0.149*** (0.0502)	0.0932*** (0.0263)	0.130*** (0.0501)	0.157*** (0.0503)
总收入			0.553*** (0.0666)	0.185*** (0.0245)	0.532*** (0.0661)	0.539*** (0.0662)
是否经历拆迁			0.839*** (0.127)	0.501*** (0.0701)	0.740*** (0.128)	0.855*** (0.128)
是否土地征用			0.0654 (0.186)	0.0196 (0.0935)	0.222 (0.192)	0.0514 (0.186)
银行借贷			2.38e−07 (4.43e−07)	2.02e−07 (2.56e−07)		
亲朋借贷			−4.23e−06** (1.94e−06)	−1.98e−06** (9.15e−07)		
民间借贷			8.29e−07 (6.18e−06)	3.21e−07 (3.37e−06)		
其他借贷			2.42e−06 (9.20e−06)	1.10e−06 (5.44e−06)		
自建房产					−0.578*** (0.178)	
购买房产					0.202 (0.130)	
完全自有						−0.0739 (0.150)
与单位共有产权						−1.005** (0.460)
政府、单位免费提供						−1.028 (0.779)
家人、亲友提供						0.127 (0.292)
其他情况						−0.116 (0.459)
常数项	−7.570*** (0.451)	−4.074*** (0.231)	−12.02*** (0.726)	−5.496*** (0.300)	−11.23*** (0.727)	−11.85*** (0.725)
观测值(n)	6 276	6 276	6 625	6 625	6 625	6 625
Pseudo R-squared	0.265	0.268	0.273	0.270	0.278	0.274

注:括号内为标准差;***、**、*分别表示在1%、5%、10%的水平上显著。

五、结论和展望

(一)主要结论

生命周期假说认为,家庭资产投资组合尤其是风险性资产的配置比例与家庭生命周期有关,即在家庭生命周期的早期与晚期,风险性资产在家庭资产中配置的较低,而在中间阶段配置较高,更具体地说,会呈现"驼峰"状态。在研究家庭结构对家庭投资组合的影响时,存在两种反映家庭生命周期的衡量方法:一种是根据家庭重要事件(如结婚、生子、子女长大、子女自立等)进行分类的家庭生命周期(记为家庭生命周期Ⅰ),另一种是根据家庭财务主管或者户主年龄(记为家庭生命周期Ⅱ)为替代变量的衡量方式。之前的研究均采用后一种方式,即采用家庭财务主管或户主年龄反映家庭生命周期。本文运用CFPS调查研究的数据,将两种衡量方式置于同一分析框架下进行探究,结果显示,两种衡量方式产生了看似相互矛盾的结果,家庭生命周期Ⅰ与风险性投资概率呈正U形,即相对于单身家庭,空巢Ⅱ家庭会显现出更低的风险账户投资参与度,而其他类型的家庭生命周期阶段风险账户投资参与度并没有呈现出显著性异同,因此是先降后升的情况;而另一方面,家庭生命周期Ⅱ与风险性投资参与度呈倒U形。进一步深入探究这两个看似截然相反的结论,我们发现以家庭重要事件进行分类的家庭生命周期不一定遵循家庭财务主管年龄由小到大依次增长,但总体年龄呈由小到大趋势。家庭财务主管年龄平均在52.6岁左右(44—61岁),即满巢Ⅱ期,该家庭投资风险性账户的可能性最小,与模型2—4估计的42—46岁之后,风险性投资可能性降低的结论不冲突。而空巢期相对于满巢Ⅱ期家庭,风险性投资可能性提高,可能的原因是,①孩子离开父母后,定期或者不定期代际支持(通常以金钱形式)反馈;②子女成家后父母给予的"正向代际支持"减少,导致父母手头有多余的闲钱来进行风险性投资,也许这可以更好地解释现实生活中,证券营业厅里经常看到的"老人炒股"的现象。两种方法结合起来看,在整个家庭生命周期内,风险性金融资产配置比例应当呈"驼峰"曲线。可见,以家庭重要事件进行分类的家庭生命周期可以弥补单纯地以家庭财务主管或者户主年龄作为替代变量的不足。

在资产组合方面,储蓄是中国居民家庭金融资产中最重要的资产形式。家庭平均拥有银行存款的比例为35%。本文的研究发现,在安全账户(储蓄和保险)中有资产配置的家庭,投资股票、债券和基金的可能性更大。另外,我们还考虑了家庭的特征变量(包含家庭的最高学历、健康水平)的影响,教育程度提高促进了对风险账户投资的参与度。家庭成员的健康水平也会显著影响家庭投资决策,健康的家庭更多投资资本市场。

最后,我们还重点考虑不同收入来源、借贷款项来源以及房产相关信息对风险性投资账户的影响。在CFPS调研中,主要披露了家庭工资收入,变卖家庭财物收入,出租所得(出租房屋、土地以及其他生产资料),拆迁补偿金,征地补偿金,离/退休金、社会保障金、低保等收入以及所收礼品/礼金所得等相关收入,将其纳入本文的分析框架下,结果我们可以看出基于保值需要,拆迁补偿金,离/退休金、社会保障金、低保等收入,工资收入,礼品/礼金以及租金所得与家庭风险性账户投资概率呈显著的正相关关系。

家庭负债问题也是家庭金融领域受到密切关注的话题,本文从负债来源角度探究不同类型的家庭负债与家庭资产配置之间的关系,家庭负债来源主要包含银行借贷、亲朋借贷、民间借贷以及其他借贷来源。结果表明,从亲戚、朋友处借钱的家庭,参与股票市场、基金市场、债券市场投资的可能性较小,从银行和民间机构借贷的家庭,并没有显著地显示出参与资本市场的偏好。

国内外的研究对于房产投资是否会挤出家庭在股票、基金等风险账户中的金融资产投资并没有达成共识。本项研究发现,拥有住房投资并不会挤出家庭的股票投资,相反会促进家庭的股票投资。本文还探究两种房产完全自有(购买房产、自建房产)家庭相对于房产非完全自有家庭的资本市场参与可能性的异同,结果发现,自建房产的家庭参与风险性投资的可能性较小。将家庭房产来源进一步细化(房产完全自有,与单位共有产权,政府、单位免费提供住房、租房,家人、亲友提供以及其他五种情形),以租房家庭为基准,结果发现,与单位共有产权住房的家庭参与股票等投资可能性最小,其他的没有显著差别。

(二)研究不足及未来研究方向

从中国家庭资产配置的现状出发,本研究希望了解家庭结构和特征因素是否显著影响家庭的金融资产投资组合决策。通过本项研究,希望能够对家庭理财产品的设计和销售提供理论支持。但由于数据可得性的限制,本文对家庭投资组合的研究还存在一些不足:

首先,本文的研究是基于家庭对于投资组合中相关资产的参与率的研究,而并非真正的对于家庭财富分配的研究。本文仅研究了家庭资产组合中是否包含风险资产以及家庭的结构、特征等因素会怎样影响其投资组合的决策。在未来数据可得性提高的情况下,可以更加深入地研究家庭在不同账户和不同的金融产品中的投资比例及其决定因素。另外,本项研究仅粗略地将家庭的生命周期划分为五个阶段,未来的研究可以利用更加细化的家庭生命周期阶段划分研究家庭投资组合决策。其次,本研究所用数据中无法准确得出家庭的总体财富水平和家庭的收入风险,因此本次研究仅仅引入了家庭的年收入水平来讨论财富水平对于家庭投资决策的影响。未来的研究可以在引入家庭的总体财富水平和收入风险的情况下研究家庭投资组合决策。最后,本研究仅包含家庭结构和客观的家庭特征(如教育水平、健康水平、家庭财务主管性别)等因素,而没有考虑家庭的主观风险偏好。未来的研究可以通过更深入的访谈或问卷调查的方式,研究家庭的主观风险偏好对投资组合决策的影响。

参考文献

柴效武、王淑贤,《家庭金融理论与实务》,经济管理出版社,2003。
程兰芳,《中国城镇居民家庭经济结构研究》,首都经济贸易大学,2004。
黄家骅,《中国居民投资行为研究》,中国财政经济出版社,1997。
雷晓燕、周月刚,"中国家庭的资产组合选择:健康状况与风险偏好",《金融研究》,2010,1:31-45。
李涛、郭海华,"上海市居民家庭金融资产拥有状况的调查分析",《江苏商论》,2004,10:148-149。
廖理、张金宝,"城市家庭的经济条件、理财意识和投资借贷行为——来自全国24个城市的消费金融调查",《经济研究》,2011,s1:17-29。
刘湘梅,《基于生命周期的家庭资产配置模型》,天津大学,2008。
卢家昌、顾金宏,"家庭金融资产选择行为的影响因素分析——基于江苏南京的证据",《金融发展研究》,2009,10:25-29。
陆剑清,《现代投资行为学》,北京大学出版社,2011。
史代敏、宋艳,"居民家庭金融资产选择的实证研究",《统计研究》,2005,22(10):43-47。
王聪、于蓉,"美国金融中介资产管理业务发展及启示",《金融研究》,2005,7:163-170。
吴卫星、齐天翔,"流动性、生命周期与投资组合相异性——中国投资者行为调查实证分析",《经济研究》,2007,2:97-110。
吴卫星、易尽然、郑建明,"中国居民家庭投资结构:基于生命周期、财富和住房的实证分析",《经济研究》,2010,s1:72-82。
刑大伟,"城镇居民家庭资产选择结构的实证研究——来自江苏省扬州市的调查",《华东经济管理》,2009,1。
邢春冰,"参与成本、异质性与股市投资——基于城镇家庭数据的实证分析",《南方经济》,2011,29(9):17-29。
于蓉,《我国家庭金融资产选择行为研究》,暨南大学,2006。
袁志刚、冯俊、罗长远,"居民储蓄与投资选择:金融资产发展的含义",《当代经济科学》,2004,26(6):1-10。
臧旭恒、朱春燕,"预防性储蓄理论:储蓄(消费)函数理论的新进展",《经济学动态》,2000,8:61-65。
臧旭恒等著,《居民资产与消费选择行为分析》,上海三联书店,2001。
邹红、喻开志,"我国城镇居民家庭的金融资产选择特征分析——基于6个城市家庭的调查数据",《工业技术经济》,2009,28(5):19-22。

Aizcorbe, A. M., A. B. Kennickell and K. B. Moore, "Recent Changes in U. S. Family Finances: Evidence from the 1998 and 2001 Survey of Consumer Finances", *Federal Reserve Bulletin*, 2003, 89:1 – 32.

Ameriks, J. and Stephen P. Zeldes, "How Do Household Portfolio Shares Vary With Age", TIAA – CREF, Working Paper, 2004.

Ando, A. and Franco Modigliani, "The Life – cycle Hypothesis of Saving: Aggregate Implications and Tests", *American Economic Review*, March 1963, 1:55 – 84.

Arrondel, L. and Bruno Lefebvre, "Consumption and Investment Motives in Housing Wealth Accumulation: A French Study", *Journal of Urban Economics*, 2001, 50(1): 112 – 137.

Benjamin, Daniel J., Sebastian A. Brown and Jesse M. Shapiro, "Who is 'Behavioral'? Cognitive Ability and Anomalous Preferences", *Journal of the European Economic Association*, 2013, 11(6):1231 – 1255.

Bernard, V., and J. Thomas, "Evidence That Stock Prices Do Not Fully Reflect the Implications of Current Earnings for Future Earnings", *Journal of Accounting and Economics*, 1990, 13: 305 – 340.

Bertaut, Carol C. and Hazel Starr – McCluer, *Household Portfolios in the United States*. MIT Press, Cambridge, MA., 2002.

Campbell, John Y., "Household Finance", *The Journal of Finance*, 2006, 61(4):1553 – 1604.

Campbell, John Y. and J. Cocco, "How Do House Prices Affect Consumption? Evidence from Micro Data", *Journal of Monetary Economics*, Elsevier, 2007, 54(3): 591 – 621.

Campbell, John Y., J. Cocco, Francisco Gomes, Pascal J. Maenhout and Luis M. Viceira, "Stock Market Mean Reversion and the Optimal Equity Allocation of a Long – lived Investor", *European Finance Review*, 2001, 5(3):269 – 292.

Carroll, Christopher D., Karen E. Dynan and Spencer D. Krane, "Unemployment Risk and Precautionary Wealth: Evidence from Households' Balance Sheets", *The Review of Economics and Statistics*, 2003, 85(3):586 – 604.

Constantinides, George M., John B. Donaldson, and Rajnish Mehra, "Junior Must Pay: Pricing the Implicit Put in Privatizing Social Security", Working paper, University of Chicago, 2001.

Cuoco, D. and H. Liu, "Optimal Consumption of a Divisible Durable Good", *Journal of Economic Dynamics and Control*, 2000, 24: 561 – 613.

De Bondt, Werner F. M. , "Investor Psychology and the Dynamics of Security Prices", AIMR Conference Proceedings, 1995, 7:7 – 13.

Duesenberry, J. S. , *Income, Savings, and the Theory of Consumer Behavior*. Cambridge, Mass: Harvard University Press, 1949.

Friedman, M. , *A Theory of the Consumption Function*. Princeton University Press, 1957.

Graham, John R. , Cam Harvey and Hai Huang , "Investor Competence, Trading Frequency, and Home Bias", *Management Science*, 2009, 55(7):1094 – 1106.

Guiso, L. , Paola Sapienza, and Luigi Zingales, "Does Culture Affect Economic Outcomes? ", *The Journal of Economic Perspectives*, 2006, 20(2): 23 – 48.

Guiso, Luigi and Tullio Jappelli, "Household Portfolios in Italy", in Luigi Guiso, Michael Haliassos, and Tullio Jappelli(Eds.), *Household Portfolios*, Cambridge: MIT Press, 2000.

Guiso, L. , Michael Haliassos and Tullio Jappelli, *Household Portfolios*, MIT Press, 2002.

Haliassos, M. and Carol C. Bertaut, "Why Do So Few Hold Stocks?", *The Economic Journal*, 1995, 105(432):1110 – 1129.

Heaton, J. and Deborah Lucas, "Portfolio Choice in the Presence of Background Risk ", *The Economic Journal*, 2000, 110(460): 1 – 26.

Heaton, J. and Deborah Lucas, "Stock Prices and Fundamentals", NBER Macroeconomics Annual, 1999, 14: 213 – 242.

Hoehguertel, S. , *Household Portfolio Choice*. Ph. D. Dissertation, Center for Economic Research, Tilburg University, 1988.

Keynes, J. M. , "The General Theory of Employment, Interest, and Money ", *The Quarterly Journal of Economics*, 1937.

Mankiw, N. Gregory, and Stephen P. Zeldes, "The Consumption of Stockholders and Non – stockholders", *Journal of Financial Economics*, 1991, 29:97 – 112.

Mankiw, N. Gregory and Stephen P. Zeldes, "The Consumption of Stockholders and Nonstockholders", *Journal of Financial Economics*, 1991, 29(1): 97 – 112.

Markowitz, H. , "Portfolio Selection", *The Journal of Finance*, 1952, 7(1): 77 – 91.

Massa, M. , A. Karlsson, and A. Simonov, "Portfolio Choice and Menu Exposure", EFA 2006 Zurich Meetings, 2006.

McCarthy, D. , "Household Portfolio Allocation: A Review of the Literature", in International Forum by ESRI, Tokyo. , 2004.

Merton, R. C. , "Optimum Consumption and Portfolio Rules in a Continuous - Time Model", *Journal of Economic Theory*, 1971, 3(4):373 -413.

Modigliani, F. and Richard Brumberg, "Utility Analysis and the Consumption Function: An Interpretation of Cross - section Data ", *Journal of Post Keynesian Economics*, 1954.

Modigliani, F. and Richard Brumberg, "Utility Analysis and the Consumption Function: An Interpretation of Cross - section Data", *Journal of Post Keynesian Economics*, 1954.

Murphy, P. E. and W. Staples, "A Modernized Family Life Cycle", *Journal of Consumer Research*, 1979, 6(1):12 -22.

Re - Definition", in Andrew A. Mitchell and Ann Arbor (Eds.), *Advances in Consumer Research*, Vol. 9 , 271 - 276, MI: Association for Consumer Research, 1982.

Shefrin, H. and M. Statman, "Behavioral Portfolio Theory", Working Paper, Santa Clara University, 1999.

Shefrin, Hersh M. and Richard H. Thaler, "The Behavioral Life - cycle Hypothesis", 1988, 26(4): 609 -643.

Shefrin, H. and M. Statman, "The Disposition to Sell Winners Too Early and Ride Losers Too Long: Theory and Evidence ", *Journal of Finance*, 1985, 40(3):777 -790.

Stein, Jeremy C. , Harrison Hong and Jeffrey D. Kubik, "Social Interaction and Stock - market Participation", *The Journal of Finance*, 2004, 59(1): 137 - 163.

Xiao, Jing J. and Joan Gray Anderson, "Hierarchical Financial Needs Reflected by Household Financial Asset Shares", *Journal of Family and Economic Issues*, 1997, 18(4):333 -355.

Yamashita, T. , " Owner - occupied Housing and Investment in Stocks: An Empirical Test", *Journal of Urban Economics*, 2003, 53(2):220 -237.

社会资本、人力资本与家庭借贷
——来自中国家庭动态跟踪调查

郭薇[*]

摘要：本文探讨了家庭社会资本、人力资本以及其他一些因素对家庭借贷行为的影响。本文利用来自中国家庭动态跟踪调查(CFPS)2010年的数据,运用多种统计方法,发现社会资本和人力资本对家庭的借贷行为有重要影响。本文的实证结果表明:家庭的社会资本越强,越有助于家庭获得借款,且获得的借款额度越高;家庭的人力资本越强,家庭需要借贷的可能性越小,但一旦选择借贷,则能获得更高的额度;社会资本和人力资本强的家庭更倾向于选择正规借款渠道,特别是社会资本强的家庭会选择更多样化的借款渠道;教育水平越高的家庭越倾向选择正规金融渠道,教育水平越低的家庭越倾向从非正规金融渠道获得借贷。

关键词：家庭消费金融,社会资本,人力资本

一、引言

家庭是重要的消费决策主体,近年来关于居民家庭消费行为的研究越来越受到关注。2006年,Campbell首次提出了家庭金融(household finance)的概念,即以家庭为单位来研究金融活动。以家庭为单位来研究消费金融有两点优势:首先,家庭是一个基本的社会单元,在中国,很多重要的经济决策都是以家庭为单位做出的;其次,关于家庭特征和经济决策有比较丰富的数据来源,有助于学者进行实证研究。家庭金融的研究范畴包含家庭参与的各种金融活动,如储蓄、投资、消费信贷、保险等多个方面。

家庭借贷行为是家庭消费金融的主要研究内容之一,其一般是指家庭与金融机构或者其他主体之间的消费融资行为。根据生命周期假说(LCH)模型,家庭在做出消费决策时,会根据收支状况不断平滑他们的消费,当家庭的本期收入低于消费支出的意愿水平时,家庭就借债。通过借贷,家庭能够提高自己的即期消费水平,合理安排家庭终生的消费水平(郭新华,2006)。家庭的借贷行为与家庭消费有密切联系,Gourinchas and Parker(2002)的研究表明,借贷的增加会导致消费者支付能力的增加,从而促进消费。

---

[*] 中国工商银行总行。通信地址:北京市西城区复兴门内大街55号中国工商银行银行总行A座455,100140;E-mail:guowei@icbc.com.cn。

近年来，我国个人消费信贷规模急剧扩大，借债消费已经成为中国居民一个重要的消费选择。适当负债是社会进步的表现，它有利于提高生活质量，扩大内需，促进国内经济发展，这与国家追求的经济模式转型的目标是一致的。因此，研究中国家庭的借贷问题，有着非常积极的经济和社会意义。

然而，针对中国的家庭借贷行为研究相对较少，相关研究也有待深化。一部分研究集中在消费信贷，主要描述家庭从正规渠道获得的用于支持消费的借贷情况（如信用卡、教育、汽车和住房贷款）；另一部分研究集中在农户借贷领域，主要研究有哪些因素影响农户通过正规或非正规渠道获得借贷。

本文试图通过理清家庭获得借贷的信任机制，探讨家庭社会资本、人力资本对家庭借贷与否、家庭借贷金额、家庭借贷渠道的影响。同时，针对中国特殊的金融市场环境，在正规融资渠道不能有效覆盖家庭借贷需求的情况下，探讨哪些因素会影响家庭从正规或非正规渠道获得借款，从而为正规金融机构积极开展信贷业务，促进民间金融的发展提供一定的参考。

二、文献评述

（一）家庭借贷与消费

许多研究表明，家庭合理的负债水平能够促进消费，根据经典的 Mckinnon - Shaw 模型(1973)和建立在此模型上的金融抑制理论，借贷对于消费有促进作用。Gourinchas and Parker(2002)认为，借贷的增加会导致消费者财富的增加，促进消费提升。

中国家庭的负债主要表现为：借贷现象较为普遍，借贷用途较为集中，借贷渠道比较单一。清华大学中国金融研究中心开展的中国消费金融调研（廖理等，2012）显示了中国居民家庭获得借款的难易程度，调查数据发现，家庭的信用约束与家庭的经济条件联系紧密。家庭的财富和收入越多，家庭借款的难度越小，所受到的信用约束越小。总体来看，中国家庭认为借款相对容易的比例非常低（低于20%），说明中国家庭面对的借贷环境比较紧张。该调研还按照家庭财富和收入，揭示了我国居民对借款渠道的偏好。数据表明，大部分消费者的首选借款对象都是亲戚、朋友，并且家庭财富水平越低，越倾向于向亲戚朋友借钱，而随着家庭财富升高，向银行借款的比例逐渐增大。

（二）借贷信任机制

信任是一个信任人(truster)充分的相信受信者(trustee)有让他们受益的特质，或者说信任者(truster)相信受信者(trustee)会按照信任者的期望行事，不会伤害信任者利益的一种信念(Pavlou and Fygenson, 2006)。信任是买卖交易的润滑剂，是理解个人行为和经济活动的基础(McKnight et al. , 2002)。

信任在市场交易过程中起着非常重要的作用。Kim(2008)认为，信任可以有效缓解风险感知。Diamond(1991)在其提出的信贷关系模型中引入了"信誉"(reputation)概念,认为良好的还款记录,可以使借款者在借贷市场上获得更好的信誉,从而使融资的渠道更加多样化。而那些信誉比较低的借款者,由于没有获得银行贷款的机会,也就不可能建立良好的信用纪录,从而总是停留在比较低的信誉水平。赵岩青和何广文(2008)认为,信任有助于提高微观经济组织的运作效率,降低交易成本。Besley and Coate(1995)认为,非正规金融中,一些因素能够作为"隐性担保机制"为交易提供保障。

丁婕等(2010)针对P2P在线借贷平台分析了交易信任、心理感知与出借意愿的关系,发现交易信任、感知收益会显著影响出借者的出借意愿,而信任会受到借款人声誉及出借人自身信任倾向的影响。根据陈冬宇等(2013)的研究,当出借者觉得信息不对称程度很高时,出借决策会更多地依赖非常规渠道所获取的软性信息,即借款者的社会网络信息。

本文认为,对于非正规金融渠道的家庭借款行为,有一些比较重要的因素可以成为借出人判断是否信任借款人的信号,这些因素包括家庭社会资本和家庭人力资本。

(三)社会资本

1980年,Bourdieu最早系统地提出了社会资本的概念(Portes,2000)。Bourdieu指出,社会资本指的是实际的和潜在的资源总体,并且与人们建立的长期的、制度性的关系网相关;对关系网产生的资源的享有权利和享有数量构成了社会资本的两个要素。Bourdieu进一步指出,社会资本不是自发形成的,而是由个体主动地进行社交,参与集体活动,从而逐渐演变而来。

社会资本在借贷行为中同样有着重要意义。

Biggart等(2001)提出,在金融交易中,社会资本具有类似抵押品的功能。张爽等(2007)认为,社会资本是"穷人的资本",张改清(2008)则进一步指出,社会资本是农户的重要资源,其基础和载体是社会关系网络。

在中国,家庭与亲戚朋友之间的借贷关系在大多数情况下建立于相互之间的信任与情感,很少以抵押担保或者合同的形式执行(郭斌和刘曼路,2002;何广文,1999;杨汝岱等,2011)。

因信息不对称所导致的道德风险、逆向选择等问题是金融市场不完备的主要来源,社会网络则有利于缓解由信息不对称所带来的种种问题。首先,社会网络中成员往往居住邻近或交往频繁,相互监督成本很低,这有效地缓解了道德风险问题,提高了借款者的还贷激励(Karlan,2007)。其次,社会网络的成员彼此非常了解,高风险的借款人可以被识别出来并被排除出金融市场,这有效降低了逆向选择问题(Ghatak,1999)。最后,社会网络能够实施一定的社会制裁,使违约者遭受声誉损失,甚至被排除在网络之外,进而降低违约的可能性(Gine et al.,2010;杨汝岱等,2011)。

关于社会资本与借贷的实证研究方面,杨汝岱等(2011)根据"2009 年中国农村金融调查"从社会网络视角考察了中国农户的民间借贷需求,指出社会网络对农户借贷有重要作用,社会网络越发达,民间借贷越活跃。童馨乐等(2011)则根据八省1 003 个农户的调查数据探讨了社会资本对农户有效借贷机会与实际借贷额度的影响,再一次证实了社会资本在解决农户融资难问题方面起着重要作用。胡枫和陈玉宇(2012)利用2010 年中国家庭动态跟踪调查(CFPS)数据,研究了社会网络对农户借贷行为的影响,发现社会网络对农户获得借贷的可能性以及借贷额均具有显著的正向影响,社会网络似乎对正规金融机构借贷行为比非正规渠道的影响更大。

本文认为,社会资本能够作为一种信号帮助家庭获得借款,尤其是对于家庭从非正规渠道借款的情况下,社会资本强的家庭更可能获得借款,并获得更高的借款额度。拥有较强的社会资本的家庭拥有更强更密集的社会联系,这种社会联系代表着家庭获得社会资源的可能性,并且也在一定程度上可以成为家庭借款的一种抵押。同时,家庭所在的社会网络的形态和家庭对于社会资本的认知情况都构成家庭社会资本的一部分,从结构和认知两个维度提升着家庭在获得借贷方面的可能性。

本文将根据实证数据提供的信息,从家庭与亲戚朋友的社会交往、参与社会组织程度、家庭用于社会交往的支出程度和对社会资本的主观认知这几个角度衡量家庭的社会资本,并探讨社会资本作为信号对城市和农村家庭的借贷产生的影响。

(四)人力资本

人力资本是指蕴藏在人身上具有异质性和边际收益递增性的有用价值的总和,是能够预期带来未来收入的一种无形资源。1960 年,Schultz 在美国经济学年会上发表了"人力资本投资"的主题演讲。他认为,人力资本主要指凝集在劳动者本身的知识、技能及其所表现出来的劳动能力,是现代经济增长的主要因素。

Sweetland(1996)指出教育投资是一种能够被量化的人力资本投资,因而教育成了最受关注的人力资本。受教育经历是影响劳动者人力资本价值高低的决定性因素。Sweetland 同时指出,按照Schultz(1981)对人力资本内涵的描述,不仅教育是人力资本的重要方面,健康也是人力资本不可忽视的重要组成部分。个体的健康程度构成了人力资本实现的前提基础,代表了个体的劳动能力和把蕴藏在个体内的能力向外表达的能力。

许多社会调查表明,人力资本与家庭经济活动有密切关系,人力资本在许多层面影响着家庭的经济活动(Ben – Porath,1967)。Becker(2007)的人力资本理论指出,人力资本是影响家庭金融的重要因素。另外一些研究则指出家庭人力资本会影响家庭的风险偏好,Halek and Eisenhauer(2001)发现,家庭的人力资本水平与家庭的风险偏好之间呈现显著的负相关关系。周弘(2011)的研究则探讨了人力资本与家庭消费的关系,发现人力资本水平高的居民家庭,往往具有较高的边际消费倾向和更强的财富效应。

本文认为,人力资本对家庭借贷有重要影响。首先,人力资本的很多层面都可以作为某种信号,代表一定程度的家庭偿债能力,在借贷行为中作为一种信息传递给出借人,人力资本的丰富将增强出借人的信任感,从而提高借贷可能性。另外,人力资本投资的需求(包括教育投资、健康支出等)是很多家庭借贷的原因。根据前人对人力资本的定义,本文将试图从教育和健康两个角度,探讨人力资本对家庭借贷行为的影响。

本文认为,教育对家庭借贷有双重影响,一方面,由于家庭教育水平与家庭收入和财富有明显的正相关关系,所以教育水平较高的家庭资金比较充足,需要借贷的可能性较小。另一方面,在家庭确实需要借贷的情况下,教育能够作为一个可以度量的信号,代表了家庭较好的收入能力和偿债素质,因此,教育水平较高的家庭更容易获得借款,也更容易获得额度较高的借款,尤其是获得正规金融机构的借款。同时,随着教育水平的提高,家庭会具有更现代的理财意识,能够较为科学合理地安排自身的借贷和消费行为,教育在这方面也将会产生一定影响,比如家庭能够有意识地选择合适的借款渠道。

本文认为,健康对家庭借贷也有重要影响。首先,健康水平较好的家庭需要较小的医疗和保健支出,而这部分支出是家庭借款的重要原因,因此,较为健康的家庭需要借贷的可能性越小。同时,在家庭需要借贷的情况下,健康的家庭状况可以传递给借款者信心,能够有助于家庭获得借款。

三、研究方法和数据来源

(一)研究假设与方法

综合以上对前人关于家庭借贷以及社会资本和人力资本的文献回顾,本文提出以下研究假设:社会资本和人力资本通过类似信号的作用促进家庭的借贷交易形成,在家庭借贷的交易机制中,家庭的社会资本信息和人力资本信息有助于缓解借贷双方的信息不对称问题,尤其是在家庭选择缺少抵押品的借贷条件下,能够有效促进家庭获得借贷的可能性以及获得借贷的金额。

中国家庭仍然面临一个比较紧张的融资环境,家庭获得借贷的限制因素较多,在这种情况下,家庭的社会资本越强,越有助于家庭获得借款,且获得的借款额度越高。因为家庭社会资本更容易被家庭的社会网络识别,社会资本丰富的家庭也更倾向于从多元的渠道获得借贷。

家庭人力资本从健康和教育两个层面影响家庭借贷行为。家庭教育水平的收入效应使得教育水平高的家庭信用约束较小,需要借贷的可能性小,但一旦选择借贷,则能获得更高的额度且有利于获得正规借贷渠道的青睐。家庭的健康水平直接影响借贷需求,更加健康的家庭需要借款的可能性小,但一旦选择借贷,也能获得更高的额度,家庭的健康因素显著影响家庭向非正规渠道借款的偏好。

参考前人的研究成果,本文在研究家庭社会资本和家庭人力资本对家庭借贷行为的影响时,将控制家庭收入与支出水平、家庭城乡户籍、家庭户主性别、家庭生命周期等因素。

(二)数据来源

本文将采用实证研究的方法,利用中国家庭动态跟踪调查(CFPS)的数据[①]来研究关于社会资本、人力资本与家庭借贷的关系。

北京大学中国社会科学调查中心(ISSS)于2007年开始实施中国家庭动态跟踪调查(China Family Panel Studies,CFPS)项目,旨在通过跟踪收集个体、家庭、社区三个层次的数据,反映中国社会、经济、人口、教育和健康的变迁情况。本文选取的数据来自CFPS调查的2010年全国数据,涵盖14 798个家样本。

在建立研究模型之前,本文首先根据CFPS的数据,按照一些基本的家庭特征变量(如家庭户主年龄、性别、学历、户籍、收入等),整理出家庭是否借贷以及家庭借贷渠道与这些基本家庭特征变量的关系。

表1概括了家庭借贷行为与一些家庭特征呈现出的一些规律。

家庭是否借贷方面:有接近30%的家庭有借贷行为。随着户主年龄的升高,家庭借贷比例先升高再降低,呈倒U形分布;随着户主学历水平的升高,家庭借贷比例下降;男性户主的家庭比女性户主的家庭有借贷的比例更高;家庭借贷的比例随收入的上升而下降,但当家庭收入达到一定水平后(10万元以上),家庭的借贷行为又有所增加。

家庭的借款渠道方面:多数借款家庭主要选择向亲戚朋友借款,占所有借款家庭的比例高达77%以上,有银行借贷的家庭占全部有借贷行为的家庭的比例接近30%,只有不足5%的借款家庭选择了民间借贷[②]。从描述性统计中可以看出,教育水平、家庭收入与家庭从银行渠道获得借款呈现较明显的正相关关系,而教育水平与家庭从亲友处获得借款呈现比较明显的负相关关系。另外,由于选择民

---

① 本文研究感谢北京大学中国社会科学调查中心项目的数据支持。
② CFPS问卷中的民间借贷指游离于经国家依法批准设立的金融机构之外所有以货币形式、利息回报的个人与企业之间资金筹借活动,访问时指向非融机构贷的个人与企业之间资金筹借活动。

间借贷的家庭比例较低,样本较少,因此,本文在以后的分析中,合并所有选择亲朋借款和民间借贷的数据,统一记录为从非正规金融渠道借贷,相对于银行的正规金融渠道借贷来加以分析。

表 1　家庭借贷行为与家庭特征变量

家庭特征		家庭有借款		借款方式选择					
				银行贷款		亲友借款		民间借贷	
		家庭数	比重(%)	家庭数	比重(%)	家庭数	比重(%)	家庭数	比重(%)
户主年龄	≤30	244	36.1	86	35.1	181	73.9	8	3.3
	31—40	948	37.2	298	31.4	711	74.9	44	4.6
	41—50	1 396	36.7	424	30.3	1 093	78.1	62	4.4
	51—60	926	27.8	255	27.5	727	78.5	42	4.5
	>60	391	13.3	75	19.0	323	81.8	16	4.1
	总体	3 905	29.3	1 138	29.1	3 035	77.5	172	4.4
户主学历	初中及以下	3 227	30.6	885	27.4	2 557	79.2	148	4.6
	高中	480	26.4	149	31.0	361	75.2	20	4.2
	大专	122	21.4	58	47.5	74	60.7	3	2.5
	本科及以上	75	20.9	46	61.3	42	56.0	1	1.3
	总体	3 904	26.4	1 138	29.1	3 034	77.7	172	4.4
户主性别	女	899	25.5	217	24.1	726	80.8	28	3.1
	男	3 006	30.7	921	30.6	2 309	76.8	144	4.8
	总体	3 905	29.3	1 138	29.1	3 035	77.7	172	4.4
家庭户籍	乡村	2 835	36.9	848	29.9	2 212	78.0	146	5.1
	城市	1 531	21.6	423	27.6	1 179	77.0	40	2.6
	总体	4 366	29.5	1 271	29.1	3 391	77.7	186	4.3
家庭收入	<2 万	2 165	34.5	537	24.8	1 763	81.3	92	4.2
	2—5 万元	1 385	27.7	407	29.4	1 077	77.7	59	4.3
	5—10 万元	428	21.6	171	40.0	287	67.1	22	5.1
	10—50 万元	150	23.0	79	52.7	86	57.3	6	4.0
	≥50 万元	238	26.8	77	31.4	178	72.7	7	2.9
	总体	4 366	29.5	1 271	29.0	3 391	77.5	186	4.2

注:由于参与"家庭问卷"和"成人问卷"的被访者数量有一定差异,因此家庭户籍、家庭收入两类家庭的观测值较多。

此外,根据本文的研究主题,以下列出了一些 CFPS 中与家庭社会资本和人力资本测量相关的问项,以及这两类变量与家庭借款行为的关系。

CFPS 关于家庭社会资本的测量表现在以下几个问题中:(1)朋友和亲戚拜访:"今年春节期间,有几家朋友拜访您""今年春节期间,有几家亲戚拜访您";

(2) 礼金支出:"您家去年大约送出多少份(婚、丧、生日、升学等)礼物/礼金""去年所有赠送出去的礼物/礼金总计折合现金人民币多少钱";(3) 参与社会组织:询问家庭成员参与中国共产党民主党派及一些重要社会组织的情况;(4) 认知问题:询问家庭成员一系列关于成功、参与社会组织等价值观问题。

CFPS 关于家庭人力资本的测量表现在以下几个问题中:(1) 教育水平:详细询问了家庭成员的受教育年限、学历等信息;(2) 健康状况,询问了家庭成员自我汇报的健康情况(7点量表),以及是否有慢性病的信息。

参考杨汝岱等(2011)、周弘(2011)、胡枫和陈玉宇(2012)等学者的研究,本文采用春节期间来访的朋友数量、家庭礼金支出金额、家庭健康状况和家庭教育水平作为本文主要的解释变量。根据 CFPS 数据进行描述性分析可知,受教育水平较高、较为健康的家庭从银行获得借款的比例较高,从非正规渠道获得借款的比例较低;朋友拜访和礼金支出较高的家庭有获得更多贷款可能的趋势。

四、模型建构

(一)分析家庭获得借贷可能性——Logit 模型

CFPS 的数据提供了关于家庭是否在过去一年有过借贷行为的数据,根据这一变量,本文采用二元 Logit 模型来研究家庭社会资本、人力资本对家庭获得借贷的可能性的影响。实证模型的基本形式如下:

$$A_i = \alpha + \beta_1 X_{1i} + \beta_2 X_{2i} + e_i$$

其中,A_i 是因变量,在 Logit 模型中是虚拟变量,当家庭获得借贷时 $A_i = 1$,未获得借贷时 $A_i = 0$。类似地,当研究家庭能否从正规或非正规渠道获得借贷时,家庭从正规或非正规渠道获得借贷时,$A_i = 1$,未获得借贷时则 $A_i = 0$。

X_{1i} 是解释变量,即家庭社会资本、人力资本。

X_{2i} 是控制变量,包含一系列反映家庭特征的微观变量和其他需要控制的能够影响家庭借贷行为的因素。

解释变量的选取。本文采用四个变量衡量家庭社会资本,分别是:春节前来拜访的朋友数量、家庭上一年度的礼金支出金额、家庭成员参与中国共产党、民主党派及一些重要社会组织的情况以及家庭成员对社会资本的认知。

本文采用户主的受教育水平(学历)和身体健康状况(自我汇报的7点量表),以及家庭成员的平均受教育水平(学历的定序变量的平均数)和身体健康状况(健康成员占家庭全部成员的比例)作为家庭人力资本变量。

控制变量的选取。我们还需要控制一系列其他可能影响家庭借贷的因素,本文根据之前的描述性数据,并参考 Jianakoplos and Bernasek(1998)、Crook and Hochguertel(2006)、刘晓欣和周弘(2012)、杨汝岱等(2011)、胡枫和陈玉宇(2012)以及其他一些学者的研究,在模型中纳入的影响家庭借贷的家庭特征因素包括:

户主年龄,代表家庭的生命周期阶段;户主性别;家庭上一年度收入与支出情况;家庭户籍;家庭规模。从前面的描述性统计我们看到,家庭生命周期对家庭借贷行为的影响是非线性的,呈倒 U 形分布,因此本文在模型中一并纳入户主年龄的平方项。本文在模型中纳入的影响家庭借贷的家庭特征变量如表 2 所示。

表 2　变量设置及取值方法

变量名称	变量定义	取值方法
borrowing	家庭是否有借款	有借款为 1,无借款为 0
visit	朋友拜访次数	春节期间有几家朋友来拜访,0—1000
socialexp	礼金支出	礼金总额合人民币(元),0—1 000 000
ssc	参与社会组织	有参与中国共产党、民主党派及一些重要社会组织的,1;没有,0
csc	对社会的认知	认为努力工作和聪明才干是有回报的,1;否则,0
meaneduc	平均教育水平	家庭成员教育水平平均数,教育水平取 1—4。1:初中及以下;2:高中;3:大专;4:本科及以上
educ1	户主教育水平	教育水平取 1—4。1:初中及以下;2:高中;3:大专;4:本科及以上
healthpct	健康家庭成员比例	健康家庭成员人数除以全体家庭成员人数
health1	户主健康水平	健康:1;不健康:0(根据 CFPS 的渐进量表做分类)
urban	家庭户籍	城市:1;农村:0
gender	户主性别	男性:1;女性:0
familynum	家庭规模	家庭成员人数
age	户主年龄	
agesq	户主年龄的平方	
incomeexpgap	收入支出差	家庭上一年度收入减去支出,取对数

(二)分析家庭获得借贷的额度——Heckman 两阶段模型

本文关心的另一个问题是社会资本、人力资本对家庭获得借贷的额度的影响。本文参考杨汝岱等(2011)的研究,采用 Heckman 两步法来分析家庭借款额度的影响因素,即被解释变量为家庭借贷金额,解释变量包括社会资本、人力资本和其他影响家庭借款的因素。

第一步,选择方程,与上面的 Logit 回归相同,即:

$$A_i = \alpha + \beta_1 X_{1i} + \beta_2 X_{2i} + e_i$$

第二步的回归方程的基本形式是:

$$B_i = \alpha + \beta_1 X_{1i} + \beta_2 X_{3i} + e_i$$

其中,B_i 是因变量,为家庭获得的借款金额;X_{1i} 是解释变量,即家庭社会资本、人力资本,测量方法同上。X_{3i} 是控制变量。相比于第一步的模型,第二步回归模型中在去掉户主年龄和性别后,还增添了家庭借贷用途的一系列变量,包含:家庭借款用于建造或购买住房、教育、医疗、耐用品消费、日常开支、其他用途等。本文认为,家庭借款的用途与家庭借款的额度有密切关系,CFPS 的问卷提供了家庭关于借款用途的调查,以上类别的借款用途并不互斥,可以多选,因此一并纳入回归模型。

因此,回归模型新增的变量,包括:家庭是否从多个渠道借款、家庭是否从银行借款、家庭是否从非正规渠道借款,以及家庭借款是否用于建造或购买住房、教育、医疗、耐用品消费以及日常开支等用途。

五、家庭借贷行为影响因素模型阐释

(一)社会资本、人力资本对家庭获得借贷可能性的影响

如表 3 所示,本文通过四个模型(用(1)—(4)表示)来探讨社会资本与人力资本对家庭获得借贷的可能性的影响。分析结果表明,春节来访的朋友数(系数 0.007,z 值 0.025)、家庭的礼金支出(系数 0.034,z 值 0.000)以及家庭参与社会组织的情况(系数 0.167,z 值 0.016)都与家庭获得借款的可能性有显著的正相关关系(均在 0.05 的水平以上),这支持了社会资本强的家庭更有可能获得借贷,说明家庭社会资本,尤其是家庭是否参与了有影响力的社会组织并居于重要地位,对家庭获得借贷有重要的促进作用。

模型(1)、(2)中,家庭的社会资本认知(csc)虽然在方向上对家庭借贷的可能性的影响为正(系数 0.031),但并不显著(z 值 0.930)。本文认为该项数据来自问卷的认知调查部分,受被访者主观状态影响较大,因此在模型(3)、(4)中剔除了这个变量,剔除 csc 之后,与模型(1)、(2)相比,模型的其他系数有基本相似的结论。

表 3 中的四个模型分别用两种方式测量了家庭的人力资本状况——户主的教育水平和健康状况(模型(1)、(3)),或家庭全部成员的对应教育和健康情况(模型(2)、(4))。这两种不同的方式得到的实证结论基本相似。例如,从模型(1)中可以看到,户主的教育水平(系数 -0.080,z 值 0.033)和健康状况(系数 -0.448,z 值 0.000)都与家庭借款的可能性呈现负相关关系,说明家庭人力资本越强,借款的可能性越低。本文认为,这一结果与人力资本对借贷的支持并不矛盾,因为家庭借贷的可能性很大程度上由需求决定,不健康的家庭一般有较强的医疗支出需求,借贷的比例远高于健康家庭;家庭的教育水平与家庭收入呈正相关关系,收入高的家庭相对而言借款需求较小,因此呈现出教育水平与家庭获得借贷的负相关关系。

表3 社会资本、人力资本与家庭获得借贷的可能性(Logit模型)

		家庭是否获得借款			
		(1)	(2)	(3)	(4)
社会资本					
visit	朋友拜访	0.007	0.008	0.007	0.008
		(0.025)	(0.017)	(0.026)	(0.018)
socialexp	礼金支出	0.034	0.035	0.034	0.035
		(0.000)	(0.000)	(0.000)	(0.000)
ssc	参与社会组织	0.167	0.186	0.162	0.184
		(0.016)	(0.008)	(0.019)	(0.009)
csc	社会资本认知	0.031	0.018		
		(0.930)	(0.594)		
人力资本					
meaneduc	平均教育水平		-0.103		-0.105
			(0.026)		(0.022)
healthpct	健康成员比例		-0.582		-0.585
			(0.000)		(0.000)
educl	户主教育水平	-0.080		-0.082	
		(0.033)		(0.029)	
healthl	户主健康状况	-0.448		-0.449	
		(0.000)		(0.000)	
家庭特征					
urban	户籍	-0.466	-0.448	-0.472	-0.451
		(0.000)	(0.000)	(0.000)	(0.000)
gender	户主特别	0.117	0.091	0.118	0.092
		(0.023)	(0.074)	(0.022)	(0.073)
familynum	家庭规模	0.204	0.206	0.204	0.206
		(0.000)	(0.000)	(0.000)	(0.000)
age	户主年龄	0.513	0.526	0.511	0.525
		(0.000)	(0.000)	(0.000)	(0.000)
agesq	户主年龄平方	-0.142	-0.144	-0.142	-0.144
		(0.000)	(0.000)	(0.000)	(0.000)
incomeexpgap	收入支出差	-4.594	-4.566	-4.598	-4.568
		(0.000)	(0.000)	(0.000)	(0.000)

注:括号中为估计系数的z值,代表显著性水平;未报告常数项。

在家庭社会资本和人力资本之外,本文还考察了其他一些影响家庭借贷可能性的因素。例如,模型(1)发现在其他影响家庭借贷可能性的家庭特征变量中,农村家庭借贷的可能性更大,户主为男性的家庭借贷的可能性更大,随着户主年龄的升高,家庭借贷的可能性呈现倒U形分布(户主年龄系数为正、户主年龄平方项系数为负),并且家庭的收入支出差与家庭借贷的可能性呈现负相关的关系。这些结论都基本符合以前学者的研究以及本文的观点:户主性别在0.1的水平上显著为正,表明男性户主的风险偏好更高(Jianakoplos and Bernasek,1998),因而户主为男性的家庭更容易借贷;其他几个因素(户籍、家庭规模、户主年龄、收入支出差)在4个模型中都在0.01以上的水平显著,可以用家庭收入和借贷需求来解释:因为中国城市家庭的收入相对农村家庭更高,所以城市家庭借贷的可能性更小;因为收支差更小的家庭贷款需求更小,所以收支差与借贷可能性负相关;因为家庭生命周期的特点,中年家庭的支出需求、风险偏好程度和获得信贷支持的可能性都较高,所以借贷的行为更为普遍,获得借贷的可能性更大。

(二)社会资本、人力资本对家庭获得贷款额度的影响

本文进一步探讨社会资本与人力资本对家庭获得借贷额度的影响。

此处使用的 Heckman 两步法模型,首先通过选择方程判断家庭是否借款,然后通过回归方程考察影响家庭借贷额度的因素。第一步选择模型的结果利用 Probit 模型,结论与上一部分基本一致,因此本文在这一部分将着重分析第二步回归模型。

如表4所示,与预期相同,家庭社会资本和人力资本都对家庭获得的借贷额度有显著的正向影响,包括朋友拜访次数、礼金支出、家庭参与社会组织情况、教育水平和健康状况(系数均为正数),且都在0.01的水平上与借贷额度呈现显著的正相关关系。在第二步回归模型中,本文纳入了家庭借款用途的一些变量,包括家庭用于建造或购买住房、用于教育、用于医疗、用于耐用品消费、用于日常消费以及其他用途的哑变量,表4的结果显示,除了用于教育的借款目的不是很显著,其他借贷用途基本都与借款额度呈现正相关关系(用于日常消费的借款额度较小,因而呈现了不一样的方向)。此外,收入支出差继续表现出同借款额度的负相关关系,这一致地说明了收入情况较好的家庭借款需求较小。

表4 社会资本、人力资本与家庭获得的借贷额(Heckman 两步法)

选择方程:家庭是否获得借款(略)			
		回归方程:家庭获得的借款额	
		(1)	(2)
	社会资本		
visit	朋友拜访	0.010	0.009
		(0.003)	(0.003)
socialexp	礼金支出	0.047	0.045
		(0.000)	(0.000)
ssc	参与社会组织	0.288	0.186
		(0.000)	(0.000)
	人力资本		
meaneduc	平均教育水平		0.483
			(0.000)

(续表)

变量	说明		
healthpct	健康成员比例		0.203
			(0.008)
educl	户主教育水平	0.319	
		(0.000)	
healthl	户主健康状况	0.100	
		(0.081)	
家庭特征			
urban	户籍	0.452	0.405
		(0.000)	(0.000)
familynum	家庭规模	0.014	0.020
		(0.409)	(0.251)
incomeexpgap	收入支出差	-1.211	-1.253
		(0.000)	(0.000)
借款用途			
forhouse	购房、建房	1.450	1.439
		(0.000)	(0.000)
foredu	教育	0.100	0.094
		(0.166)	(0.191)
forhealth	医疗	0.304	0.329
		(0.000)	(0.000)
durable	耐用品	0.434	0.424
		(0.000)	(0.000)
dailycons	日常消费	-0.195	-0.190
		(0.005)	(0.006)
otheruse	其他用途	1.174	1.175
		(0.000)	(0.000)
逆 Mills 率		-0.177	-0.168

注:此处省略了 Heckman 两阶段模型的第一步,第一步的 Probit 模型与表3 中的模型(3)和模型(4)相同。同样,括号中为估计系数的 z 值,代表显著性水平;未报告常数项。

模型(2)中,把模型(1)用户主的教育水平以及户主的健康程度改为用家庭平均水平的变量测量家庭人力资本,可以看出模型(2)与模型(1)结论基本相同,即家庭社会资本越强,获得借款的额度越高;家庭人力资本越强,获得借款的额度越高。

表4 的结果支持了本文的假设,即社会资本和人力资本较强的家庭能获得更多的信贷支持。由 Heckman 模型的第一步筛选出有借贷的家庭,剔除了因为家庭不需要借贷所引发的样本选择偏误,在第二步中,即全部有借贷需求和借贷行为的家庭组成的样本中,CFPS 的数据支持了家庭社会资本和人力资本对于家庭获得更高借贷金额的促进作用。

(三) 社会资本、人力资本对家庭获得贷款渠道的影响

家庭的借款渠道方面,本文将分别探讨社会资本与人力资本对家庭获得借款的渠道的影响,包括家庭能否从多种途径以及正规渠道获得借款。

与上一部分类似,Heckman 两步法模型第一步通过选择方程判断家庭是否借款,此处不再赘述,第二步则通过回归方程考察影响家庭借贷渠道的因素。

首先,如表 5 中第(1)、(2)列("多种渠道")所示,社会资本与家庭通过多种渠道进行借贷有显著的正相关关系(朋友拜访、礼金支出和参与社会组织三项的系数均为正,且朋友拜访、礼金支出在 0.01 的水平上显著),家庭的人力资本则基本没有显著影响。

实证结果显示,朋友拜访次数越多的家庭、礼金支出越高的家庭以及有参与社会组织的家庭都有更大的可能性从多种渠道借贷,而相对社会资本较弱的家庭则从单一渠道借贷。本文认为,拥有较强的社会资本的家庭拥有更多的资源可供配置,丰富的社会联系也有助于家庭把多种借贷选择纳入考虑集,从而更有可能主动地选择多个借贷渠道。

本文的实证研究仅模型 2 中(表 5 第(2)列)家庭平均教育水平一项有显著的正向影响(系数 0.093,z 值 0.000),其他因素没有得到显著的结果。本文认为构成这一现象的原因是,教育水平高的家庭从正规金融机构获得的借款已足够覆盖家庭的借款需求,因此不追求多元化的借贷渠道。

表 5 的第(3)、(4)和第(5)、(6)列分别讨论了家庭从正规金融渠道和非正规金融渠道获得借贷的影响因素。

如表 5 第(3)、(4)列("银行渠道")所示,对于从正规金融渠道的借贷,教育水平成为最为显著的影响因素。家庭的教育水平与从银行获得借款呈现显著的正相关关系(两个模型系数分别为 0.216 和 0.329,z 值都在 0.01 水平上),有更多朋友来拜访的家庭和礼金支出的家庭也在 0.05 的显著水平上有更多的从正规渠道获得贷款的机会,这一结果比较容易理解。首先,教育水平与家庭收入和财富有显著的正相关关系,会为银行等机构提供有效的收入或财产担保;其次,教育水平是外显的可以被金融机构获得的家庭信息,能够清晰、明确地为银行提供判断标准。因此,教育水平这一指标与家庭获得银行等金融机构贷款密切相连。社会资本的两个变量,朋友拜访和礼金支出代表了家庭社会网络的丰富程度和强度,社会资本能够为家庭提供更广泛的社会支持,与杨汝岱等(2011)、胡枫(2012)的研究类似,也得到了这两个变量与正规金融借贷的正相关关系。

对于非正规金融渠道的借贷机会,如表 5 第(5)、(6)列("非正规渠道")所示,本研究发现教育水平越高的家庭越不倾向从非正规渠道借款(两个模型系数分别为 -0.213 和 -0.371,z 值都在 0.01 水平上),这在前面已经解释过是由于高

教育水平家庭已从正规渠道获得充分的资金支持。但是,本文的实证结果没有发现家庭朋友拜访数量与非正规渠道借贷的关系,并且发现家庭礼金支出对家庭从非正规渠道借贷有负向影响,这一发现似乎与杨汝岱等(2011)的结论出现了矛盾。我们认为,家庭社会资本对家庭借款的支持作用毋庸置疑,这在前面几个模型的检测中都表现得比较明显。本文在此处将礼金支出对从非正规渠道借款的负向影响解释为另外一种信号效应,即礼金支出大的家庭通常在家庭的社会网络中表现出一种资源充足、资金充裕的形象,这样的家庭一般倾向于在社会网络中保持这种形象,即使家庭需要资金支持也更倾向于从金融机构借款,因此并不会特别显著地依靠家庭的非正规渠道来获得借款。至于本文得到的社会资本变量对于非正规渠道借款的支持没有对正规金融渠道的支持更显著的结论,也与胡枫(2012)等人的研究结果非常一致。

表5 社会资本、人力资本与家庭获得借贷的渠道(Heckman 两步法)

第一步:选择方程:家庭是否获得借款(略)

		第二步:回归方程:家庭获得借款的渠道					
		多种渠道		银行渠道		非正规金融渠道	
		(1)	(2)	(3)	(4)	(5)	(6)
社会资本							
visit	朋友拜访	0.009	0.009	0.006	0.006	0.001	0.001
		(0.016)	(0.015)	(0.061)	(0.061)	(0.855)	(0.966)
socialexp	礼金支出	0.054	0.054	0.048	0.048	-0.029	-0.035
		(0.000)	(0.000)	(0.000)	(0.000)	(0.000)	(0.000)
ssc	参与社会组织	0.168	0.157	0.147	0.078	-0.028	-0.040
		(0.071)	(0.101)	(-0.044)	(0.299)	(-0.725)	(0.622)
人力资本							
meaneduc	平均教育水平		0.093		0.329		-0.371
			(0.000)		(0.000)		(0.000)
healthpct	健康成员比例		-0.057		0.129		-0.011
			(0.580)		(0.107)		(0.899)
educl	户主教育水平	0.074		0.216		-0.213	
		(0.155)		(0.000)		(0.000)	
healthl	户主健康状况	(0.020)		0.123		-0.032	
		(0.787)		(0.038)		(0.626)	
家庭特征							
urban	户籍	-0.277	-0.280	-0.198	-0.229	0.099	0.159
		(0.000)	(0.000)	(0.001)	(0.000)	(0.120)	(0.015)
familynum	家庭规模	0.024	0.025	-0.014	-0.010	0.037	0.033
		(0.276)	(0.258)	(0.424)	(0.571)	(0.057)	(0.279)
gender	户主性别					-0.170	-0.228
						(0.006)	(0.006)

（续表）

incomeexpgap	收入支出差	-0.318	-0.318	0.566	0.565	-0.381	-0.334
		(0.338)	(0.333)	(0.032)	(0.032)	(0.183)	(0.102)
	借款用途						
forhouse	购房、建房	0.939	0.939	0.452	0.449		
		(0.000)	(0.000)	(0.000)	(0.000)		
foredu	教育	0.520	0.517				
		-0.166	-0.191				
forhealth	医疗	0.451	0.443			0.657	0.751
		(0.000)	(0.000)			(0.000)	(0.000)
durable	耐用品	0.680	0.679				
		(0.000)	(0.000)				
dailycons	日常消费	0.309	0.309				
		-0.005	-0.006				
otheruse	其他用途	0.852	0.853				
		(0.000)	(0.000)				
逆 Mills 率		-0.202	-0.200	-0.382	-0.386	0.067	0.422
		(0.239)	(0.238)	(0.004)	(0.003)	(0.634)	(0.555)

注：此处省略了 Heckman 两阶段模型的第一步，第一步的 Probit 模型与表3中的模型(3)和模型(4)相同。同样，括号中为估计系数的 z 值，代表显著性水平；未报告常数项。

六、结论与启示

（一）研究结论

综合以上实证分析数据，本文可以初步得出以下结论：社会资本和人力资本对家庭借贷行为有重要的影响。社会资本从家庭社会网络的结构、关系的强度影响家庭决策，人力资本主要从家庭成员的教育水平和健康状况两个方面对家庭借贷行为产生影响。

首先，从家庭获得借贷的可能性来看，社会资本强的家庭获得借贷的可能性更高，人力资本强的家庭由于借贷需求弱，因而发生借贷行为的可能性较小。

其次，从有借贷行为的家庭获得的资金额度来看，社会资本、人力资本均对家庭获得充足的借贷支持有显著影响，家庭的社会联系越强、教育水平越高、健康状况越好，越有可能获得更多的借贷金额。

最后，从有借贷行为的家庭获得资金的渠道来看，社会资本和人力资本也在家庭进行借贷渠道选择时发挥了重要影响。社会资本强的家庭更倾向选择多元化的借贷渠道，社会资本较弱的家庭则往往依赖单一的资金渠道。此外，当分别考察有借贷行为的家庭对正规和非正规借款渠道的选择时，本文发现社会资本对家庭获得银行等正规金融机构的信贷有促进作用。另一方面，家庭人力资本也影响家庭借贷渠道的选择，本文的研究表明，教育水平越高的家庭越倾向于从正规渠道借款，教育水平低的家庭则往往依靠非正规渠道获得资金支持。

在以往学者相关研究的基础上,本文在以下几个方面有所创新:

首先,本文从消费金融的视角出发,研究了作为决策主体的居民家庭的借贷行为。社会资本和人力资本都是家庭自身固有的特征属性,是能够直接影响家庭借贷决策的因素,从借贷关系中的"消费者"(居民家庭)的视角出发,探讨家庭借贷决策及行为,把消费者行为的研究视角与经济学研究视角结合起来,有助于从市场的角度理解居民家庭的经济行为,帮助相关部门制定社会经济政策,引导居民经济行为,也能帮助相关企业或机构拟定营销策略,从而促进经济发展,也为以后的消费金融领域的研究提供了一定的参考。

其次,本文从社会资本、人力资本两个方面探讨了微观的家庭特征变量对家庭借款行为的影响,以往的研究有很多仅从社会资本或社会网络出发,单纯探讨家庭社会关系在借贷行为中的作用。本文则进一步指出,社会资本、人力资本这些不可抵押的家庭特征,都能够在借贷机制中起到信号作用,缓解借贷双方信息不对称带来的问题,从而提升贷方对借款家庭的信任程度,有利于促进家庭的借贷行为。

最后,具体到本文主要的研究变量——社会资本和人力资本,本文从构念和测度两个层面都做出了不同以往研究的改进。本文的实证研究中,社会资本概念由关系、结构和认知三个维度构成,用多个变量从这几个方面测量了家庭的社会资本,在以往单独用朋友拜访、礼金支出等单一变量测量的基础上,赋予了社会资本更丰富的内涵和解释力。同样,在人力资本的度量方面,本文从教育水平和健康状况两个方面进行测量,以期增强本文结论的说服力。

(二)启示

本文讨论了影响家庭借贷行为的一系列因素,尤其是社会资本和人力资本的作用,本文的研究结果对发展中国居民家庭消费金融的实践有一定启示意义。

本文认为,对家庭的社会资本和人力资本的认识和了解,有助于识别家庭的偿债能力和资质,能够帮助提供资金的机构或个体为家庭提供更合适的融资渠道和融资方式,缓解信贷约束的问题,从而促进中国居民借贷市场的发展。

这里从两个方面指出了进一步发展居民借贷的方向:首先,从居民家庭本身出发,提高家庭的社会资本和人力资本能够帮助家庭获得信贷支持,进而促进消费。这就要求要加强社会教育投资,提高居民教育水平,促进和谐社会关系的建设,提高居民的社会资本水平。其次,从提供资金或金融产品的机构和个人角度来看,社会资本较高的家庭更有可能成为潜在的放款客户,可以通过搜寻社区中的意见领袖、识别社交网络中的活跃参与者、接近社会组织中关键位置的个体等一系列方式来实现客户定位,更有效、更准确地开展信贷业务。

对于银行等正规金融机构而言,对家庭的社会资本和人力资本进行比较充分的考察,可以帮助金融机构更好地判断申请借贷的家庭的资质,从而相应地为借款家庭设计并提供更合适的贷款产品,并有可能扩大潜在的客户群体。对于非正规渠道的借贷市场,社会资本和人力资本能够减少信息不对称所引起的问题,从而促进家庭从非正规渠道获得借贷的可能性。同时,对于目前发展迅速的民间金融领域,通过了解家庭的社会资本和人力资本,能够帮助民间金融健康发展,促进小额信贷公司、互联网贷款公司等新型金融机构的发展。

参考文献

陈冬宇、赖福军、聂富强,"社会资本,交易信任和信息不对称——个人对个人在线借贷市场的实验研究",《北京航空航天大学学报:社会科学版》,2013,26(4):75-83。

丁婕、古永红、陈冬宇,"交易信任,心理感知与出借意愿——P2P在线借贷平台的出借意愿影响因素分析",第五届(2010)中国管理学年会信息管理分会场论文集,2010。

郭斌、刘曼路,"民间金融与中小企业发展:对温州的实证分析",《经济研究》,2002,10(10):351-382。

郭新华,《家庭借贷、违约和破产》,华中科技大学,2006。

何广文,"从农村居民资金借贷行为看农村金融抑制与金融深化",《中国农村经济》,1999,10:42-48。

胡枫、陈玉宇,"社会网络与农户借贷行为——来自中国家庭动态跟踪调查(CFPS)的证据",《金融研究》,2012,12:178-192。

廖理、黄诺楠、张金宝,《中国消费金融调研报告(2012)》,经济科学出版社,2013。

刘晓欣、周弘,"家庭个体特征对居民借款行为的影响——来自中国家庭的经验证据",《金融研究》,2012,1:154-166。

童馨乐、褚保金、杨向阳,"社会资本对农户借贷行为影响的实证研究——基于八省1003个农户的调查数据",《金融研究》,2011,12:177-191。

肖作平、廖理、张欣哲,"生命周期,人力资本与家庭房产投资消费的关系——来自全国调查数据的经验证据",《中国工业经济》,2011,11:26-36。

杨汝岱、陈斌开、朱诗娥,"基于社会网络视角的农户民间借贷需求行为研究",《经济研究》,2011,11:116-129。

张改清,"中国农村民间金融的内生成长——基于社会资本视角的分析",《经济经纬》2008,2:129-131。

张爽、陆铭、章元,"社会资本的作用随市场化进程减弱还是加强?",《经济学》(季刊),2007,6(2):539-560。

赵岩青、何广文,"声誉机制,信任机制与小额信贷",《金融论坛》,2008,1:33-40。

周弘,"家庭金融视角下人力资本与家庭消费关系的实证研究——来自CFPS的调查",《经济经纬》,2011,6:16-20。

Becker, G. S., "Health as Human Capital: Synthesis and Extensions", Oxford Economic Papers, 2007, 59(3):379-410.

Ben-Porath, Y., "The Production of Human Capital and the Life Cycle of Earnings", Journal of Political Economy, 1967, 75(4):352-352.

Besley, T., and S. Coate, "Group Lending, Repayment Incentives and Social Collateral", Journal of Development Economics, 1995, 46(1):1-18.

Biggart, N. W. and R. P. Castanias, "Collateralized Social Relations: The Social in Economic Calculation", American Journal of Economics and Sociology, 2001, 60(2):471-500.

Campbell, J. Y., "Household Finance", Journal of Finance, 2006, 61(4):1553-1604.

Crook, J., and S. Hochguertel, "Household Debt and Credit Constraints: Comparative Micro Evidence from Four OECD Countries", Finance and Consumption Workshop, 2006.

Crook, J., "The Demand for Household Debt in the USA: Evidence from the 1995 Survey of Consumer Finance", Applied Financial Economics, 2001, 11(1):83-91.

Dan, J. K., D. L. Ferrin and H. R. Rao, "A Trust-based Consumer Decision-Making Model in Electronic Commerce: The Role of Trust, Perceived Risk, and Their Antecedents", Decision Support Systems, 2008, 44(2):544-564.

Diamond, D. W., "Monitoring and Reputation: The Choice between Bank Loans and Directly Placed Debt", General Information, 1991, 99(4):689-721.

Ghatak, M., "Group Lending, Local Information and Peer Selection 1", Journal of Development Economics, 1999, 60(1):27-50.

Giné, X., P. Jakiela, D. Karlan, et al., "Microfinance Games", American Economic Journal Applied Economics, 2010, 2(3):60-95.

Gourinchas, P. O. and J. A. Parker, "Consumption Over the Life Cycle", Econometrica, 2002, 70(1):47-89.

Halek, M. and J. G. Eisenhauer, "The Demography of Risk Aversion", Journal of Risk and Insurance, 2001, 68(1):1-24.

Jianakoplos, N. A. and A. Bernasek, "Are Women More Risk Averse?", *Economic Inquiry*, 1998, 36(4):620 - 630.

Karlan, D. S., "Social Connections and Group Banking", *Economic Journal*, 2007, 117(517):F52 - F84.

McKinnon, R. I., "Money and Capital in Economic Development", The Brookings Institution, Washington. (Caves, R. E. 1974 reviewed in Journal of International Economics, 1973,4(2):223 - 224.

Mcknight, D. H., V. Choudhury and C. Kacmar, "Developing and Validating Trust Measures for E - Commerce: An Integrative Typology", *Information Systems Research*, 2002, 13(3):334 - 359.

Pavlou, P. A. and M. Fygenson, "Understanding and Predicting Electronic Commerce Adoption: An Extension of the Theory of Planned Behavior", *Mis Quarterly*, 2006, 30(1):115 - 143.

Portes, A., "The Two Meanings of Social Capital", *Sociological Forum*, 2000, 15(1):1 - 12.

Sweetland, S. R., "Human Capital Theory: Foundations of a Field of Inquiry", *Review of Educational Research*, 1996, 66(3):341 - 359.